Gabriel · Logik und Rhetorik der Erkenntnis

EXPLICATIO
Analytische Studien zur Literatur und Literaturwissenschaft

Herausgegeben von Harald Fricke und Gottfried Gabriel

Gottfried Gabriel

Logik und Rhetorik der Erkenntnis

Zum Verhältnis von wissenschaftlicher und ästhetischer Weltauffassung

1997

Ferdinand Schöningh

Paderborn · München · Wien · Zürich

Die Deutsche Bibliothek – CIP-Einheitsaufnahme

Gabriel, Gottfried:
Logik und Rhetorik der Erkenntnis: zum Verhältnis von wissenschaftlicher und ästhetischer Weltauffassung / Gottfried Gabriel. – Paderborn; München; Wien; Zürich: Schöningh, 1977
(Explicatio)
ISBN 3-506-73009-6

Umschlaggestaltung: INNOVA GmbH, D-33178 Borchen

Gedruckt auf umweltfreundlichem, chlorfrei gebleichtem und alterungsbeständigem Papier ∞ ISO 9706 Papier

(Verlag Ferdinand Schöningh GmbH, Jühenplatz 1, D-33098 Paderborn)

Printed in Germany. Herstellung: Ferdinand Schöningh, Paderborn

ISBN 3-506-73009-6

Inhaltsverzeichnis

Vorwort

Die folgenden Untersuchungen sind aus Vorlesungen hervorgegangen, die ich an den Universitäten Bochum und Jena gehalten habe. Aus unterschiedlichen Anlässen sind Teile ausgegliedert und als Einzelbeiträge gesondert veröffentlicht worden. Für die vorliegende Darstellung wurden sie erneut überarbeitet und ergänzt. Die systematische Klammer bildet der Gedanke der Komplementarität unterschiedlicher Erkenntnisformen von Dichtung, Philosophie und Wissenschaft, den ich in dem Buch „Zwischen Logik und Literatur“ (Stuttgart 1991) entwickelt habe.

Die früheren Überlegungen werden hier auf eine breitere materiale Grundlage gestellt. Sie werden aber auch, wie der Titel zu erkennen gibt, in einem größeren Zusammenhang gesehen. Das gegenwärtige Ringen um binnendifferenzierte Rationalitätskonzepte vollzieht sich in einem Rahmen, der unschwer als der überkommene Gegensatz von Logik und Rhetorik erkennbar ist. Vor diesem Hintergrund wird deutlich, daß es um mehr geht als um erkenntnistheoretische Einzelfragen.

Jena, im März 1997 G. G.

Einleitung

Das Verhältnis von Logik und Rhetorik ist von altersher konfliktgeladen, bedingt durch wechselseitige Gebietsansprüche und deren Folgen: Logisierung der Rhetorik oder Rhetorisierung der Logik, verbunden mit entsprechenden Ausgrenzungen „fremder" Elemente. Zeiten eines friedlichen Nebeneinanders und erst recht eines produktiven Miteinanders sind selten. In unserem Jahrhundert schien es lange so, als habe die Logik endgültig die Oberhand gewonnen, während sich die versprengten Reste der Rhetorik in anderen, teilweise neu gebildeten Disziplinen, wie z. B. in Argumentationstheorie, Kommunikationstheorie und linguistischer Pragmatik, aufgelöst zu haben schienen. Inzwischen hat sich das Blatt gewendet, die Rhetorik ist zurückgekehrt. Mit Blick auf die Methode der Philosophie ist nicht nur – in Analogie zur vorausgegangenen sprachanalytischen Wende – von einer „rhetorischen Wende" die Rede, sondern es droht gar eine „Suspendierung der Logik" durch Rhetorik.[1] Dieser Entwicklung versuchen die folgenden Untersuchungen aus *erkenntnistheoretischer* Sicht Rechnung zu tragen. Der Titel „Logik und Rhetorik der *Erkenntnis*" impliziert insofern eine thematische Beschränkung, jedenfalls, was die Rhetorik anbelangt. Von den traditionellen Themen der Rhetorik, das sind das kognitive Belehren (*docere*), das affektive Bewegen (*movere*) und das emotive Erfreuen (*delectare*), steht das erste im Mittelpunkt des Interesses. Vorgelegt wird eine vergleichende Analyse des Erkenntniswerts logischer und rhetorischer Darstellungsformen.

Logik und Rhetorik treten im Titel gleichberechtigt nebeneinander auf. Damit soll von vornherein angezeigt werden, daß rhetorische Darstellungsformen einen wesentlichen Beitrag zur Erkenntnis leisten können. Dieses Zugeständnis steht im Gegensatz zur traditionellen logischen Sicht der Dinge, nach der rhetorische Elemente häufig nicht nur als irrelevant für die Erkenntnis, sondern sogar als einer sachgemäßen Darstellung abträglich eingestuft werden. Verbindet sich doch mit dem Hinweis, rhetorisch zu sein, außer der Feststellung, nichts zur Sache beizutragen, auch der Vorwurf der Überredung in täuschender Absicht.

Das erkenntnistheoretische Zugeständnis an die Rhetorik beschränkt sich meistens darauf, dieser die Aufgabe zuzubilligen, Fragen der angemessenen Darstellung von Erkenntnissen mit Blick auf die jeweiligen Hörer oder Leser zu beantworten. Eine solche Sicht unterstellt die Möglichkeit der Trennung von Gedanken (*res*) und Sprache (*verbum*), von Dargestelltem und Darstellung, in der Weise, daß die Form der Darstellung zum dargestellten Inhalt als etwas ihm Äußerliches hinzutritt. Entgegen dieser Auffassung wird im folgenden nachzuweisen versucht, daß

[1] Vgl. P. de Man, Allegorien des Lesens, Frankfurt a. M. 1988, S. 40.

bestimmte Darstellungsformen Erkenntnisformen sind, und zwar nicht nur im Sinne der Vermittlung, sondern der Konstitution von Erkenntnis.

Die angedeutete erkenntnistheoretische Rehabilitierung der Rhetorik widerspricht nicht nur einer einseitigen logischen Sicht, sondern auch einem weitverbreiteten Selbstverständnis innerhalb der rhetorischen Tradition. Genauer gesagt handelt es sich dabei weniger um ein Selbstverständnis der Rhetorik als *Disziplin* als vielmehr um eine rhetorische Perspektive anderer Disziplinen, insbesondere der Philosophie. Hier gibt es Versuche, die Logik der Erkenntnis als verkappte Rhetorik zu entlarven, so daß sie lediglich als eine strategische Sonderform der Rhetorik erscheint. Damit wird nicht nur dem Bemühen der Logik entgegengetreten, die Rhetorik auszugrenzen, sondern außerdem die erkenntnistheoretische Abwertung der Rhetorik gegen die Logik selbst gewendet. Solange es lediglich darum ginge, symmetrische Verhältnisse herzustellen, möchte eine solche Argumentation den Anlaß dafür geben können, das Verhältnis von Logik und Rhetorik erneut zu überdenken. Statt dessen sehen wir uns aber Konsequenzen ganz anderer Art ausgesetzt. Der Anspruch auf Erkenntnis und Wahrheit wird überhaupt in Zweifel gezogen. Auf diese Weise stellt die rhetorische Tradition den Anschluß an den antiken Skeptizismus wieder her und bringt in Erinnerung, daß das Selbstverständnis des abendländischen Denkens seit den Zeiten der Auseinandersetzung Platons mit den Sophisten durch den Konflikt zwischen Logik (bzw. Dialektik) und Rhetorik geprägt gewesen ist.[2] Vor diesem historischen Hintergrund nimmt sich insbesondere die radikale Erscheinung der „Dekonstruktion“ als Neuauflage eines Aufbegehrens der Rhetorik gegen die Herrschaft der Logik aus.

Die Logik steht in dem Verdacht, Denken auf *logisches* Denken reduzieren zu wollen. Auch wenn dieser Vorwurf in seiner Allgemeinheit unberechtigt ist, bleibt die Frage nach der Reichweite des logischen Denkens und damit die Frage nach anderen Denk- und Erkenntnisformen bestehen. Diese mögen argumentativer oder nicht-argumentativer Art sein. Es ist also noch nicht damit getan, innerhalb der Argumentationstheorie über das deduktive Schließen hinauszugehen und nicht-deduktive Argumentationsformen zur Anerkennung zu bringen. Es ist vielmehr auch nach der Funktion nicht-argumentativer, wie z. B. erzählender Darstellungsformen zu fragen, seien diese nun fiktionaler oder nicht-fiktionaler Art. Es versteht sich, daß in solchen Texten nicht Urteile mit Urteilen zu Beweisen verbunden werden. In ihnen werden Sachverhalte und Situationen nicht bewiesen, sondern vergegenwärtigt. Unser Interesse gilt dem *Erkenntniswert* auch solcher Darstellungsformen. Noch hierin könnte man eine unzulässige Beschränkung sehen wollen, weil es Darstellungsformen oder doch Sprachformen gibt, deren Wert nicht in der Vermittlung von Erkenntnis besteht. Dies wird keineswegs bestritten. Betont sei allerdings, daß der Begriff der Erkenntnis weit gefaßt ist und jede Form der Einsicht

[2] Zu Platons Auseinandersetzung mit der von den Sophisten gelehrten Rhetorik vgl. exemplarisch den Dialog „Gorgias“, besonders 462a-481b, 500a-504e.

einschließt, so daß die thematische Konzentration auf das Erkenntnismoment eine geringere Beschränkung bedeutet, als befürchtet werden könnte.[3]

In historischen und systematischen Einzeluntersuchungen wird im folgenden den Motiven des andauernden Konflikts zwischen Logik und Rhetorik nachgegangen, in der Absicht, ihn durch den Nachweis einer möglichen und wünschenswerten Versöhnung aufzulösen. Das Vorgehen ist bestimmt durch einen ständigen Seitenblick auf die gegenwärtige Kritik an dem so genannten „logozentrischen" Denken und durch den Versuch, dieser Kritik gerecht zu werden, ohne ihre Konsequenzen anzuerkennen. Diese leitende Fragestellung vom Ende her bedingt es, daß die Darstellung nicht der chronologischen Entwicklung folgt. Vielmehr wird die gegenwärtige Situation zum Ausgangspunkt genommen, um die Vorgeschichte in Rückblenden zu entfalten und gegebenenfalls ihre Fehlentwicklungen aufzuweisen.

Die Untersuchungen beginnen mit einer Darlegung der Gründe für den Konflikt zwischen Logik und Rhetorik. Es zeigt sich, daß er in *erkenntnistheoretischer* Hinsicht wesentlich auf dem Gegensatz von logischem und analogischem Denken beruht. Ein Kernstück analogischen Denkens bildet die Metapher. Sie gilt aber nicht nur als rhetorische Figur oder Darstellungsform, sondern auch als ästhetische Erkenntnisform. Die von A. G. Baumgarten begründete neuzeitliche Ästhetik hat nicht nur hier das Erbe der Rhetorik angetreten. Rhetorik der Erkenntnis schließt daher eine Analyse ästhetischer Erkenntnis mit ein.

Klassischen Ausdruck hat die Ablehnung des logischen Denkens in der Schülerszene von Goethes „Faust" gefunden. Eine Interpretation dieser Szene liefert den Anlaß, den Gegensatz von logischer und analogischer Begriffsbildung näher zu skizzieren, indem Frege und Nietzsche als jeweils klassische Proponenten einander vergleichend gegenübergestellt werden. Eine vermittelnde Position wird sodann im Rahmen einer methodologischen Neubewertung von Wittgensteins Begriff der Familienähnlichkeit entwickelt.

Die Aktualität Nietzsches für die gegenwärtige Debatte ist aus dessen zentraler These vom durchgängig metaphorischen Charakter der Sprache erwachsen. Aufgegriffen worden ist Nietzsches These insbesondere von Fritz Mauthner, der sie zu einer radikalen Sprach- und Erkenntniskritik ausgebaut hat. Wegen ihres symptomatischen Charakters verdient diese Kritik eine ausführliche Analyse. Bei Mauthner lassen sich bereits alle Motive des späteren Dekonstruktivismus finden, die diesen als Neuauflage eines negativistischen Pyrrhonismus ausweisen.

In einem neuen Anlauf wird sodann das *positive* Anliegen analogischen Denkens zu entwickeln versucht. Am Anfang stehen Beispiele aus der Literatur, und hier vor allem aus der Nonsens-Poesie, in der neben dem Analogischen auch das

---

[3] Die Beschränkung auf *sprachliche* Darstellungsformen ist thematisch bedingt. Zur Analyse bildlicher Darstellungsformen vgl. neuerdings L. Wiesing, Die Sichtbarkeit des Bildes. Geschichte und Perspektiven der formalen Ästhetik, Reinbek bei Hamburg 1997.

Alogische – das „Andere" der logischen Vernunft – seine Anwältin zu finden scheint. Es schließt sich eine Analyse der weithin unterschätzten Erkenntnisform des Rätsels an. Die Nähe des Rätsels zur Metapher und zum Witz läßt erneut Elemente des analogischen Denkens erkennen. Der Begriff des Witzes erfordert eine Wiederaufnahme der Überlegungen zum Unterschied von logischer und analogischer Begriffsbildung. Die Grundlage liefert ein Vergleich der traditionellen Erkenntnisvermögen des Witzes und des Scharfsinns, der zu einer prinzipiellen Erörterung des Gegensatzes von ästhetischer und wissenschaftlicher Weltauffassung führt. Die vorausgegangenen Untersuchungen laufen hier in dem Bemühen zusammen, beide Weltauffassungen in ein angemessenes Verhältnis zu einander zu rücken. Untermauert wird so der Gedanke, daß der Antagonismus von Logik und Rhetorik nur vordergründig besteht und seine Wurzeln in zu einseitigen Orientierungen hat, die der tatsächlichen Vielfalt der Erkenntnisformen nicht gerecht zu werden vermögen.

Die rhetorische Wende in der Philosophie betrifft nicht nur Fragen der *Darstellungsform*, also das *Wie* der Darstellung, sondern auch Fragen des *Realitätsgehalts*, also das *Was* der Darstellung. Hat doch die rhetorische Erkenntniskritik seit Nietzsche der Logik eine „Verfälschung der Wirklichkeit" vorgeworfen. Die Forderung nach Sicherung des Realitätsgehalts erstreckt sich insbesondere auf Begriffe und auf Aussagen. Eingelöst wird sie für Begriffe durch die Angabe von Beispielen und für Aussagen durch den Bezug auf Tatsachen, die die Aussagen wahr machen. Diesen Themen sind die abschließenden Kapitel gewidmet. Gegen einen Panfiktionalismus im Gefolge von Nietzsches Kritik am objektivistischen Wahrheitsbegriff wird der kategoriale Unterschied zwischen Fakten und Fiktionen verteidigt und im besonderen am Verhältnis von faktenorientierter Historie und fiktionaler Literatur erläutert. Die Analysen zur Logik und Rhetorik der Beispiele zeigen, daß Beispiele nicht nur der Erkenntnissicherung dienen. In der Wahl der Beispiele offenbaren sich häufig persuasive Strategien, die es sinnvoll erscheinen lassen, auch logische Texte und sogar logische Lehrbücher einer rhetorischen Lektüre zu unterziehen, die über den Gesichtspunkt der Erkenntnisvermittlung hinausgeht und Fragen der Wirksamkeit berücksichtigt. An dieser Stelle erfolgt der Übergang zu einer kritischen Untersuchung der „Rhetorik der Wissenschaft" am Beispiel der Beispielwahl in der Logik.

Erstes Kapitel

Logik und Rhetorik

Die systematische Bedeutung der folgenden Untersuchungen läßt sich am besten im Ausgang von der bereits angesprochenen Situation einer Rückkehr der Rhetorik entwickeln. Um sie angemessen würdigen zu können, sind erläuternde Ausführungen zur Geschichte des Konflikts zwischen Logik und Rhetorik erforderlich.

Die Rückkehr der Rhetorik

Mit der gegenwärtigen Rückkehr der Rhetorik ist eine akademische Disziplin wiederentdeckt worden, die einst (neben Logik und Grammatik) fester Bestandteil des Triviums innerhalb des Systems der Sieben Freien Künste gewesen ist.[4] Einer Rückkehr muß ein Verschwinden vorhergegangen sein. Für beides gibt es Gründe.

Der Niedergang der Rhetorik seit dem Beginn der Neuzeit ist wesentlich darauf zurückzuführen, daß ihr methodologischer Teil, insbesondere die Lehre von den rhetorischen Schlüssen, gegenüber der Lehre vom Ausdruck (*elocutio*) ins Hintertreffen geraten ist, so daß Rhetorik schließlich nicht mehr als Theorie der Rede, sondern der Rede*figuren*, ja, des Rede*schmucks* verstanden worden ist. Eine Vorrangstellung wird der *elocutio* bereits bei Quintilian eingeräumt.[5] Dies geschieht aber kontextbedingt, veranlaßt durch den thematischen Schwerpunkt der Ausbildung des *Redners*. Folgenreicher wirkt sich die Neuordnung des Unterrichtswesens im 16. Jahrhundert durch Petrus Ramus und den Ramismus aus.[6] In Auseinandersetzung mit der scholastischen Logik, der eine Beschränkung auf die Lehre von den syllogistischen Schlußfiguren vorgeworfen wird, etabliert Ramus ein an der Platonischen Dialektik und der Rhetorik Ciceros und Quintilians orientierte Re-Rhetorisierung der Logik im Sinne einer Argumentationslehre (*ars disserendi*), die daher auch „Dialektik" heißt. Gleichzeitig plädiert er aber für eine Trennung von Logik und Rhetorik gemäß der Unterscheidung von *ratio* und *oratio*. In der

[4] Vgl. die übersichtliche historische Darstellung von K.-H. Göttert, Einführung in die Rhetorik. Grundbegriffe – Geschichte – Rezeption, München 1991; ferner M. Fuhrmann, Die antike Rhetorik. Eine Einführung, 2. Aufl. München/Zürich 1987.

[5] Marcus Fabius Quintilianus, Ausbildung des Redners. Zwölf Bücher, lat.-dt., hg. v. H. Rahn, 3. Aufl. Darmstadt 1995, Buch VIII, Vorrede, 13ff.

[6] Vgl. W. Risse, Die Logik der Neuzeit, Bd. 1, Stuttgart-Bad Cannstatt 1964, Kap. III: Die ramistische Dialektik, S. 122-200; weitere Literaturangaben in den Artikeln „Ramismus" und „Ramus"; in: Enzyklopädie Philosophie und Wissenschaftstheorie, hg. v. J. Mittelstraß, Bd. 3, Stuttgart/Weimar 1995, S. 458 u. S. 461f.

Konsequenz entzieht er damit der Rhetorik ihren methodologischen Teil, die Erfindungskunst (*inventio*), und reduziert sie auf die sprachliche Darstellung, die *elocutio*. Da es hier naturgemäß Überschneidungen mit der Poetik gibt, die sich bereits bei Aristoteles in der Behandlung bestimmter Redefiguren (insbesondere der Metapher) sowohl in seiner „Rhetorik" als auch in seiner „Poetik" zeigen, konnte der verbliebene „Rest" schließlich sogar in die Poetik abwandern. Hinzu kommt, daß sich die Schulrhetorik in ihrem Bemühen um ein System von Unterscheidungen zu Tode klassifiziert hat, so daß es nicht Wunder nimmt, daß sie – nachdem die Zeit der Regelpoetik mit dem Aufkommen der Genieästhetik am Ende des 18. Jahrhunderts abgelaufen war – auch noch von der Poesie mit den Worten verstoßen wurde, daß Poesie und Rhetorik „himmelweit verschieden" seien (Novalis).

Einen Hauptgrund für den zwischenzeitlichen „Tod" der Rhetorik wird man deshalb mit P. Ricœur darin sehen dürfen, daß die Rhetorik ihre Beschränkung auf die *elocutio* bestätigend angenommen hat und so die Verbindung verlor, die sie „über die Dialektik mit der Philosophie verband".[7] Insofern kann man der Auffassung C. Perelmans zustimmen, daß eine Erneuerung der Rhetorik nicht ohne die Verbindung mit der Argumentationslehre möglich ist.[8] Folgen hat dies auch für die Logik, insofern sie daran erinnert wird, daß es nicht nur das mathematische, sondern auch das forensische Modell gibt, daß Rationalität nicht auf formale Deduktion reduzierbar ist.[9]

Bei aller Anerkennung der Verdienste um die Wiederbelebung der Rhetorik als Argumentationslehre: es wäre aber eine zu einseitige Sicht von der anderen Seite, wollte man nun Rhetorik mit Argumentationslehre gleichsetzen. Auch dann, wenn man die Argumentationslehre dahingehend erweitert, daß sie sich nicht ausschließlich am Begriff der Wahrheit (bzw. Wahrscheinlichkeit) orientiert, sondern der Bereich normativer Aussagen eingeschlossen ist, der Geltungsbegriff bleibt bestimmend. An dieser Stelle ist über den Bereich argumentativer Diskurse hinauszugehen. Gibt es doch mehr Darstellungsformen zwischen Logik und Poesie, als mancher Philosoph sich träumen läßt. Jedenfalls hat eine Untersuchung des Verhältnisses von Logik und Rhetorik das Feld der Poetik im Blick zu behalten. Wie die Geschichte der Rhetorik zeigt, haben wir es mit einem Dreiecksverhältnis zu tun, das durch wechselnde Allianzen bestimmt ist. Zeitweilig geht die Rhetorik mit der Logik einher und verbindet sich mit dieser zur Dialektik. Dann wird sie von der Poetik angezogen, bzw. – von der Logik verstoßen – in deren Arme getrieben. Schließlich wird sie von beiden verschmäht, sobald sich die Gegensätze Logik und

---

[7] P. Ricœur (mit Bezug auf G. Genette), Die lebendige Metapher, 2. Aufl. München 1991, S. 13f. Völlig „tot" war die Rhetorik allerdings niemals, wie die Bibliographie (von D. Breuer und G. Kopsch) der Rhetoriklehrbücher des 16. bis 20. Jahrhunderts belegt; in: Rhetorik. Beiträge zu ihrer Geschichte in Deutschland vom 16.-20. Jahrhundert, hg. v. H. Schanze, Frankfurt a. M. 1974. Vgl. insbesondere auch den Beitrag von D. Breuer im selben Band.

[8] Vgl. C. Perelman, Das Reich der Rhetorik. Rhetorik und Argumentation, München 1980, S. 6ff.

[9] Vgl. S. Toulmin, Die Verleumdung der Rhetorik. Neue Hefte für Philosophie 26 (1986), S. 55-68.

Poetik kompensatorisch anziehen und – etabliert als Wissenschaft und Dichtung – eine bürgerliche Ehe der wohlwollenden Duldsamkeit eingehen, in der jeder *seiner* Wege geht.

Die gegenwärtige Rückkehr der Rhetorik – jedenfalls ihre akademische Plazierung – ist nicht einer einheitlichen Fragestellung, sondern sehr unterschiedlichen Interessen zu verdanken. Sie betrifft denn auch weniger die Rhetorik als eigenständige Disziplin als vielmehr rhetorische Elemente in anderen Disziplinen. Dabei bietet es sich im Rahmen interdisziplinärer Bemühungen durchaus an, auf die Rhetorik als übergreifende Sammeldisziplin zurückzugreifen, erst recht, wenn man es mit der Analyse von Texten zu tun hat. Entsprechende Arbeiten finden sich denn auch in nahezu allen Geisteswissenschaften.[10] Es versteht sich, daß die Rhetorik dabei den Status einer *normativen* Kunstlehre der Beredsamkeit verloren hat und zu einer weitestgehend *empirischen* Theorie einer Vielfalt von Texten und Schreibweisen geworden ist. Anweisungen für das Abfassen von Liebesbriefen und Bewerbungsschreiben, Sprecherziehung für Schauspieler und angehende Deutschlehrer, berufs- oder geschlechtsspezifische Rhetorikkurse für Manager und Frauen und vieles mehr belegen, daß der Bedarf an praktischen rhetorischen Hilfen gleichwohl besteht. Von festen Richtlinien oder gar einem Kanon kann hier aber nicht mehr die Rede sein.

Der Entwicklung der Rhetorik zu einer übergreifenden Sammeldisziplin kommt entgegen, daß die lange Zeit in dieser Funktion gehandelte Semiotik aufgrund ihrer Promiskuität, sich auf alles und jedes einzulassen, weitgehend ihren guten Ruf verloren hat. Da kommt eine Disziplin mit Tradition gerade recht, was nicht ausschließt, daß ihr dieselbe Entwicklung droht. Um dem vorzubeugen, tut die Rhetorik gut daran, sich auf bestimmte Fragen zu konzentrieren. Eine Möglichkeit ist, *Darstellungsformen* auf ihre Funktionen hin zu untersuchen.

Was die Philosophie anbelangt, so lassen Analysen zum Verhältnis von Philosophie und Literatur das Problem der Darstellung als Methodenproblem erkennen.[11] Dabei zeigt sich auch, daß die Auseinandersetzung zwischen „analytischer" und „kontinentaler" Philosophie ihre Wurzeln in unterschiedlichen Bewertungen logischer und rhetorischer Argumentationsformen hat. Gleiches gilt für den Konflikt zwischen normalsprachlich und idealsprachlich orientierten Vertretern *innerhalb* der analytischen Philosophie. Vor allem in der Ordinary-Language-Philosophy

---

[10] Vgl. die repräsentative Sammlung: Rhetorik, hg. v. J. Kopperschmidt, Bd. 1 (Rhetorik als Texttheorie), Bd. 2 (Wirkungsgeschichte der Rhetorik), Darmstadt 1990/91; ferner Kopperschmidts erhellende Beschreibung der Situation: Rhetorik nach dem Ende der Rhetorik. Einleitende Anmerkungen zum heutigen Interesse an Rhetorik, Bd. 1, S. 1-31.

[11] Hierbei geht es zum einen um literarische Formen philosophischer Inhalte, zum anderen um philosophische Inhalte in literarischen Formen. Zum ersten Thema vgl. Literarische Formen der Philosophie, hg. v. G. Gabriel/C. Schildknecht, Stuttgart 1990 (mit Bibliographie); ferner C. Schildknecht, Philosophische Masken. Literarische Formen der Philosophie bei Platon, Descartes, Wolff und Lichtenberg, Stuttgart 1990. Zum zweiten Thema vgl. Philosophie in Literatur, hg. v. C. Schildknecht/D. Teichert, Frankfurt a. M. 1996 (mit Bibliographie).

haben rhetorische Gesichtspunkte nicht nur die Methodologie, sondern auch die Thematik mitbestimmt, wie dies bereits an Titeln wie „How to Do Things with Words“ (J. L. Austin) deutlich wird. Die rhetorische Orientierung wird daran deutlich, daß der traditionellen logischen Beschränkung auf wahrheitsfähige Aussagen eine Absage als „descriptive fallacy“ erteilt wird.[12] Untersuchungen zur Sprachpragmatik, insbesondere zur Sprechakttheorie, sind als systematische Ausarbeitungen rhetorischer Elemente zu sehen. Nicht umsonst ähneln die Reaktionen von Philosophen, die sich selbst als „sachbezogen“ verstehen (B. Russell, K. R. Popper), auf „sprachbezogene“ Philosophen (in der Tradition des späten Wittgenstein) den Verdikten gegen die Rhetorik, wie wir sie bei den Vätern der neuzeitlichen Philosophie (T. Hobbes, J. Locke) finden.[13]

Die Entwicklung stellt sich rückblickend wie folgt dar: Zunächst findet mit Descartes und Locke eine Wende von der sprachorientierten Rhetorik zur subjektorientierten Erkenntnistheorie statt, in der das Ideal der klaren und deutlichen *Ideen* (rationalistisch oder empiristisch) hochgehalten wird. In die Kritik der Rhetorik wird zunächst die ebenfalls als „scholastisch“ angesehene Logik einbezogen, in der Leibniz-Tradition aber rehabilitiert. In dieser Tradition vollzieht sich sodann seit Baumgarten unter dem Decknamen „Ästhetik“ eine erkenntnistheoretische Transformation rhetorischer Anliegen. Parallel dazu verläuft insbesondere in der empiristischen Tradition eine geschmackstheoretische Transformation des rhetorischen Erbes. Beide treffen zusammen in Kants „Kritik der Urteilskraft“ und in der Genieästhetik des ausgehenden 18. Jahrhunderts. Damit sind zentrale Themen der Rhetorik bewahrt, die Rhetorik als Diziplin ist aber – philosophisch ausgeplündert – am Ende. Die Subjektphilosophie bleibt (von Autoren wie Herder und W. v. Humboldt abgesehen) bestimmend, bis der sprachfreie Zugang zu den Ideen (Vorstellungen, Begriffen) in der Sprachkritik des ausgehenden 19. Jahrhunderts (am radikalsten von F. Mauthner) verneint wird und schließlich von den Philosophen der sprachphilosophischen Wende („linguistic turn“), insbesondere von Wittgenstein in seiner Privatsprachenkritik, ad absurdum geführt wird. Die rhetorische Wende der Gegenwart macht sich einerseits diese Entwicklung positiv zu eigen, radikalisiert sie andererseits im Sinne einer Re-Rhetorisierung der Philosophie selbst. Damit ist die Frage nach dem Spannungsverhältnis zwischen Philosophie und Rhetorik erneut aufgeworfen.[14]

---

[12] J. L. Austin, Philosophical Papers, hg. v. J. O. Urmson/G. J. Warnock, London u. a. 1970, S. 131; vgl. S. 234.

[13] Als charakteristisch für die Stellung zur Rhetorik erweist sich dabei die Beurteilung des so genannten „Wortstreits“. Vgl. den entsprechenden Artikel in: Enzyklopädie Philosophie und Wissenschaftstheorie, hg. v. J. Mittelstraß, Bd. 4, Stuttgart 1996.

[14] Vgl. insbesondere S. IJsseling, Rhetorik und Philosophie. Eine historisch-systematische Einführung, Stuttgart-Bad Cannstatt 1988; ferner: Rhetorik und Philosophie, hg. v. H. Schanze/J. Kopperschmidt, München 1989, hier vor allem den Beitrag von B. Vickers zur Vorgeschichte des Spannungsverhältnisses in Antike, Mittelalter und Renaissance.

Rhetorik der Wissenschaft

Inzwischen hat die Rhetorik sogar in den Naturwissenschaften Fuß gefaßt, zumindest in deren Wissenschaftsgeschichte und Wissenschaftstheorie (history and philosophy of science), wo in Untersuchungen zur so genannten „Rhetorik der Wissenschaft“ (rhetoric of science) Darstellungs- und Vermittlungsformen zunehmend Beachtung finden.[15]

Die Begriffsbildung „Rhetorik der *Wissenschaft*“ deutet an, daß es um mehr geht, als Formen der Wissensvermittlung empirisch zu untersuchen. Die Rhetorik erhebt einen universalen Anspruch. Nun wird jeder ohne weiteres zugestehen, daß Forschungsbeiträge zu Fachzeitschriften, Dissertationen, Lehrbücher und populäre Einführungen unterschiedliche Schreibarten oder Stile verlangen. Texte unterliegen rhetorischen Bedingungen und sind insoweit rhetorisch, schlicht deshalb, weil sie sprachlich verfaßt sind. Dies ist eine Trivialität. Problematischer ist der Übergang zu noch allgemeineren Aussagen wie „alles ist sprachlich“, „alles ist Text“ oder „alles ist rhetorisch“. Versteht man sie als transzendentale Aussagen, in denen auf Bedingungen der Möglichkeit menschlicher Erkenntnis hingewiesen wird, nämlich auf deren Sprachgebundenheit in dem Sinne, daß wir uns in der Erkenntnis nicht außerhalb sprachlicher oder anderer Symbolsysteme aufstellen können, so sind auch sie noch nachvollziehbar. Sie formulieren dann nichts anderes als die sprachphilosophisch (oder symboltheoretisch) gewendete Einsicht in die erkenntniskonstitutive Rolle des transzendentalen Subjekts, daß nämlich jede Objekterkenntnis unter den Bedingungen des Subjekts steht.

Allerdings bergen die genannten Formulierungen auch Gefahren in sich. Aussagen wie „alles ist sprachlich“ und „alles ist Text“ (und neuerdings auch: „alles ist Interpretation“) werden häufig so vorgebracht, als formulierten sie nicht nur Bedingungen des Soseins, sondern auch Bedingungen des Daseins der Dinge. Unmerklich geht die Behauptung der sprachlichen Verfaßtheit aller Objekte in die Behauptung über, daß alle Objekte selber sprachlicher Natur sind. Man spricht so, als ob es keinen Unterschied gäbe zwischen dem Wort „Stuhl“ und dem Gegenstand Stuhl. Ich sage: man *spricht* so. Tatsächlich dürfte der Unterschied jedem klar sein. An Wörtern kann man sich zwar „die Zunge brechen“, aber nicht wirklich die Beine. Dazu müßte man schon über die Gegenstände selbst stolpern.

Genauso verhält es sich mit der Aussage, daß alles rhetorisch sei. In einer Hinsicht sagt sie Selbstverständliches. In anderer Hinsicht ist sie irreführend, indem sie nämlich so tut, als ob wissenschaftliche und poetische Darstellungsformen in gleicher Weise rhetorisch seien. Suggeriert wird damit die Unmöglichkeit von Binnendifferenzierungen. Die Begriffsbildung „Rhetorik der Wissenschaft“ kommt

---

[15] Vgl. etwa A. G. Gross, The Rhetoric of Science. Cambridge, Mass./London 1990; ferner den Sammelband: Darstellungsformen der Wissenschaften im Kontrast, hg. v. L. Danneberg/J. Niederhauser, Tübingen 1998.

teilweise einem solchen Mißverständnis entgegen.[16] Auf der anderen Seite kann sie aber auch helfen, das objektivistische Verständnis von Wissenschaft zu korrigieren, indem sie auf das Problem der Darstellungsformen als *Erkenntnis*formen aufmerksam macht. Darstellungsfragen werden in den Wissenschaften nämlich meistens als bloße *Vermittlungs*fragen angesehen. Die Anerkennung der rhetorischen Verfaßtheit beschränkt sich daher auf die Feststellung, daß man sich nach den jeweiligen Adressaten zu richten habe. Das Wissen selbst wird dagegen als unabhängig von solchen „nur" rhetorischen Fragen beurteilt. Bestimmt man „Wissen" einzig propositional als begründeten wahren Glauben und geht – zu recht – davon aus, daß eine Aussage, *wenn* sie wahr ist, ganz unabhäng davon wahr ist, wer ihr Sprecher (Autor) und wer ihr Hörer (Leser) ist, so liegt die Auffassung nahe, daß die Art der Darstellung das Wissen der Wissenschaften selbst nicht berühre. Aus dem Blick gerät dabei, daß es in den Wissenschaften Erkenntnisformen (wie z. B. Modelle und Metaphern) gibt, die nicht mit Wissen und Wahrheit gleichzusetzen sind. Solche Erkenntnisformen haben ihren legitimen Platz in einer *Rhetorik* der wissenschaftlichen Erkenntnis.

Der Konflikt zwischen Logik und Rhetorik

Die ursprüngliche Etablierung der Rhetorik ist aus dem Zugeständnis erwachsen, daß die wenigsten Streitfälle, erst recht in praktischen Belangen, im Sinne eines Wissens um Wahrheit entschieden werden können. Insofern es als wesentliche Aufgabe der Rhetorik angesehen wurde, Anleitungen bereitzustellen, um solche Fälle diskursiv zu regeln, hatte sie den Charakter einer „Verlegenheitsrhetorik".[17] Sie verwaltete das Meinen als Mangel an Wissen, wobei gleichwohl an der Möglichkeit von Wissen in anderen Fällen metaphysisch oder regulativ festgehalten wurde. Logik und Rhetorik haben nach dieser Auffassung beide ihren Platz, aber nicht nebeneinander. Philosophisch gesehen bleibt die Logik – weil sie dem wahren Wissen nähersteht – der Rhetorik übergeordnet. Die radikalere Auffassung sieht den Mangel an Wissen als prinzipiell gegeben an und betrachtet daher die Rhetorik nicht als vorläufige Logik, sondern als einzig mögliche. Die Rhetorik soll die Logik nicht nur – in den Fällen von deren Nichtanwendbarkeit – kompensieren, sondern insgesamt substituieren. Bis in die Gegenwart sind beide Einschätzungen auszumachen.

Auch wenn die Rückkehr der Rhetorik mit einem Abschied von einem Absolutismus der Wahrheit einhergeht, eine Rückkehr aus dem Geiste des Skeptizismus muß sie deshalb nicht sein. Indem die folgenden Untersuchungen auf einer Rheto-

[16] Vgl. hierzu die Klarstellungen von R. Nate, Rhetorik und der Diskurs der Naturwissenschaften; in: Die Aktualität der Rhetorik, hg. v. H. F. Plett, München 1996, S. 102-119.

[17] So (im Anschluß an H. Blumenberg) J. Kopperschmidt, Das Ende der Verleumdung. Einleitende Anmerkungen zur Wirkungsgeschichte der Rhetorik; in: Rhetorik, Bd. 2, S. 1-33, hier S. 22.

rik der *Erkenntnis* bestehen, widersprechen sie sowohl der szientistischen Tendenz, die Rhetorik als Disziplin des vorläufigen Meinens gegenüber der Logik als Disziplin des echten Wissens abzuwerten, als auch dem agnostizistischen Versuch, den Unterschied von Wissen und Meinen einzuziehen. Es geht weder um eine Hierarchisierung, noch um eine Nivellierung, sondern um eine Komplementierung von Erkenntnisformen.

Zunächst kommt es darauf an, den Konflikt zwischen Logik und Rhetorik verständlich zu machen. Dazu können wir vom Zweck der Logik ausgehen. In der Logik geht es darum, die Regeln aufzustellen, mit deren Hilfe aus wahren Urteilen (den Prämissen) wahre Urteile (als Konklusionen) gewonnen werden können, Schlußregeln also, deren Anwendung garantiert, daß die Konklusionen wahr sind, *wenn* die Prämissen wahr sind. Dieser Zweck ist für die traditionelle Syllogistik genauso bestimmend wie für die moderne Aussagen- und Prädikatenlogik. Im Zentrum beider Auffassungen steht daher der Wahrheitsbegriff, und zwar zugeschnitten auf die Wahrheit von *Urteilen*. Entsprechend werden die Bestandteile der Urteile, insbesondere die *Begriffe*, danach bewertet, welchen Beitrag sie zum Inhalt der wahren oder falschen Urteile liefern. Die Logik enthält daher gemäß ihrem Aufbau – vom Einfachen zum Komplexen übergehend – als Elemente die Lehre vom *Begriff*, die Lehre vom *Urteil* und die Lehre vom *Schluß*.

Das Aufbegehren der Rhetorik gegen die Logik äußert sich auf allen diesen Ebenen. Es tritt dabei in zwei Formen auf, als skeptischer Zweifel an der Möglichkeit von Erkenntnis überhaupt oder als Zweifel an dem Erkenntniswert des *logischen* Denkens. Bezweifelt wird im ersten Fall, daß formale Schlüsse allgemeingültig, Urteile wahr und Begriffe bestimmt sein können. Behauptet wird im zweiten Fall, daß formale Schlüsse unergiebig seien, urteilendes Denken zu beschränkt sei und abstrakte Begriffsbildungen der Wirklichkeit nicht gerecht zu werden vermögen. Mit beiden Formen der Ablehnung des logischen Denkens werden wir es im folgenden zu tun haben.

Auch wenn rhetorische Alternativen auf allen Ebenen des logischen Denkens entwickelt worden sind, im Mittelpunkt steht das Urteil. Dies liegt daran, daß das Urteil als der Ort der Wahrheit gilt und damit als Ort des für die Logik zentralsten Begriffs. Die rhetorische Kritik am Wahrheitsbegriff (oder zumindest an der einseitigen Ausrichtung an diesem Begriff) orientiert sich daher naturgemäß zunächst am logischen Urteil. An dieser Stelle ist eine Erweiterung des terminologischen Feldes notwendig. Neben dem Ausdruck „Urteil" bietet die Tradition zahlreiche Entsprechungen an, wie z. B. „Satz", „Behauptung", „Aussage", „Gedanke", „Proposition", die allerdings keineswegs äquivalent sind, sondern philosophisch bedeutsame Unterschiede markieren.[18] Von diesen Unterschieden einmal abgesehen

[18] Vgl. im einzelnen meinen Artikel „Äußerung–Satz–Aussage–Urteil"; in: Handbuch „Sprachphilosophie", hg. v. M. Dascal/D. Gerhardus/K. Lorenz/G. Meggle, 2. Halbband, Berlin/New York 1996, S. 1263-1271.

kommen sie alle als Kandidaten in Betracht, wenn wir mit Aristoteles (dem Begründer der traditionellen Logik) danach fragen, wer oder was es ist, von dem man sagen kann, daß es wahr oder falsch ist, oder wenn wir mit Gottlob Frege (dem Begründer der modernen Logik) danach fragen, wer oder was es ist, dem der Wahrheitswert des Wahren oder des Falschen zuzuordnen ist.

Allen wahrheitswertfähigen Gebilden ist gemeinsam, daß sie grammatisch am Typ des Aussagesatzes ausgerichtet sind und daher aussageartig oder propositional sind. Diese Orientierung wird schon bei Aristoteles deutlich. Er unterscheidet zwischen bedeutungsvollem Satz im allgemeinen und Aussage- oder Behauptungssatz im besonderen, um dann die Sätze, die keinen Aussagecharakter haben, wie z. B. Bittsätze, mit der Begründung, daß sie nicht wahrheitsfähig sind, aus der Logik in die Rhetorik oder Poetik zu verweisen.[19] Ausgenommen sind propositionale Fragesätze (Satzfragen), aber nur deshalb, weil deren Beantwortung mit „ja" oder „nein" darauf hinausläuft, die entsprechende Aussage als wahr oder falsch zu bewerten. Dies ist auch Freges Auffassung. Entsprechend können wir sagen, daß die Logik von einem *propositionalen* Wahrheitsbegriff ausgeht, und es ist dieser Wahrheitsbegriff, auf den sich die rhetorische Kritik vor allem bezieht. Sie setzt an bei den Bestandteilen des Urteils, den Begriffen. Es stellt sich nämlich sofort die Frage nach den Bedingungen, die Begriffe erfüllen müssen, um dem propositionalen Wahrheitsbegriff genügen zu können. Dieser verlangt, daß die Frage, ob ein Urteil wahr ist, eindeutig beantwortet werden kann. An dieser Stelle kommt es zum Hauptkonflikt: Metaphern, die Lieblingskinder der Rhetorik, werden von den Logikern wegen deren unbestimmter Bedeutung nicht zugelassen. Eine eingehende Auseinandersetzung mit der inzwischen überreichen Forschungsliteratur ist im folgenden zwar nicht vorgesehen, naturgemäß wird die Thematik aber wiederkehrend zur Sprache kommen.[20]

Rhetorik und Ästhetik

Der Hauptkonflikt ist allerdings in einem größeren Rahmen zu sehen, der erst die ganze Reichweite sichtbar werden läßt. Es ist nicht der propositionale Wahrheitsbegriff allein, der die Rhetorik gegen die Logik aufbringt, sondern die Tendenz, Erkenntnis mit der Wahrheit von Aussagen gleichzusetzen; denn damit ist Erkenntnis auf die Form der Propositionalität festgelegt. Elemente, die keinen Bei-

[19] Aristoteles, De Interpretatione 4.16f.

[20] Ohne dies im einzelnen auszuweisen, folge ich mit der erkenntnistheoretischen Rehabilitierung der Metapher Grundgedanken N. Goodmans und ganz besonders P. Ricœurs. Vgl. dessen Buch: Die lebendige Metapher, 2. Aufl. 1991 München. An neueren Sammelbänden zum Thema sind zu nennen: Metapher und Innovation. Die Rolle der Metapher im Wandel von Sprache und Wissenschaft, hg. v. L. Danneberg/A. Graeser/K. Petrus, Bern u. a. 1995; From a Metaphorical Point of View. A Multidisciplinary Approach to the Cognitive Content of Metaphor, hg. v. Z. Radman, Berlin/New York 1995; Metapher, Kognition, Künstliche Intelligenz, hg. v. H. J. Schneider, München 1996.

trag zum wahrheitsfähigen Inhalt des Denkens und der Sprache leisten, werden nicht nur aus der Logik ausgewiesen, es wird ihnen darüber hinaus der Erkenntniswert abgesprochen. Noch mehr, sie werden geradezu als schädlich für die Erkenntnis zu bändigen gesucht und in ein Rhetorik-Reservat abgedrängt, wo sie ihr nicht-propositionales Dasein fristen dürfen. Dieses Reservat heißt seit Alexander Gottlieb Baumgarten „Ästhetik". Mit der Begründung dieser Disziplin geht aber auch eine Rehabilitierung der berechtigten Anliegen der Rhetorik auf neuer, erkenntnistheoretischer Grundlage einher. Baumgarten ist um die Sicherung eines Erkenntnisbegriffs bemüht, der anderen als logischen Kriterien genügt. Dabei wird die Logik aber keineswegs abgelehnt, sondern ergänzt. Parallel zur Entstehung der Ästhetik als eigener Disziplin verläuft auch die Entwicklung der Hermeneutik, und zwar teilweise in direkter Abhängigkeit, z. B. in der Person Georg Friedrich Meiers, der ein Schüler Baumgartens war. Wie die Ästhetik, so steht auch die Hermeneutik im Spannungsfeld von Logik und Rhetorik, insofern es ihr ebenfalls darum geht, die Methoden der Erkenntnis zu erweitern, ohne die Ansprüche der Logik preiszugeben.[21]

Die Ästhetik hat nicht nur das Erbe der Rhetorik angetreten, sie hat sich seit ihrem Entstehen als Disziplin darüber hinaus als Sachwalterin der Sinnlichkeit verstanden. Aus diesem Selbstverständnis ist ihr Name erwachsen, und hierauf gründet sich letztlich auch der Versuch, ihr die Aufgabe einer Kompensation der begrifflich-rationalen Wissenschaft zuzuweisen. Während wir heute Ästhetik eher als Theorie der Kunst und als Theorie des ästhetischen Urteils (im Sinne des Werturteils über Kunst) verstehen, verweist ihr Name (im Sinne der *Aisthesis* als sinnlicher Wahrnehmung) ursprünglich ganz allgemein und nicht kunstspezifisch auf den Bereich der Sinnlichkeit. Baumgarten ging es nicht nur um eine Rechtfertigung der Kunst, die er – enger als wir heute – wesentlich mit sinnlicher Erkenntnis in Verbindung brachte, sondern (im Rahmen des für ihn vorgegebenen Rationalismus) ganz allgemein um eine Rehabilitierung der sinnlichen Erkenntnis gegenüber der Vernunfterkenntnis. Ästhetik (*aesthetica*) war ihm die Wissenschaft der sinnlichen Erkenntnis (*scientia cognitionis sensitivae*). Das Verhältnis von Anschauungen der Sinnlichkeit und Begriffen des Verstandes bleibt in der Folgezeit Thema der Erkenntnistheorie.

Kognition und Emotion oder die sinnliche Seite des Denkens

Die Logik steht mit ihrer Orientierung am Begriff in dem Verdacht, die sinnliche Seite des Denkens zu vernachlässigen, ja zu verdrängen. Exemplarisch anführen ließe sich hier Freges Bemühen, das „rein" Logische von allen sinnlich-psychi-

---

[21] Vgl. K. Petrus, Genese und Analyse. Logik, Rhetorik und Hermeneutik im 17. und 18. Jahrhundert, Berlin/New York 1997.

schen „Verunreinigungen“ freizuhalten. In der Sprachphilosophie schlägt sich dieser Purismus darin nieder, Elemente der Sprache unberücksichtigt zu lassen, deren Beitrag zum semantischen Inhalt nicht wahrheitswertrelevant und insofern folgerungsneutral ist. Darunter fallen insbesondere grammatische und pragmatische Aspekte der Sprache, die das Verhältnis von Sprecher und Hörer betreffen:

> Alle Erscheinungen nun in der Sprache, die nur aus der Wechselwirkung des Sprechenden und des Hörenden hervorgehen, indem der Sprechende z. B. auf die Erwartungen des Hörenden Rücksicht nimmt und diese schon vor dem Aussprechen eines Satzes auf die richtige Fährte zu bringen sucht, haben in meiner Formelsprache nichts entsprechendes, weil im Urteile hier nur das in Betracht kommt, was auf die *möglichen Folgerungen* Einfluß hat.[22]

Geopfert wird so z. B. die Subjekt/Prädikat-Unterscheidung, an deren Stelle die Argument/Funktion-Unterscheidung tritt. Geopfert werden auf dem Altar der Wahrheit aber auch die „bildlichen“ oder konnotativen Elemente der Sprache, von Frege „Färbungen und Beleuchtungen“ (des Sinns oder des Gedankens) genannt. Frege ist sich vollkommen bewußt, daß er damit wesentliche Elemente poetischer und rhetorischer Sprache ausschließt. Explizit ordnet er sie „Dichtkunst“ und „Beredsamkeit“ zu, und tatsächlich ist der Ausdruck „Färbungen“ nichts anderes als die deutsche Übersetzung eines Terminus der antiken Rhetorik, in der den Ausschmückungen (*ornatus*) der Rede insbesondere die Funktion zugewiesen wurde, die Zuhörer durch Färbungen (*colores*) der darzustellenden Sachverhalte für sich einzunehmen.[23] In diesem Sinne spricht man noch heute von „gefärbten“, d. h. beschönigenden oder parteilichen Berichten und Darstellungen. Außerdem gibt es aber bereits in der Antike ein neutrales Verständnis im Sinne der farbigen Ausschmückung oder Schilderung.[24] Beide Verwendungen finden sich bei Frege. In keinem Falle werden Färbungen generell abgewertet, es wird ihnen allerdings der *Erkenntnis*wert abgesprochen. Begründet wird dies damit, daß sie zwar eine emotive Wirkung haben, im Unterschied zum Sinn jedoch keine kognitiven Inhalte sind:

---

[22] Frege, Begriffsschrift, S. 3. Freges Schriften werden im folgenden in der üblichen abgekürzten Form wiedergegeben. Seitenzahlen beziehen sich auf die Erstveröffentlichungen. Zitate wurden moderner Rechtschreibung angeglichen.

[23] Vgl. exemplarisch Quintilian, Ausbildung des Redners, insbesondere Buch IV, Kap. 2, 88-100. Zu den zahlreichen Stellen siehe den Index von E. Zundel, Clavis Quintilianea, Darmstadt 1989. Allgemein zum antiken Gebrauch: J. C. T. Ernesti, Lexicon technologiae graecorum rhetoricae, Leipzig 1795, Nachdruck Hildesheim 1962, S. 383-385; außerdem ders., Lexicon technologiae latinorum rhetoricae, Leipzig 1797, Nachdruck Hildesheim 1962, S. 63-66; vgl. ferner H. Lausberg, Handbuch der literarischen Rhetorik, München 1960, § 1061. Die Terminologie setzt sich in den Poetiken fort. So noch J. C. Scaliger, Poetices libri septem. Nachdruck der Ausgabe Lyon 1561, mit einer Einleitung v. A. Buck, Stuttgart 1987, S. 121. Vgl. inzwischen die lat.-dt. Ausgabe von L. Deitz/G. Vogt-Spira, Stuttgart-Bad Cannstatt 1994ff., Bd. 2, S. 381. Freges Sprachgebrauch geht sehr wahrscheinlich auf Lotze zurück. Vgl. meine Einleitung zu H. Lotze, Logik. Drittes Buch. Vom Erkennen, Hamburg 1989, S. XVIII.

[24] Vgl. ausführlich die beiden Artikel „Color, 1“ (von A. Quinn) und „Colores rhetorici“ (von U. Kühne) in: Historisches Wörterbuch der Rhetorik, hg. v. G. Ueding, Bd. 2, Tübingen 1994, Sp. 273-279 und Sp. 282-290. Leider endet die Darstellung bereits mit Belegen aus dem 18. Jahrhundert.

> Diese Färbungen und Beleuchtungen sind nicht objektiv, sondern jeder Hörer und Leser muß sie sich selbst nach den Winken des *Dichters* oder *Redners* hinzuschaffen.[25]

Frege folgt hier einer Auffassung, wie sie sich durchgehend in der erkenntnistheoretischen Tradition findet. Entsprechend lautet die Forderung an den philosophischen Stil, daß er die Wahrheit „nackt" darzustellen habe und „den Schmuck der Worte zurückweisen muß, der den Rednern hilft".[26]

Der Umstand, daß Frege zur Benennung des Phänomens der Bildlichkeit den seinerseits bildlichen Ausdruck „Färbung" verwendet bzw. übernimmt, wirft die paradoxale Frage auf, wie weit das Verständnis seiner eigenen Erläuterung der kategorialen Differenz zwischen Sinn und Färbung davon abhängig ist, daß wir uns die Färbungen des Sinns des Ausdrucks „Färbung" nach den Winken des *Autors* Frege „hinzuschaffen". Entgegen dem Anschein spricht einiges dafür, daß Frege sich dieses Paradoxes – wenn auch widerwillig – durchaus bewußt gewesen ist. Sonst hätte er nicht wiederholt hervorgehoben, daß Erläuterungen kategorialer logischer Unterscheidungen (wie insbesondere derjenigen zwischen „Funktion" und „Gegenstand") des „bildlichen Ausdrucks" nicht entraten können. Insofern sie „auf das entgegenkommende Verständnis des Lesers angewiesen" sind, zollen sie einer Rhetorik der Erkenntnis Tribut. Wenn Frege auch verneint, daß Färbungen einen Beitrag zum *Inhalt* der Erkenntnis liefern, so muß er doch zugestehen, daß sie einen unverzichtbaren protreptischen Beitrag zur *Vermittlung* der Erkenntnis leisten. Hierbei geht es nicht um bloße Erleichterung der Vermittlung (durch rhetorische Ausdrucksfülle), sondern um deren Ermöglichung (angesichts logischer Ausdrucksnot). Wir müssen auf Färbungen zurückgreifen, wenn es darum geht, sich dem „gedanklich Unfaßbaren auf dem Wege der Ahnung zu nähern".[27] Und das gedanklich Unfaßbare begegnet uns keineswegs erst im Mystischen, sondern bereits in der Logik.[28]

---

[25] Frege, Sinn und Bedeutung, S. 31 (Hervorhebungen G. G.). Freges Ausdrucksweise stimmt auffällig mit derjenigen Ernestis (in dessen deutschsprachigen Kommentierungen) überein. So spricht auch Ernesti außer von „Colorit" von „Beleuchtung". Vor allem aber bestimmt er „Colorit" als „Character des Ausdrucks in Rücksicht auf *Sinn und Gedanken*" (Lexicon technologiae graecorum rhetoricae, S. 384. Hervorhebung G. G.).

[26] C. Wolff, Discursus praeliminaris de philosophia in genere (Einleitende Abhandlung über Philosophie im allgemeinen), lat.-dt., hg. v. G. Gawlick/L. Kreimendahl, Stuttgart-Bad Cannstatt 1996, §§ 149f. Die Metaphorik, daß die reine Wahrheit „nackt" zu erscheinen habe, sollte dem Logiker rhetorisch zu denken geben.

[27] Der Gedanke, S. 63. Zur Rehabilitierung der Ahnung als *Erkenntnis*vermögen vgl. W. Hogrebe, Ahnung und Erkenntnis. Brouillon zu einer Theorie des natürlichen Erkennens, Frankfurt a. M. 1996. Mit Hogrebes Arbeiten verbinden die folgenden Untersuchungen auch sonst das Bemühen um eine „Erweiterung der Erkenntnistheorie" unter Berücksichtigung der „unteren Erkenntnisvermögen" (in der Tradition Baumgartens). Vgl. ders., Metaphysik und Mantik. Die Deutungsnatur des Menschen, Frankfurt a. M. 1992, S. 66.

[28] Frege, Was ist eine Funktion?, S. 665. Ausführlich dazu vgl. meinen Beitrag: Der Logiker als Metaphoriker. Freges philosophische Rhetorik; in: Zwischen Logik und Literatur, S. 65-88, besonders S. 79ff.

In der angesprochenen Unterscheidung von Kognition und Emotion kommt die praktische Seite des Konflikts zwischen Logik und Rhetorik zum Tragen, und zwar unter der Fragestellung, ob menschliches Denken (und dann auch Handeln) durch rationale Überzeugung oder rhetorische Überredung bestimmt wird. In erkenntnistheoretischer Perspektive tritt diese Problematik naturgemäß zurück, sie darf aber auch hier nicht unterschlagen werden. In der Frage nach der Art der Gründe, die uns dazu bringen, kategoriale Unterscheidungen anzuerkennen, bleibt sie virulent.

Zweites Kapitel

Logisches und analogisches Denken

In Freges Aufbau der Logik tritt die Differenz zur Rhetorik nicht nur dadurch zu Tage, daß bestimmte rhetorische Aspekte als logisch irrelevante *Überbestimmtheiten* unberücksichtigt bleiben, sondern auch dadurch, daß rhetorisch bedingte *Unterbestimmtheiten* als logisch unzulässig vervollständigt werden:

> Alles, was für eine richtige Schlußfolge nötig ist, wird voll ausgedrückt [...]; *nichts wird dem Erraten überlassen.*[29]

Mit dieser Selbstverpflichtung zur Explizitheit wird insbesondere den in Alltagsargumentationen üblichen verkürzten Schlüssen, den so genannten „Enthymemen", mit Blick auf wissenschaftliche Zwecke eine Absage erteilt.[30] Es ist nicht zuletzt die Forderung nach deduktiver Explizitheit, die die Gegner der Logik auf den Plan gerufen hat und der Logik selbst den Vorwurf der Pedanterie und Unfruchtbarkeit eingebracht hat. Erhoben wurde er nicht erst gegen die moderne Logik (in der Fregeschen Gestalt der Aussagen- und Prädikatenlogik), in noch stärkerem Maße gegen die traditionelle Logik (in der Aristotelischen Gestalt der Syllogistik). Eine geradezu sprichwörtliche ironische Kritik dieser Art („zuerst Collegium logicum") findet sich in der Schülerszene in Goethes „Faust". Wir nehmen sie zum Anlaß, eine zentrale Form des rhetorischen Denkens zu entfalten, die sich als analogisches im Unterschied zum logischen Denken bestimmen läßt.

Als *logisch* sei im folgenden ein Denken beschrieben, das sich argumentativ auf der Grundlage deutlicher Unterscheidungen vollzieht, d. h. in „scharf begrenzten Begriffen".[31] *Analogisch* soll demgegenüber ein Denken heißen, das sich der *Übergänge* bedient und die begrifflichen Grenzen durchlässig oder „porös" hält.[32] Logisches Denken drängt auf Unterscheidung des Ähnlichen, analogisches Denken sucht Ähnlichkeiten im Verschiedenen. Logisches Denken drückt sich aus in Definitionen, analogisches Denken in Vergleichen. Auf der Ebene der Begriffe ist entsprechend zwischen logischer und analogischer Begriffsbildung zu unterscheiden.

---

[29] Frege, Begriffsschrift, S. 3.

[30] Der Terminus hat ursprünglich eine weitere Bedeutung. Vgl. den begriffsgeschichtlichen Artikel „Enthymem" von H. Schepers in: Historisches Wörterbuch der Philosophie, hg. v. J. Ritter/K. Gründer, Basel/Stuttgart 1971ff., Bd. 2, Sp. 528-538.

[31] Vgl. G. Frege, Grundgesetze der Arithmetik II, § 56.

[32] Vgl. F. Waismann, Verifiability. Proceedings of the Aristotelian Society, Suppl. 19 (1949), dt. Übers. von Teil 1: Verifizierbarkeit; in: Sprache und Analysis. Texte zur englischen Philosophie der Gegenwart, hg. v. R. Bubner, Göttingen 1968, S. 154-169, hier S. 156-158.

„Zuerst Collegium Logicum“: Mephisto, Goethe und die „ganzheitliche“ Logikkritik

Vergegenwärtigen wir uns in „aktualisierender“ Perspektive die berühmte Schülerszene in Goethes „Faust“, die zweite Studierzimmerszene: Ein Studienanfänger tritt ein, um den Professor Faust zu sprechen. Dieser macht aber gerade seine wissenschaftstheoretische Krise der mittleren Jahre durch und entflieht der „Sprechstunde“. (Rein akademischer Natur ist diese Krise freilich nicht; denn die Hinwendung zur Esoterik wird durch die Hinwendung zu einer Frau begleitet.) Mephisto schlüpft in die Robe und auch in die Rolle des Professors und führt seine Form der „Studienberatung“ durch. Sie beginnt mit der bekannten ironischen Empfehlung der Logik:

> Gebraucht der Zeit, sie geht so schnell von hinnen,
> Doch Ordnung lehrt Euch Zeit gewinnen.
> Mein teurer Freund, ich rat' Euch drum
> Zuerst Collegium Logicum.
> Da wird der Geist Euch wohl dressiert,
> In spanische Stiefeln[33] eingeschnürt,
> Daß er bedächtiger so fortan
> Hinschleiche die Gedankenbahn [...].[34]

Paul Lorenzen hat (vor dreißig Jahren) diese Szene zum Anlaß genommen, *gegen* Mephisto *für* ein Collegium Logicum zu werben[35], das die Form einer „Logischen Propädeutik“ annahm. Lorenzen betont das „zuerst“ in der Zeile „Zuerst Collegium Logicum“ und setzt sich damit gegen das positivistische Verständnis ab, die Philosophie mit der Logik der Wissenschaften gleichzusetzen. Die Logische Propädeutik wurde denn auch stets als *Vorschule* verstanden, als „Vorschule des vernünftigen Redens“, wie es im Untertitel des gleichnamigen Büchleins heißt.[36] In seiner Erläuterung des historischen Prozesses reiht Lorenzen die Kritik Goethes unbesehen in die Tradition des neuzeitlichen wissenschaftlichen Denkens ein, das sowohl im Rationalismus (R. Descartes) als auch im Empirismus (J. Locke) eine polemische Abwertung der Logik vollzog. Dieser Einordnung ist entgegenzuhalten, daß Goethes Denken im Gegensatz zu dem analytischen Wissenschaftsideal eines Descartes steht, wie seine Kritik Newtons nachdrücklich belegt. Einig ist Goethe mit Descartes nur negativ darin, daß das syllogistische Schließen methodisch unfruchtbar sei. In welche Richtung seine Einwände zielen, wird erst an der Fortsetzung deutlich, auf die Lorenzen nicht weiter eingeht. Hier reklamiert Goethe ganzheitliches gegen analytisches Denken. Freudige Zustimmung aus der

---

[33] Ein mittelalterliches Marterinstrument.

[34] Faust. Erster Teil, Vers 1908-15. Zitiert wird nach: Goethes Werke (Hamburger Ausgabe in 14 Bänden), Bd. 3.

[35] Paul Lorenzen, Collegium Logicum; in: ders., Methodisches Denken, Frankfurt a. M. 1968, S. 7-23.

[36] Wilhelm Kamlah/Paul Lorenzen, Logische Propädeutik. Vorschule des vernünftigen Redens, Mannheim 1967. Eine logische Schulung der *Rede* läuft auf eine *logische* Rhetorik hinaus.

Ecke der „New-Age"-Bewegten sollte man durch den Hinweis dämpfen, daß es *Mephisto* ist, der diesen Angriff gegen die Logik führt, und daß *er* es ist, der zuvor die Krise des Faust mit den Worten kommentiert:

Verachte nur Vernunft und Wissenschaft,
Des Menschen allerhöchste Kraft,
Laß nur in Blend- und Zauberwerken
Dich von dem Lügengeist bestärken.
So hab' ich dich schon unbedingt [...].[37]

Mit anderen Worten: Es ist nicht der rationale Wissenschaftler, den zu holen, der Teufel sich anschickt, sondern der esoterisch angeschlagene Wahrheitssucher. Stellen wir die Klärung des Verhältnisses von Autor Goethe zu seiner Figur Mephisto noch zurück und vergegenwärtigen uns die Fortsetzung der „Empfehlung" des Collegium Logicum. Angesprochen wird nun die Unterbindung des sozusagen „spontanen" intuitiven Denkens.

Und nicht etwa, die Kreuz und Quer,
Irrlichteliere hin und her.
Dann lehret man Euch manchen Tag,
Daß, was Ihr sonst auf einen Schlag
Getrieben, wie Essen und Trinken frei,
Eins! Zwei! Drei! dazu nötig sei.
Zwar ist's mit der Gedankenfabrik
Wie mit einem Weber-Meisterstück,
Wo *ein* Tritt tausend Fäden regt,
Die Schifflein herüber hinüber schießen,
Die Fäden ungesehen fließen,
Ein Schlag tausend Verbindungen schlägt:
Der Philosoph, der tritt herein
Und beweist Euch, es müßt' so sein:
Das Erst' wär' so, das Zweite so
Und drum das Dritt' und Vierte so,
Und wenn das Erst' und Zweit' nicht wär',
das Dritt' und Viert' wär' nimmermehr.
Das preisen die Schüler aller Orten,
Sind aber keine Weber geworden.
Wer will das Lebendige erkennen und beschreiben,
Sucht erst den Geist heraus zu treiben,
Dann hat er die Teile in seiner Hand,
Fehlt leider! nur das geistige Band.
Encheiresin naturae nennt's die Chemie,
Spottet ihrer selbst und weiß nicht wie.[38]

---

[37] Vers 1851-55.
[38] Vers 1916-41.

Wenn auch vor einer Identifizierung des Autors mit den Einwänden seiner Figur zu warnen ist, was die allgemeine Einschätzung der Logik anbetrifft, so dürfen wir Mephisto als Sprachrohr Goethes verstehen, der hier seine eigenen Studienerfahrungen verarbeitet hat. In „Dichtung und Wahrheit" heißt es:

> In der Logik kam es mir wunderlich vor, daß ich diejenigen Geistesoperationen, die ich von Jugend auf mit der größten Bequemlichkeit verrichtete, so aus einander zerren, vereinzeln und gleichsam zerstören sollte, um den rechten Gebrauch derselben einzusehen.[39]

Dieses Zitat belegt, daß Goethes Bedenken allgemein dem analytischen Denken gilt, dem vorgeworfen wird, daß es den Zusammenhang der Teile zerstöre und dadurch dem wirklichen Denken in seiner Komplexität nicht gerecht zu werden vermöge. Und die Logik wird insofern als Repräsentantin des analytischen Denkens gesehen, weil sie in ihrem Begründungsbemühen auf die einfachen Bestandteile zurückzugehen sucht, aus deren Kenntnis heraus sich dann die Wahrheit des Komplexen entscheiden läßt. (Dies gilt in besonderem Maße für die moderne wahrheitswertfunktionale Logik.) Orientiert sich die Logik an der Metaphorik der Bausteine und des Fundaments, so tritt Goethe hiergegen mit seiner Metaphorik des organischen Gewebes an. In der Beschreibung der Entstehung des „Weber-Meisterstücks" und der Behauptung, daß die Logik-Schüler keine „Weber" geworden seien, wird die *implizite* („ungesehene") Komplexität des Denkens, die in dem wiederholten Gegensatz von „ein" und „tausend" ihren Ausdruck findet, gegenüber der *expliziten* Deutlichkeit der Logik hervorgehoben.

Logisches Denken und klassifizierende Begriffsbildung

In seiner Kritik folgt Goethe einem Verständnis von Logik, nach dem diese als Methodenlehre des Denkens eine Kunst des Findens (*ars inveniendi*) von neuen Einsichten ist. Eine solche Auffassung finden wir in der Neuzeit vor allem in der „Logik von Port-Royal" ausgebildet.[40] Es ist allerdings mit Kant zu fragen, ob die Logik überhaupt ein „Organon" der Wahrheit abgeben könne und sich nicht vielmehr darauf beschränken sollte, einen „Kanon" der Beurteilung aufzustellen, und dies auch nur in formaler Hinsicht. Jedenfalls kann man auch von logischer Seite ohne weiteres zugestehen, daß das wirkliche Denken „reicher" ist als es in formaler Darstellung erscheint. Wenn Goethe bemängelt, er habe im Logikunterricht „Geistesoperationen" analysieren müssen, die er längst beherrschte, so ist er offensichtlich mit der irrigen Erwartung an die Logik herangegangen, diese würde das Denken allererst lehren.

---

[39] J. W. Goethe, Dichtung und Wahrheit; in: Goethes Werke, Bd. 9, S. 247f. Vgl. bereits Lorenzen, a. a. O., der diese Stelle zitiert, ohne allerdings auf die eigentliche Pointe einzugehen.

[40] A. Arnauld, Die Logik oder die Kunst des Denkens, Darmstadt 1972.

Hier hilft ein Vergleich mit der Sprache weiter. Deren Regeln lernen wir *theoretisch* auch erst (nämlich im Grammatikunterricht), nachdem wir ihnen längst *praktisch* gefolgt sind. Und es ist auch kein Geheimnis, daß derjenige, der ein theoretisches Wissen über grammatische Regeln besitzt, damit nicht schon über das bessere praktische Wissen einer Sprachkompetenz verfügt. Dieser Unterschied (von „Wissen, daß" und „Wissen, wie") ist als das Verhältnis von Sprachwissenschaftler und Sprecher („native speaker") bestens bekannt. Dabei haben wir es mit einem besonderen Fall des Verhältnisses von propositionaler und nicht-propositionaler Erkenntnis zu tun. Allgemein und im Vorgriff auf spätere Unterscheidungen gesagt: Deutlichkeit in den Begriffen impliziert nicht Klarheit in den Beispielen, Verstand impliziert nicht Urteilskraft. Grammatik und Logik versuchen, klare Erkenntnis auf deutliche Begriffe zu bringen und dadurch die implizite Rationalität der Regeln explizit zu machen.

Auch wenn die Logik keine Methode des Findens an die Hand gibt, so stellt sie als Kanon doch eine normative „Richtschnur" von Regeln dar, mit dem Anspruch, daß das Denken gegen diese nicht verstoßen darf. Obwohl es sich um Rahmenregeln handelt, die daher das Denken nicht in seiner konkreten Ausprägung festlegen, bleibt die Frage, wie weit sich deren Anspruch erstreckt, was *innerhalb* der von der Logik vorgegebenen *Grenzen* möglich ist. Hier wird man die Unterscheidung zwischen Entdeckungs- und Begründungszusammenhang heranzuziehen haben. Der Entdeckungszusammenhang läßt fruchtbare Irrtümer zu. Neue Ideen werden häufig zunächst bloß assoziativ entwickelt, und nicht nur falsche Prämissen, sondern auch logische Fehlschlüsse können zu wahren Konklusionen führen, die dann allerdings auf andere Weise *begründet* werden müssen, als sie *gefunden* worden sind. Eine solche Unterscheidung wird im „Faust" nicht getroffen, und entsprechend fällt Mephistos Zerrbild desjenigen aus, der auf Begründungen von Geltungsansprüchen drängt:

> Der Philosoph, der tritt herein
> Und beweist Euch, es müßt' so sein:
> Das Erst' wär' so, das Zweite so
> Und drum das Dritt' und Vierte so,
> Und wenn das Erst' und Zweit' nicht wär',
> das Dritt' und Viert' wär' nimmermehr.

Des Philosophen Form der Begründung wird hier zunächst einseitig mit dem logischen Beweis identifiziert, und die naheliegendste Lesart der Fortsetzung (nach dem Doppelpunkt) würde besagen, daß dieser Beweisart am Beispiel eines bestimmten Schlußschemas der Erkenntniswert abgesprochen wird. Folgen wir dieser Interpretation, so fällt uns die Zustimmung leicht, wenn auch aus anderen Gründen als den vorgebrachten. Das angegebene Schema ist nämlich gar nicht gültig. Es beruht auf dem logischen Fehler, eine bloß hinreichende Bedingung auch als notwendige Bedingung aufzufassen. Wenn wir die moderne aussagenlogische

Darstellung zur Erläuterung heranziehen, indem wir „das Erste" als p, „das Zweite" als q, „das Dritte" als r, „das Vierte" als s darstellen und das „und drum" als „also" bzw. als (subjunktives) „wenn – so" interpretieren, so können wir den Fehler folgendermaßen formulieren: Aus „wenn (p und q), so (r und s)" folgt *nicht* „wenn nicht (p und q), so nicht (r und s)", weil das entsprechende aussagenlogische Schema keine *logische* Wahrheit ist.[41]

Die Tatsache, daß der Beweis bzw. das Beweisschema logisch fehlerhaft ist, wirft die Frage auf, wem der Fehler anzulasten ist. Der Autor Goethe läßt seine Figur Mephisto sagen, was der Philosoph angeblich tut. Unter Berücksichtigung der verschiedenen Sprecherebenen bieten sich die folgenden Deutungen an: (1) Goethe hat einen logischen Fehler gemacht, (2) Goethe wollte den sophistischen Charakter des „Lügengeistes" dadurch unterstreichen, daß er Mephisto Fehlschlüsse lehren läßt, (3) Goethe wollte durch Mephisto den Philosophen als sophistischen Dialektiker erscheinen lassen. Vermutlich ist (1) richtig, daß Goethe also tatsächlich einem elementaren, wenn auch nicht seltenen, Fehlschluß aufgesessen ist; denn er läßt Mephisto mit den Worten fortfahren:

> Das preisen die Schüler aller Orten,
> Sind aber keine Weber geworden.

Und diese Einschätzung, die mit derjenigen Goethes in „Dichtung und Wahrheit" übereinstimmt, unterstellt die Gültigkeit des Schlusses.

Ein Versuch, die logische Ehre Goethes zu retten, möchte gleichwohl in Erwägung zu ziehen sein. Wenn die ganze Beweis-Passage im Anschluß an die Worte „Und beweist Euch, es müßt' so sein" so aufzufassen wäre, daß hier nicht ein Beweis*schema* vorgestellt wird, sondern ein Beweis*ziel*, dann läge kein Fehlschluß vor. Wir hätten es dann lediglich mit einer allgemeinen Beschreibung des Bemühens zu tun, von einer jeweils bestimmten Bedingung zu beweisen, daß sie nicht nur hinreichend, sondern auch notwendig ist. Selbst wenn wir uns für diese Interpretation entscheiden, das Ergebnis läßt sich in jedem Falle dialektisch gegen Goethe wenden, nämlich gegen dessen Einschätzung der Logik. Wie wir gesehen haben, bedarf es der logischen Analyse sogar, um seinen eigenen Text angemessen zu verstehen.

Die Logik, die Goethe vor Augen hatte, war nicht die moderne Logik, die in der vorangegangenen Analyse zugrunde gelegt worden ist, sondern die traditionelle Logik mit ihrer Einteilung in die Lehren vom Begriff, vom Urteil und vom Schluß. Das analytische Verfahren des Rückgangs auf die einfachen Bestandteile ergibt sich dabei aus der Forderung nach Anwendbarkeit der Schlußregeln auf Urteile. In Schlüssen werden Urteile aus Urteilen gewonnen. Dabei muß deren Inhalt, der

---

[41] Da der Bezug der Verneinungspartikeln „nicht" und „nimmermehr" nicht eindeutig ist, sind noch weitere Interpretationen möglich. Zur formalen Analyse vgl. die Erstveröffentlichung: Logik in Literatur; in: Philosophie in Literatur, hg. v. C. Schildknecht/D. Teichert, Frankfurt a. M. 1996, S. 109-133, hier S. 116.

sich aus Begriffen zusammensetzt, genau bestimmt sein. Urteilsbildung setzt „klassifizierende“ Begriffsbildung voraus, in der festgelegt ist, was unter den Begriff fällt und was nicht. Gefordert ist die scharfe Begrenzung der Begriffe. Diese Forderung ist angesprochen in Mephistos ironischer Vertröstung des verwirrten Studienanfängers („Kann Euch nicht eben ganz verstehen“):

> Das wird nächstens schon besser gehen,
> Wenn Ihr lernt alles reduzieren
> Und gehörig klassifizieren.[42]

Danach hätte der Reduktionismus der neuzeitlichen Wissenschaft seine Grundlage in der klassifikatorischen Begriffsbildung. Begriffsbildung bedeutet Verallgemeinerung, Abstrahieren oder Absehen von den Besonderheiten oder Eigenheiten der einzelnen Dinge, die unter einen gemeinsamen Begriff gefaßt werden. Diese Allgemeinheit ist keine Allgemeinheit formaler Regeln, sondern eine solche inhaltlicher Bestimmungen.

Anzumerken bleibt, daß auch Goethes Wissenschaftsauffassung einen Anspruch auf Allgemeinheit einschließt. Dieser ist aber nicht auf ein Absehen *vom* Besonderen, sondern gerade auf ein Hinsehen *im* Besonderen gegründet. Sie ist eine Allgemeinheit *im* Besonderen. Die Kategorie des Besonderen ist dabei wesentlich von der des Einzelnen verschieden. Das Besondere ist der *exemplarische* Fall, der über sich selbst hinaus auf andere, ähnliche Fälle verweist. In Goethes „ganzheitlicher“ morphologischer Methode klingt ein analogisches Denken an, wie es später von L. Wittgenstein realisiert worden ist.[43] Diesen Zusammenhang werden wir aber zunächst zurückstellen, um der Frage nachzugehen, wie die Logik dem Einwand der Unfruchtbarkeit zu begegnen sucht.

Der Einwand der Unfruchtbarkeit der Logik

Die Kritik an der traditionellen Logik, die in dem Vorwurf der „Unfruchtbarkeit“ gipfelt, beruht wesentlich auf der Auffassung, daß die zu Syllogismen verbundenen Prämissen und Konklusionen Urteile sind, die aus vorgegebenen klassifikatorischen Begriffen bestehen. Solche Begriffe ermöglichen die Darstellung der Begriffsverhältnisse als Über- bzw. Unterordnung, wie sie in klassischer Form im so genannten „porphyrischen Baum“ veranschaulicht werden. Das syllogistische Schließen selbst kann danach in nichts anderem bestehen als in einem begriffli-

---

[42] Vers 1943-45.

[43] Vgl. T. Rehbock, Goethe und die,Rettung der Phänomene‘. Philosophische Kritik des naturwissenschaftlichen Weltbilds am Beispiel der Farbenlehre, Konstanz 1995, insbesondere Kap. VII.6: „Analogie und Identität: Goethes Reduktionismuskritik“. Rehbock sieht bereits bei Goethe ein ausgewogenes Verhältnis von analogischem und analytischem Denken am Werk.

chen Abstieg (sozusagen „von Ast zu Ast“ des Baumes) vom Über- zum Untergeordneten. Verdeutlichen wir dies an einem Beispiel.

Im porphyrischen Baum bildet (in der Darstellung der Kategorie der Substanz) „sterblich“ das unterscheidende Merkmal (*differentia specifica*), das den Artbegriff (*species*) „Mensch“ von anderen Artbegriffen desselben Gattungsbegriffs (*genus*) „vernünftiges Lebewesen“ unterscheidet. Entsprechend der Definition durch Angabe der (nächsthöheren) Gattung und des unterscheidenden Merkmals ergibt sich für den Begriff „Mensch“ die Bestimmung „sterbliches vernünftiges Lebewesen“. Der Begriff „Mensch“ ist der niedrigste Artbegriff, unter ihm stehen keine Begriffe mehr, sondern Individuen.[44] In der graphischen Darstellung des Begriffsbaumes nehmen sich die hier beschriebenen Verhältnisse wie folgt aus:

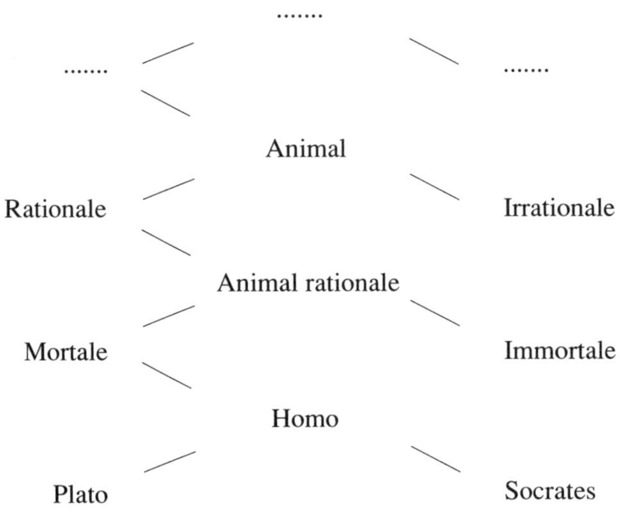

Die durch Pünktchen angedeutete Forsetzung nach oben endet in der „Spitze“ des (in der Mitte verlaufenden) „Stamms“ mit der obersten Gattung „Substanz“ (*substantia*).

Setzt man eine solche Anordnung der Begriffe voraus, so durchläuft der bekannte Schluß (nach dem Modus *Barbara*) „Alle Menschen sind sterblich; Sokrates ist ein Mensch; also: Sokrates ist sterblich“ lediglich das vorgegebene Begriffsschema (vom Begriff des Sterblichen über den Begriff des Menschen zum Individuum Sokrates) ohne zusätzlichen inhaltlichen Erkenntnisgewinn. Drastisch kommentiert G. W. F. Hegel in einer Bemerkung aus der Jenaer Zeit:

[44] Eine vollständige graphische Darstellung des Baumes findet sich in dem Artikel „Arbor porphyriana“ von H. M. Baumgartner in: Historisches Wörterbuch der Philosophie, Bd. 1, Sp. 493f.

Zur historischen Logik. Es wird versichert, daß wir urteilen: das Gold ist gelb. Diese Versicherung ist wahrscheinlich. Aber nicht eben so wahrscheinlich ist, daß wir schließen: alle Menschen sind sterblich: Cajus ist ein Mensch, also ist er sterblich. Ich wenigstens habe nie so plattes Zeug gedacht. Es soll im Innern vorgehen, ohne daß wir Bewußtsein darüber haben. Freilich, im Innern geht viel vor, z. B. Harnbereitung und ein noch Schlimmeres, aber wenn es äußerlich wird, halten wir die Nase zu. Eben so bei solchem Schließen.[45]

Wegen solcher Einwände ist bereits in der Tradition versucht worden, die Methode des Beweisens mit Hilfe syllogistischer Figuren durch andere Methoden zu ersetzen oder doch zu ergänzen, etwa durch die induktive Methode (F. Bacon) oder durch die analytische Methode (R. Descartes). Nach Descartes dient die Syllogistik lediglich dazu, anderen zu erklären, was man selbst bereits wisse.[46] Neues zu finden, sei sie ungeeignet. Der Gegensatz, den Descartes hier aufbaut, geht zurück auf den Unterschied von analytischer und synthetischer Methode, fällt mit diesem aber nicht zusammen. Die analytische Methode steigt von den besonderen bzw. zusammengesetzten Inhalten zu den allgemeinen bzw. einfachen Grundsätzen auf. Sie sucht zum vorgegebenen Bedingten die Bedingungen. Die synthetische Methode verfährt genau umgekehrt. Sie steigt von den vorgegebenen Bedingungen zum Bedingten ab.[47]

Descartes hat sein Verständnis der analytischen Methode im Anschluß an Vorbilder aus der antiken Mathematik (Pappus von Alexandrien) entwickelt. Er setzt diese Methode mit dem fruchtbaren wissenschaftlichen Vorgehen schlechthin in eins.[48] Sieht man von der spezifischen Ausprägung im Rahmen der mathematischen Wissenschaften und einer darüber hinausgehenden „Mathesis universalis" einmal ab, so ist das analytische Verfahren (im zuvor beschriebenen allgemeinen Sinne) älter und findet sich bereits im dialektischen Syllogismus der Aristotelischen Logik ausgebildet.[49] Hier kommt es zur Anwendung, indem man einen Satz gegenüber einem Dialogpartner dadurch zur Anerkennung zu bringen sucht, daß

[45] K. Rosenkranz, G. W. F. Hegels Leben, Berlin 1844, Nachdruck Darmstadt 1977, S. 538.

[46] R. Descartes, Discours de la Méthode, II. Teil, 6. Abschn.

[47] Zur (nicht einheitlichen) Geschichte des Verhältnisses von analytischer und synthetischer Methode vgl. die folgenden Artikel im „Historischen Wörterbuch der Philosophie": „Analyse/Synthese" (von L. Oeing-Hanhoff), Bd. 1, Sp. 232-248; „Methode V (Neuzeit)" (von H. W. Arndt), Bd. 5, Sp. 1313-1323; „Methode, analytische/synthetische" (von C. F. Gethmann), Bd. 5, Sp. 1332-1336. Die Unterscheidung hat eine wesentliche Rolle bei der Bestimmung des Verhältnisses von mathematischer und philosophischer Methode gespielt. Abweichend von Descartes ist die mathematische Methode meist als synthetisch („more geometrico" im Sinne der Euklidischen Axiomatik) verfahrend bestimmt worden. Vgl. H.-J. Engfer, Philosophie als Analysis. Studien zur Entwicklung philosophischer Analysiskonzeptionen unter dem Einfluß mathematischer Methodenmodelle im 17. und frühen 18. Jahrhundert, Stuttgart-Bad Cannstatt 1982. Zur Analyse-Synthese-Unterscheidung mit Blick auf methodologische Fragen der Heuristik vgl. L. Danneberg, Methodologien. Struktur, Aufbau und Evaluation, Berlin 1989, S. 32-37.

[48] Descartes, Regulae ad directionem ingenii, regula IV.

[49] Vgl. E. Kapp, Der Ursprung der Logik bei den Griechen, Göttingen 1965, S. 20.

man andere (vom Dialogpartner als wahr anerkannte) Sätze ausfindig macht, aus denen der in Frage stehende Satz folgt. Dieses dialogische oder dialektische Vorgehen wird bei Descartes monologisch gewendet: Es gilt, einen gegebenen Satz dadurch zu beweisen, daß man gültige Sätze ausfindig macht, aus denen er folgt.

Mit der dialektischen Form der analytischen Methode ist Descartes durch Vermittlung des Ramismus vertraut gewesen. Ausgangspunkt des Erkennens ist für Ramus die Formulierung einer Frage. Das Denken als das Bemühen um Antworten ist danach auf zwei gegensinnige Tätigkeiten ausgerichtet: auf das Finden möglicher Urteilsgründe (*inventio*) oder auf die Bildung begründeter Urteile (*iudicium*). Diese Unterscheidung liefert die Grundlage für die bereits erwähnten Methoden der *ars inveniendi* und der *ars iudicandi* (bzw. für die entsprechenden Erkenntnisvermögen der Erfindungskraft und der Beurteilungskraft). Sie entsprechen, wenn auch nicht immer terminologisch eindeutig, der analytischen resp. synthetischen Methode. Die Uneinheitlichkeit der Terminologie rührt daher, daß das Finden sich sowohl auf neue Inhalte als auch auf neue Begründungen (für alte Inhalte) erstrecken kann. Sofern es um die Analyse und Synthese von Begriffen geht, ist zudem zwischen intensionaler und extensionaler Betrachtung zu unterscheiden. So steigt zwar die intensionale Analyse eines Begriffs (im Sinne der definitorischen Zerlegung in seine Merkmale) vom Besonderen zum Allgemeinen auf, nicht aber die extensionale Analyse (im Sinne der Einteilung einer Klasse in ihre Teilklassen), die genau umgekehrt vom Allgemeinen (d. h. Umfassenden) zum Besonderen absteigt. Verdeutlichen läßt sich dies wiederum am porphyrischen Baum. Wir können ihn intensional im Sinne eines Aufstiegs durch Definition auffassen. (Im Vergleich zu dem zu definierenden Begriff „Mensch" sind die definierenden Begriffe „sterblich", „vernünftig" und „Lebewesen" allgemeiner.) Wir können den Baum aber auch extensional im Sinne eines Abstiegs durch Klassifikation auffassen.

An das von Ramus kritisierte Euklidische Ideal einer axiomatischen Darstellung nach synthetischer Methode knüpft Leibniz gezielt wieder an, indem er gegen eine zu einseitige Betonung der Analyse ein komplementäres Wechselspiel von Analyse und Synthese fordert. Eine Verbindung von Analyse und Synthese liegt – trotz der Betonung des analytischen Anteils – auch der Methode Descartes' zugrunde, weil sich an die Analyse eine – von Descartes „deduktiv" genannte – synthetische Darstellung anzuschließen hat.[50] Obwohl Leibniz fordert, über die traditionelle Logik hinauszugehen, weist er den schon zu seiner Zeit verbreiteten Spott über die syllogistischen Modi (wie insbesondere über den Modus *Barbara*) zurück und verteidigt entschieden die Leistung des Aristoteles, die logischen Formen in „unfehlbare Gesetze" gebracht zu haben.[51] Dabei hebt er nicht nur den Beitrag der „Analytik" zur Grundlegung der *ars iudicandi* hervor, sondern räumt auch der „Topik" mit

[50] Descartes, Regulae ad directionem ingenii, regula VI.

[51] G. W. Leibniz, Brief an Gabriel Wagner; in: Schriften zur Logik und zur philosophischen Grundlegung von Mathematik und Naturwissenschaften (= Philosophische Schriften, Bd. 4), hg. v. H. Herring, Darmstadt 1992, S. 1-21, besonders S. 10.

ihrer Aufstellung von Gesichtspunkten (*loci*) für die Analyse Verdienste um die Entwicklung der *ars inveniendi* ein.

Leibnizens eigene Bemühungen laufen allerdings darauf hinaus, eine *synthetisch* verfahrende *ars inveniendi* zu entwickeln. Danach soll die Synthese durch Kombination von Elementen, die durch vorausgegangene Analyse gewonnenen sind, neue inhaltliche Erkenntnisse liefern. Jedoch darf sie nicht automatisch erfolgen, indem alle Möglichkeiten blind durchgespielt werden. Auf diese Weise würde man zu viele nutzlose Ergebnisse erzielen. Um hier nicht die Orientierung zu verlieren, bedarf es daher eines „Fadens" (der Ariadne), der uns durch das „Labyrinth" der Kombinationsmöglichkeiten führt. Diesen Faden gibt uns die Analyse in die Hand.[52]

Der Einwand der Unfruchtbarkeit der Logik ist gleichwohl virulent geblieben. Später ist er insbesondere von Vertretern der modernen Logik gegen die traditionelle Logik vorgebracht worden.[53] Unabhängig davon ist er aber auch der modernen Logik selbst nicht erspart geblieben. Wie schon in den Einwänden gegen die Syllogistik wird dabei meistens der Unterschied von *ars inveniendi* und *ars iudicandi* (bzw. von Entdeckungszusammenhang und Begründungszusammenhang) nicht hinreichend beachtet. Der Erkenntniswert muß nämlich nicht darin bestehen, einen *neuen* Inhalt zu beweisen. Er kann auch darin bestehen, einen alten Inhalt neuartig zu *beweisen*. Diesen Aspekt hebt besonders Frege hervor. Danach dient die formale Logik im wesentlichen dazu, „die Bündigkeit einer Schlußkette auf die sicherste Weise zu prüfen".[54] Exemplarisch im Blick hat Frege Beweise in der Arithmetik. Hier geht es weniger um neue, als vielmehr um so altbekannte Wahrheiten wie „7 + 5 = 12", die niemand ernsthaft bezweifeln wird. Was ist dann aber der Erkenntniswert einer solchen Prüfung?

> Der Beweis hat eben nicht nur den Zweck, die Wahrheit eines Satzes über jeden Zweifel zu erheben, sondern auch den, eine Einsicht in die Abhängigkeit der Wahrheiten von einander zu gewähren.[55]

In offensichtlicher Wiederaufnahme von Leibnizens Unterscheidung von Analyse und Synthese läßt Frege deshalb in den „Grundgesetzen der Arithmetik" (ab § 53) auf eine analytische „Zerlegung", in der das Beweisziel skizziert wird, jeweils den synthetischen „Aufbau" folgen, der sozusagen die Last des Beweises trägt und ohne jegliche Verwendung der natürlichen Sprache in logischer Sprache geführt

---

52 Vgl. Leibniz, Nouveaux Essais (Neue Abhandlungen über den menschlichen Verstand), IV. Buch, Kap. 2, § 7; ferner: De synthesi et analysi universali seu arte inveniendi et iudicandi (Über die universale Synthese und Analyse oder über die Kunst des Auffindens und Beurteilens); in: Schriften zur Logik, S. 131-151, besonders S. 148ff. Vgl. ergänzend die Differenzierungen bei H. W. Arndt, Der Zusammenhang von Ars iudicandi und Ars inveniendi in der Logik von Leibniz. Studia Leibnitiana 3 (1971), S. 205-213.

53 Vgl. R. Carnap, Die alte und die neue Logik. Erkenntnis 1 (1930), S. 12-26, hier S. 13.

54 Frege, Begriffsschrift, S. IV.

55 Frege, Grundlagen der Arithmetik, § 2.

wird. Damit widerspricht Frege der an der Logik des Findens orientierten Auffassung, die Fruchtbarkeit der Logik danach zu bemessen, wie weit sie es ermögliche, *neue* Wahrheiten zu entdecken. Frege folgt nicht dem Erkenntnisinteresse „positiver“ Wissenschaften, sondern demjenigen der Philosophie. Was ihn interessiert, ist die Frage, ob und wie bestimmte Sätze (Urteile) aus bestimmten Prämissen, gegebenenfalls aus nicht weiter begründbaren Grundgesetzen oder Axiomen, logisch folgen. Die Antworten erlauben die Bestimmung des beweistheoretischen Status und damit der erkenntnistheoretischen Natur ganzer Wissenschaften.

Frege selbst hat im Rahmen seines Logizismusprogramms den Nachweis zu erbringen gesucht, daß die Arithmetik nicht (wie Kant meinte) eine synthetisch-apriorische, sondern eine analytische Wissenschaft sei, weil ihre *bekannten* Aussagen aus rein logischen Grundgesetzen mit rein logischen Mitteln bewiesen werden können. Für uns heißt dies, daß sich auch ein wissenschaftstheoretisches Programm wie das des Logizismus als *Darstellungs*problem formulieren läßt, nämlich als Aufgabe, die Zusammenhänge zwischen bestimmten Grundgesetzen und bestimmten Sätzen rein synthetisch (oder deduktiv), d. h. unter Wahrung der „Lückenlosigkeit der Schlußkette“[56] *darzustellen.* Indem man eine axiomatische Darstellung von anderen unterscheidet oder gar gegenüber anderen Darstellungsmöglichkeiten auszeichnet, erkennt man an, daß Fragen der Darstellung nicht nur eine Angelegenheit der Rhetorik sind, sondern auch die Logik betreffen, und zwar in erkenntnisrelevanter Weise. Wird der beweistheoretische Erkenntniswert formallogischer Darstellungsformen nicht gesehen, ergeben sich bemerkenswerte Konsequenzen für die Bestimmung des Verhältnisses von Logik und Rhetorik. Descartes, der aufgrund seiner einseitigen Betonung der Methode des Findens (neuer Wahrheiten) das syllogistische Beweisen als eine Darstellungsform qualifiziert hat, die für das Erkennen selbst nicht relevant sei, hat dieses konsequenterweise in die Rhetorik verwiesen.[57]

Zur Vorbereitung unserer weiteren Überlegungen werden wir Frege und Nietzsche einander gegenüberstellen. Der Klassiker des modernen logischen Denkens und der Klassiker des postmodernen analogischen Denkens sprechen wie zu einander. Dies erleichtert uns den Vergleich und die Prüfung der Argumente Nietzsches und seiner Nachfolger.

Frege und das logische Denken

Wir haben gesehen, wie dem Vorwurf der Unfruchtbarkeit der Logik unter Hinweis auf den beweistheoretischen Erkenntniswert begegnet werden kann. Dieses Argument schränkt das Verständnis der Logik als allgemeiner „Denklehre“ freilich

---

[56] Frege, Begriffsschrift, S. IV.

[57] Descartes, Regulae ad directionem ingenii, regula X, 5.

ein. Frege selbst ist hier nicht eindeutig. Während der Untertitel seiner „Begriffsschrift“ in der Formulierung „Formelsprache des reinen Denkens“ einen allgemeinen Anspruch zu erheben scheint, nennt er die Begriffsschrift im Vorwort „ein für bestimmte wissenschaftliche Zwecke ersonnenes Hilfsmittel“.[58] Immerhin war Frege der Ansicht, die Gesetze „des Wahrseins“ und damit des propositionalen Denkens aufgestellt zu haben. Aber nicht jedes Denken ist propositional, und auch Frege wußte, daß logisches Schließen als Übergang von Sätzen zu Sätzen nur *eine* Form des Denkens ist.

Nun ist bereits das beweistheoretische Argument für sich genommen keineswegs trivial. Seine Stichhaltigkeit hängt von der Leistungsfähigkeit der Logik ab. Und diese ist weitgehend eine Sache der begrifflichen Ausdrucksfähigkeit. Daher versucht Frege, dem Vorwurf der Unfruchtbarkeit insbesondere auf der Ebene der Begriffsbildungen zu begegnen. Von den neuartigen Begriffsbildungen bleiben auch die Beweismöglichkeiten nicht unberührt, weil ganz neue Formen der Synthese eröffnet werden.

Frege geht allerdings nicht direkt vom Begriff, sondern vom Urteil aus. Damit unterstreicht er die Ausrichtung der Logik am propositionalen Wahrheitsbegriff. Urteilsinhalte werden aber nicht aus vorgegebenen Begriffen gebildet, sondern es werden umgekehrt Urteilsinhalte in unterschiedlicher Weise in Funktion und Argument begrifflich „zerfällt“. Die Ersetzung der Subjekt/Prädikat-Struktur des Urteils durch die Argument/Funktion-Struktur ermöglicht unter Anwendung der von Frege entwickelten Junktoren- und Quantorenlogik „fruchtbare Begriffsbestimmungen“, die sich nicht wie die klassifikatorischen Begriffsbildungen auf „beigeordnete Merkmale“ beschränken, sondern ganz neue „Grenzlinien“ ziehen, „die noch gar nicht gegeben waren“. Beim Schließen holt man daher „nicht einfach aus dem Kasten wieder heraus, was man hineingelegt hatte“, sondern erweitert die Erkenntnis. Gleichwohl könne es, wie Frege mit Blick auf seinen logizistischen Begründungsversuch der Arithmetik betont, „rein logisch“ zugehen. Als wollte er Goethes ganzheitlich orientierter Kritik der Logik auf dessen eigener Grundlage begegnen, nimmt Frege für solche Begriffsbildungen den Organismus-Gedanken in Anspruch: „Sie [die Folgerungen] sind in der Tat in den Definitionen enthalten, aber wie die Pflanze im Samen, nicht wie der Balken im Hause.“[59] Wenn Frege dem Vorwurf der Unfruchtbarkeit der Logik durch den Hinweis auf *neue* „Grenzlinien“ begegnet, so besteht er doch auf *Grenzen*, und zwar auf trennscharfen.

Freges Forderung der scharfen Begrenzung der Begriffe ergibt sich aus der Zweiwertigkeit der klassischen Logik. Begriffe, für die nicht bestimmt werden kann, ob ein vorgelegter Gegenstand unter sie fällt oder nicht fällt, verhindern, daß

[58] Frege, Begriffsschrift, S. V.

[59] Grundlagen der Arithmetik, § 88. Im einzelnen vgl. M. Ruffino, Context Principle, Fruitfullness of Logic and the Cognitive Value of Arithmetic in Frege. History and Philosophy of Logic 12 (1991), S. 185-194.

Aussagen, in denen eine solche Subsumtion behauptet wird, als wahr oder falsch bestimmt werden können. Bereits in seiner „Begriffsschrift" stellt Frege fest, daß Inhalte, in denen solche Begriffe vorkommen, als „beurteilbare" und damit als wahrheitswertfähige Inhalte ausscheiden.[60] Beachtung verdient, daß er als Beispiel für einen auszuschließenden Begriff ausdrücklich den Begriff des Haufens nennt und damit den sogenannten „Haufenschluß" oder „Sorites" anspricht, der seit der Antike von der Rhetorik als logisches Paradox und weitergehend auch als Argument für ein analogisches Denken in Übergängen ins Spiel gebracht worden ist. So wurde anhand von vagen Begriffen (wie „Haufe" und „Kahlkopf") zu argumentieren versucht, daß die Gegensätze zusammenfallen, weil man additiv (z. B. von Korn zu Korn) oder subtraktiv (z. B. von Haar zu Haar) nicht entscheiden könne, wann ein Haufe bzw. eine Glatze beginne.[61]

Es ist aber nicht so, daß Frege vage Begriffe überhaupt ausschließt. Er betont nur, daß die Logik mit ihnen nicht arbeiten kann. Damit ist die zweiwertige Logik angesprochen. Die Logik der vagen Begriffe, erst recht die sogenannte „Fuzzy Logik", ist eine spätere Entwicklung. Sie darf auch als Versuch gelten, bestimmte Formen des analogischen Denkens logisch zu rehabilitieren. Wir wollen uns in den folgenden Überlegungen auf den bei Frege klar zu Tage tretenden Gedanken beschränken, daß die Logik die Begriffe, mit denen sie arbeiten will, auswählen bzw. zubereiten muß. Damit stellt sich die Frage, ob diese Zubereitung eine Verfälschung der Wirklichkeit vornimmt. Genau dieses ist nämlich der Einwand, den F. Nietzsche – zwar in Unkenntnis Freges, aber zeitgleich – vorgebracht hat.

Nietzsche und die Kritik des identifizierenden Denkens

Freges Denken in „scharf begrenzten" Begriffen heißt in der neueren Logikkritik, die auf Nietzsche und die Rhetoriktradition zurückgeht, „identifizierendes" Denken. Diejenigen, die sich auf die eine oder andere Weise Nietzsches Sicht angeschlossen haben, wie u. a. T. W. Adorno, J. Derrida und J.-F. Lyotard, gelten daher als „Anwälte des Nicht-Identischen".[62] Anwälte sind Verteidiger. Diese Anwälte sind jedoch eher Ankläger, und die Anklagen sind von Adorno noch dadurch verschärft worden, daß die logische Ordnung der Begriffe gezielt in einen Zusammenhang mit den Herrschaftsverhältnissen politischer Ordnung gestellt wird:

---

[60] Begriffsschrift, S. 64.

[61] Vgl. ausführlich B. Buldt/E. A. Schmidt, Artikel „Sorites", Teil 1; in: Historisches Wörterbuch der Philosophie, Bd. 9, Sp. 1090-1095.

[62] Zu dieser Formulierung vgl. A. Wellmer, Zur Dialektik von Moderne und Postmoderne. Vernunftkritik nach Adorno, Frankfurt a. M. 1985. Vgl. insbesondere die Ausführungen S. 85f., 141f., 148f. Zur rhetorischen Lektüre Nietzsches vgl. insbesondere P. de Man, Allegorien des Lesens, Frankfurt a. M. 1988, S. 146-153.

> Die Allgemeinheit der Gedanken, wie die diskursive Logik sie entwickelt, die Herrschaft in der Sphäre des Begriffs, erhebt sich auf dem Fundament der Herrschaft in der Wirklichkeit.[63]

Bereits bei Nietzsche ist andeutungsweise davon die Rede, daß die Logik nicht aus dem Willen zur Wahrheit, sondern aus dem Willen zur Macht entspringt. Begründet wird dieser Einwand damit, daß Begriffsbildung identifizierendes Denken in dem Sinne voraussetzt, daß *Verschiedenes* als *dasselbe* in bestimmter Hinsicht aufgefaßt wird. Diese Abstraktion als das Absehen von den Besonderheiten der Einzelnen führt eben zu der von Adorno angesprochenen „Allgemeinheit der Gedanken". Nietzsche argumentiert:

> Das *Urteil* – das ist der Glaube: ‚Dies und dies ist so.' Also steckt im Urteil das Geständnis, einem „identischen Fall" begegnet zu sein: es setzt also Vergleichung voraus, mit Hilfe des Gedächtnisses. Das Urteil schafft es *nicht*, daß ein identischer Fall da zu sein scheint. Vielmehr es glaubt einen solchen wahrzunehmen; es arbeitet unter der Voraussetzung, daß es überhaupt identische Fälle gibt. Wie heißt nun jene Funktion, die viel *älter*, früher arbeitend sein muß, welche an sich ungleiche Fälle ausgleicht und verähnlicht? [...] *Bevor* geurteilt wird, *muß der Prozeß der Assimilation schon getan sein* [...].

Ein prinzipieller Einwand wird daraus durch Nietzsches weitergehende Behauptung, daß solches Identifizieren ein „Verfälschen" sei:

> Die Logik ist geknüpft an die Bedingung: *gesetzt, es gibt identische Fälle*. Tatsächlich, damit logisch gedacht und geschlossen werde, *muß diese* Bedingung erst als erfüllt fingiert werden. Das heißt: der Wille zur *logischen Wahrheit* kann erst sich vollziehen, nachdem eine grundsätzliche *Fälschung* alles Geschehens angenommen ist. Woraus sich ergibt, daß hier ein Trieb waltet, der beider Mittel fähig ist, zuerst der Fälschung und dann der Durchführung seines Gesichtspunktes: die Logik stammt *nicht* aus dem Willen zur Wahrheit.[64]

Der Zusammenhang zwischen begrenzender Begriffsbildung und identifizierendem Denken ergibt sich dadurch, daß die „identischen Fälle" zu verstehen sind als Fälle desselben *Allgemeinen* unter Absehung von individuellen Unterschieden. Die Formulierung „Dies und dies ist so" (in dem ersten Nietzsche-Zitat) besagt, daß *verschiedene* einzelne „dies" mit Blick auf das allgemeine „so" *dasselbe* sind. Mit „Urteil" ist die prädikative Aussage gemeint, und sie setzt in der Tat voraus, daß dasselbe Prädikat verschiedenen Subjekten zukommen kann. In diesem Sinne deutet Nietzsches Formulierung eine Aufzählung von Elementaraussagen an, in denen

---

63 M. Horkheimer/T. W. Adorno, Dialektik der Aufklärung, Frankfurt a. M. 1969, S. 20.

64 F. Nietzsche, Aus dem Nachlaß der Achtzigerjahre; in: Werke, hg. v. K. Schlechta, München 1966, Bd. 3, S. 476. Vgl. ergänzend S. 537ff. Hier formuliert Nietzsche (S. 539) zurückhaltender: „Logik ist der Versuch, *nach einem von uns gesetzten Seins-Schema die wirkliche Welt zu begreifen, richtiger: uns formulierbar, berechenbar zu machen.*"

verschiedenen Gegenständen dasselbe Prädikat zugesprochen wird. Über die Unterschiede wird im gemeinsamen Prädikat hinweggegangen. Nun könnte man gerade ein solches Verfahren ein analogisches nennen wollen, weil *Verschiedenes* gleichgeschaltet werde. Dieses stünde dann gar nicht im Gegegensatz zum logischen Denken, sondern bildete geradezu, wie es bei Nietzsche heißt, dessen „Voraussetzung“. Tatsächlich meint Nietzsche, daß jede Begriffsbildung *qua* Verallgemeinerung bereits metaphorisch und insofern analogisch sei, weil ein und dasselbe Prädikat von einem Fall auf andere Fälle „übertragen“ wird.

Vergleichen: Identität und Differenz

Um möglichen terminologischen Mißverständnissen vorzubeugen, ist herauszustellen, daß gemäß unserer eigenen Unterscheidungen nicht jedes Vergleichen auf ein analogisches Denken hinausläuft, sondern nur ein solches, das sich ein Denken in Übergängen bewahrt. Der von Nietzsche angesprochene „Prozeß der Assimilation“, der Ähnlichmachung des *an sich* Verschiedenen, schließt solche Übergänge aus, weil er auf eine Vereinnahmung der Einzelfälle im Sinne einer Klassifikation hinausläuft, die um der Trennschärfe zu anderen Begriffen (Klassen) willen die Besonderheiten der Einzelfälle unterschlägt. Der Einwand gegen das logische Denken bestimmt sich also nicht einfach dadurch, daß hier subsumierende Urteilskraft am Werk ist, sondern erst durch den Zusatz, daß für deren Subsumtionen die Sätze vom ausgeschlossenen Dritten und vom ausgeschlossenen Widerspruch im Verein gelten. Die Subsumtionen folgen damit der Logik des *ausschließenden* „oder“: *entweder* der Gegenstand fällt unter den Begriff *oder* er fällt nicht unter den Begriff.

Vergleichend geht in der Tat nicht nur das analogische, sondern auch das logische Denken vor; aber mit unterschiedlicher Zielsetzung. Das logische Vergleichen ist generalisierend, indem es von den Besonderheiten der Einzelfälle *nivellierend* absieht. Das analogische Vergleichen ist differenzierend, indem es die Besonderheiten *nuancierend* hervorhebt. Wenn hier das analogische Denken als „differenzierend“ beschrieben wird, so sind die angesprochenen Differenzen natürlich nicht im Sinne strenger Unterscheidungen gemeint, durch die sich ja gerade logisches Denken auszeichnet, sondern durch die Möglichkeit von Übergängen bestimmt. So sind also auch zwei Begriffe der Differenz zu unterscheiden, ein logischer der *exakten*, subtilen Distinktionen (im Bereich des Allgemeinen) und ein analogischer der *genauen*, feinen Nuancen (im Bereich des Besonderen). Die Tradition unterscheidet hier zwischen „distinkten“ und „konfusen“ Begriffen.

In diesem Zusammenhang ist noch eine weitere terminologische Bemerkung am Platze, nämlich zum Verständnis des Satzes der Identität. In der traditionellen Logik steht der Satz „A=A“ in erster Linie für die Identität von Begriffen, nicht von Gegenständen. Unterschieden wurden diese Fälle häufig nicht, weil man Gegenstände als Individualbegriffe betrachtete. Die moderne Logik ist hier (seit Frege) genauer, und da sie zudem Identität als *Gegenstands*identität faßt, kann die Rede vom „identifizierenden Denken" vor diesem Hintergrund leicht mißverstanden werden. Noch einmal sei daher betont: „identische Fälle" sind bei Nietzsche nicht derselbe Fall, sondern verschiedene Fälle desselben Begriffs. Somit sind die „Anwälte des Nicht-Identischen" Autoren, die gegen ein Denken in scharf begrenzten *Begriffen* Front machen. Diese einschränkende Hervorhebung ist freilich nur mit Blick auf die genannten Autoren und nicht aus systematischen Gründen zu machen. Wenn wir ganz allgemein die Frage nach der Möglichkeit (oder Unmöglichkeit) der *Identität des Verschiedenen* als unsere Grundfrage bestimmen, über die sich logische und rhetorische Tradition entzweit haben, so macht diese Frage nicht nur für Begriffe Sinn, sondern auch für Gegenstände. Schließlich hat die moderne Logik und Semantik sie ja auch (im Anschluß an Freges Unterscheidung von „Sinn" und „Bedeutung") für beide Fälle einheitlich dahingehend beantwortet, daß bei verschiedener Intension die Extension dieselbe sei.

Nietzsches Vorwurf gegen das logische Denken besteht – *hierin* demjenigen Goethes vergleichbar – darin, daß die Wirklichkeit in ihrer Komplexität und Vielfalt verfälscht wird, wenn versucht wird, sie „unter die Herrschaft der Abstraktionen" zu stellen und in distinkten, von sinnlichen Eindrücken und Anschauungen „entfärbteren" Begriffen einzufangen, d. h., in Nietzsches Macht-Worten gesprochen:

> [E]ine pyramidale Ordnung nach Kasten und Graden aufzubauen, eine neue Welt von Gesetzen, Privilegien, Unterordnungen, Grenzbestimmungen zu schaffen, die nun der andern anschaulichen Welt der ersten Eindrücke gegenübertritt als das Festere, Allgemeinere [...].[65]

Um Nietzsches Vorwurf begegnen zu können, sind zwei Aspekte zu unterscheiden, nämlich erstens die Frage, ob das Verfahren der Logik zutreffend beschrieben ist, und zweitens die sich anschließende weitergehende Frage, ob die Bewertung dieses Verfahrens angemessen ist. Die erste Frage ist nach allem, was wir über das logische Denken gesagt haben, eindeutig mit „ja" zu beantworten. Die organologische Metapher des porphyrianischen Baums in der traditionellen Logik läßt sich – aufgrund der äußeren Form – durchaus als hierarchisch gegliederte, starre Begriffs-Pyramide auffassen. Und die wahrheitsorientierten Begriffsbildungen in der Logik sind, wie wir bei Frege gesehen haben, ausdrücklich auf eine Ent-Färbung aus. Die Beantwortung der zweiten Frage hängt davon ab, wie weit der Anspruch des logischen Denkens reicht. Würde dieser so weit gehen, und in manchen Fällen geht er vielleicht so weit, daß *nur* ein Denken in scharf begrenzten Begriffen Erkenntniswert beanspruchen könne, so ließe sich gegen eine solche Anmaßung zu

[65] F. Nietzsche, Über Wahrheit und Lüge im außermoralischen Sinn; in: Werke, Bd. 3, S. 314f.

Gunsten des analogischen Denkens argumentieren. Allerdings nicht in der übertriebenen Weise Nietzsches, der dem logischen Denken seinen Erkenntniswert unter Hinweis auf den metaphorischen Charakter der Sprache überhaupt bestreitet. Statt dessen wird es darauf ankommen, dem logischen Denken den eigenständigen Erkenntniswert des analogischen Denkens positiv gegenüberzustellen.

Der Anwälte des Nicht-Identischen bedarf es immer dann, das wollen wir zugestehen, wenn die Logik sich anschickt, einen universalen Anspruch zu erheben. Hiergegen gilt es, die Erinnerung daran komplementär wachzuhalten, daß jede Bestimmung aufgrund ihrer Ausgrenzung von Besonderheiten mit einem „Verlust" verbunden ist (sofern man in Begriffen von Ganzheit denkt). Anders stellt sich die Sache dar, wenn man Identifizieren bzw. Klassifizieren nicht als eine *generelle* Maßnahme, sondern als eine Maßnahme zu einem *bestimmten* Zweck versteht, z. B. wissenschaftlicher Art. In jeder Unterscheidung ist eine Eingrenzung mit einer Ausgrenzung verbunden. Daher tut man gut daran, das Ausgegrenzte zum Eingegrenzten hinzuzudenken, nicht nur, damit die „Begrenztheit" der Unterscheidung im Bewußtsein bleibt, sondern auch deshalb, um sich davor zu schützen, daß das Ausgegrenzte als unbewältigter „Rest" über das Eingegrenzte hereinbricht.

Zuzugestehen ist auch, daß die durch Definitionen gezogenen Grenzen nicht Grenzen einer Wirklichkeit *an sich* sind. Aber deshalb brauchen wir uns von Nietzsche nicht einreden zu lassen, daß solche Begriffsbildungen eine „grundsätzliche *Fälschung*" vornehmen würden. Von „Fälschung" zu sprechen, hätte überhaupt nur Sinn, wenn es – was von Nietzsche gerade bestritten wird – einen Zugang zur Wirklichkeit *an sich* gäbe, so daß die Fälschung *als* Fälschung entlarvt werden könnte. Verdächtig ist in diesem Zusammenhang, daß Nietzsche tatsächlich von „an sich" ungleichen Fällen spricht. Damit unterstellt er unversehens, wir hätten doch einen Zugang zur Wirklichkeit selbst, nur daß diese Wirklichkeit eben nicht so sei, wie es die Logik mit ihrer Setzung „identischer Fälle" voraussetzen würde. Hier gilt es festzuhalten, daß beides, Unterscheidungen zu treffen und Ähnlichkeiten hervorzuheben, nicht von den Dingen an sich aufgezwungen wird, sondern eine Sache der Perspektive ist, die wir ihnen gegenüber einnehmen können (in Abhängigkeit von bestimmten Zwecken). Dieser Gedanke soll nun anhand von Wittgensteins Programm der übersichtlichen Darstellung weiter verfolgt werden.

Familienähnlichkeit und „übersichtliche Darstellung"

Der frühe Wittgenstein hatte sich dem zweiwertigen logischen Denken in der Tradition Freges und dessen Forderung nach scharfer Begrenzung der Begriffe verschrieben. Später widerspricht er dem mit seinem Programm der „übersichtlichen Darstellung", dessen Leitbegriff der Begriff der Familienähnlichkeit ist. Dieser Begriff vermag in besonderer Weise als Stütze analogischen Denkens zu dienen.

Seine Pointe ist nämlich nicht damit erschöpft, daß er die „Porosität" unserer Alltagsbegriffe festschreibt (dazu hätte der gängige Begriff der Vagheit genügt). Wesentlicher ist, daß die Relation der Familienähnlichkeit, logisch betrachtet, eine transitive Relation ist: Wenn *a* und *b* familienähnlich sind und *b* und *c* familienähnlich sind, dann sind auch *a* und *c* familienähnlich. Dies muß auf den ersten Blick überraschen, weil Familienähnlichkeit zunächst weniger verlangt als normale Ähnlichkeit und daher die „schwächere" Relation zu sein scheint. Die Relation der normalen Ähnlichkeit (im Sinne der Übereinstimmung in mindestens einem Merkmal) ist nämlich nicht transitiv, wie man sich an einem Beispiel leicht verdeutlichen kann. Nehmen wir als *a* einen roten Ball, als *b* einen roten Würfel und als *c* einen grünen Würfel, so sind sowohl *a* und *b* (wegen des gemeinsamen Merkmals, rot zu sein) als auch *b* und *c* (wegen des gemeinsamen Merkmals, Würfel zu sein) ähnlich, nicht aber *a* und *c*, weil sie kein Merkmal gemeinsam haben. Wie kann die Relation der Familienähnlichkeit transitiv sein, obwohl dieses nicht einmal für die „stärkere" Relation der normalen Ähnlichkeit gilt? Dies liegt daran, daß zur Familienähnlichkeit als Hintergrund eine gemeinsame Entwicklungslinie der Fälle gehört. Vor einem solchen Hintergrund können zwei Dinge familienähnlich sein, ohne daß sie ein einziges Merkmal gemeinsam haben.

In Parenthese kann hier ergänzend auf eine Beschreibung analogischen Denkens in R. Musils „Der Mann ohne Eigenschaften" verwiesen werden. Dort heißt es zur Ähnlichkeit von „Eß-, Mist-, Ast-, Gewehr-, Weg- und anderen Gabeln" (unter ausdrücklichem Verzicht auf die Hypostasierung einer „Urgabel"):

> Denn sie brauchen nicht einmal untereinander alle ähnlich zu sein [d. h.: sie brauchen kein Merkmal gemeinsam zu haben, G. G.], es genügt schon, wenn eins das andere gibt, wenn man von einem zu anderen kommt, wenn nur Nachbarglieder einander ähnlich sind; entferntere sind es dann durch ihre Vermittlung. Ja, auch das, was die Ähnlichkeit ausmacht, das die Nachbarn Verbindende, kann in einer solchen Kette wechseln; und so kommt man ereifert von einem Ende des Wegs zum andern und weiß kaum noch selbst, auf welche Weise man ihn zurückgelegt hat.[66]

Mit seinem Begriff der Familienähnlichkeit hat Wittgenstein einen Ähnlichkeitsbegriff gefaßt, mit dem es gelingt, auch entferntere Dinge, die untereinander nicht ähnlich sind, in Beziehung zu einander zu setzen und so die vielfältigen Erscheinungen einer „übersichtlichen Darstellung" zuzuführen:

> Die übersichtliche Darstellung vermittelt das Verständnis, welches eben darin besteht, daß wir die ‚Zusammenhänge sehen'. Daher die Wichtigkeit des Findens und des Erfindens von *Zwischengliedern.*

[66] R. Musil, Der Mann ohne Eigenschaften, Hamburg 1970, S. 1289. Zum stilkonstitutiven Mittel der Analogie bei Musil und ihrer philosophischen Bedeutung im Sinne einer „Auflösung der Substanzen und Essenzen" vgl. T. Rentsch, Wie ist ein Mann ohne Eigenschaften überhaupt möglich? Philosophische Bemerkungen zu Musil; in: Paradigmen der Moderne, hg. v. H. Bachmaier, Amsterdam 1990, S. 49-76, hier besonders S. 55ff.

> Der Begriff der übersichtlichen Darstellung ist für uns von grundlegender Bedeutung. Er bezeichnet unsere Darstellungsform, die Art, wie wir die Dinge sehen. (Ist dies eine ‚Weltanschauung'?)[67]

Die im letzten Satz dieses Zitats angefragte „Weltanschauung" läßt sich als analogische Weltanschauung oder *analogische Weltauffassung* bestimmen. Hinzuweisen ist hier auf die von Schopenhauer beschriebene Weltauffassung des kontemplativen Genies und deren Vorbildcharakter für Wittgenstein. Was bei Schopenhauer das Wesen der Sachen selbst ausmacht, ist bei Wittgenstein in die *Darstellungsform* verlegt. Wir haben es nicht mit einem materialen, wohl aber mit einem formalen Essentialismus zu tun, mit einem Essentialismus der Sichtweise. Wittgensteins Emphase („grundlegende Bedeutung") leitet sich daraus ab, daß eine „Hauptquelle unseres Unverständnisses", aus der die philosophische Verwirrung erwächst, darin besteht, „daß wir den Gebrauch unserer Wörter nicht *übersehen*. – Unserer Grammatik fehlt es an ‚Übersichtlichkeit'."[68]

Wie weit nun geht Wittgenstein in seinem analogischen Denken? Hier ist die Einschränkung wichtig, daß Familienähnlichkeit eine gebiets*interne* Ähnlichkeit ist. Sie besteht zwischen den Mitgliedern *einer* Familie. Auch wenn die Familie nicht „scharf begrenzt" ist und offen bleibt, wer von den sozusagen entfernteren Verwandten noch zur Familie zu zählen ist, einer gebiets*übergreifenden* Familienähnlichkeit im Sinne der These, daß alles mit allem zusammenhänge, wird nicht das Wort geredet.

Wittgenstein gibt das Unterscheiden denn auch keineswegs auf: „Wir werden [...] immer wieder Unterscheidungen *hervorheben*, die unsre gewöhnlichen Sprachformen leicht übersehen lassen."[69] Dies Verfahren ist insbesondere dann notwendig, wenn es um Vergleiche kategorial verschiedener Gebiete, um kategoriale Metaphern geht. Die Ambivalenz des analogischen Denkens bringt Wittgenstein dadurch zum Ausdruck, daß er einerseits betont, daß ein „gutes Gleichnis" den Verstand erfrische, und überdies sein eigenes Denken als ein Erfinden „neuer Gleichnisse" beschreibt,[70] andererseits aber auch warnt, daß Gleichnisse einen „falschen Schein" bewirken können, der uns „gefangen" hält.[71] (Unterscheiden läßt sich so zwischen der erläuternden, hinführenden Funktion von Vergleichen

---

[67] Wittgenstein, Philosophische Untersuchungen, § 122. Ausgehend von dem Begriff der übersichtlichen Darstellung hat J. Schulte überzeugend die methodologische Verwandtschaft mit Goethe nachgewiesen: Chor und Gesetz. Zur ‚morphologischen Methode' bei Goethe und Wittgenstein; in: ders., Chor und Gesetz. Wittgenstein im Kontext, Frankfurt a. M. 1990, S. 11-42, insbesondere S. 23ff. u. 36ff.; vgl. ferner R. Monk, Wittgenstein. Das Handwerk des Genies, 3. Aufl. Stuttgart 1993, S. 323ff. u. 539ff.

[68] So die Einleitungssätze zu dem vorigen Zitat: Philosophische Untersuchungen, § 122.

[69] Ebd., § 132. Die Formulierung „Unterscheidungen *hervorheben*" unterstreicht die Rolle des Subjekts.

[70] Vermischte Bemerkungen, Frankfurt a. M. 1977, S. 11 u. 43.

[71] Philosophische Untersuchungen, §§ 112 u. 115.

und der Behauptung oder gar metaphysischen Festschreibung von Analogien.) Wittgensteins Methode besteht darin, neue Gleichnisse gegen alte auszuspielen. Er streitet mit analogischen Mitteln dagegen, daß kategorial verschiedene Gebiete analogisiert werden, dagegen z. B., daß die räumliche Rede von Innen und Außen auf das Verhältnis von Ich und Welt übertragen wird und dann metaphysisch wörtlich genommen wird. Die metaphysikkritische Tendenz von Wittgensteins „Betrachtung", die er selbst eine „grammatische" nennt, besteht gerade darin, die kategorialen „Mißverständnisse" aufzudecken und „wegzuräumen", die unter anderem „durch gewisse Analogien zwischen den Ausdrucksformen in *verschiedenen Gebieten* unserer Sprache" hervorgerufen werden.[72] Damit erkennt Wittgenstein die Macht der Analogien über unser Denken an, liefert es dieser Macht aber nicht resignierend aus, sondern lehrt uns den kritischen Umgang mit ihr.

Die Gefahr von Kategorienfehlern besteht nicht, wenn wir uns in einem kategorial wohlbestimmten einheitlichen Gebiet bewegen. Aufschlußreich ist hier Wittgensteins Vergleich seines eigenen Denkens mit demjenigen Hegels (unabhängig von der Frage, ob dieser Vergleich zutreffend ist):

> Mir scheint, Hegel will immer sagen, daß Dinge, die verschieden aussehen, in Wirklichkeit gleich sind, während es mir um den Nachweis geht, daß Dinge, die gleich aussehen, in Wirklichkeit verschieden sind.[73]

Wenn dies ein Bekenntnis zum unterscheidenden Denken sein soll, so doch nicht im Sinne des scharfen Begrenzens, sondern des feinen Nuancierens, wie es bereits beschrieben worden ist.[74] Wittgensteins analogisches Denken besteht nicht darin, das verschieden Erscheinende dadurch ähnlich (oder gleich) zu machen, daß Unterschiede geleugnet werden, sondern dadurch, daß sie weiter verfeinert werden, so daß die scharfen Begrenzungen zwischen ihnen verwischt werden. Die Methode ist gerade, daß ein nuancierendes Differenzieren das Auseinanderliegende sozusagen zusammenrücken läßt, weil sich die Unterschiede als stufenlose Übergänge darstellen, wie die Übergänge zwischen den Farben im Farbspektrum. Die Pointe des Begriffs der Familienähnlichkeit ist, scheinbar paradox fomuliert, daß er es ermöglicht, Zusammmenhang *durch* Differenz zu stiften.

So sollte auch Wittgensteins Erwägung zu verstehen sein, seinen „Philosophischen Untersuchungen" als Motto das folgende Zitat aus „King Lear" voranzustel-

---

[72] Ebd., § 90. Hervorhebung G. G.

[73] R. Rhees (Hg.), Ludwig Wittgenstein. Porträts und Gespräche, Frankfurt a. M. 1987, S. 217. Die Formulierung „in Wirklichkeit" lese ich nicht ontologisch, sondern als Hervorhebung der eigenen Sichtweise gegenüber derjenigen Hegels.

[74] Vgl. eine entsprechende Stelle in: Wittgenstein's Lectures on the Foundations of Mathematics, Cambridge 1939, hg. v. C. Diamond, Hassocks 1976, S. 15: „[...] I will have to stress the differences between things, where ordinarily the similarities are stressed, though this, too, can lead to misunderstandings." Die Betonung der Unterschiede wehrt den Gedanken an ein einheitliches Wesen ab, während die Warnung vor der Überbetonung der Unterschiede den Gedanken an scharfe Begrenzungen zurückweist.

len: „Ich werd' dich Unterschiede lehren." Was er nämlich lehrt, sind *Unterschiede* im Sinne einer größeren *Vielfalt* der Fälle, aber nicht *Unterscheidungen* im Sinne fester *Grenzen* der Begriffe. Klassifizieren und Differenzieren fallen also nicht zusammen. Das klassifizierende Differenzieren, die strenge Begrenzung der Begriffe benötigen wir, wenn wir Urteile zu Prämissen von Schlüssen zusammenfügen. Das nuancierende Differenzieren ist gefordert, um der Komplexität der Phänomene gerecht zu werden, ohne die Zusammenhänge aus dem Blick zu verlieren. Differenzieren im Sinne einer Erzeugung größerer Komplexität oder Vielfalt widerspricht also nicht derjenigen Form des analogischen Denkens, wie es sich bei Wittgenstein in Orientierung an physiognomischen und morphologischen Vorstellungen findet.

Darstellungsform und Weltauffassung

Die Linie der bisherigen Überlegungen findet ihre Bestätigung darin, daß die Rede von der übersichtlichen Darstellung zweifach verstanden werden kann, nämlich nicht nur analogisch, sondern außerdem logisch. Auch Frege fordert eine „Übersichtlichkeit der Darstellung", und zwar für den logischen Formalismus.[75] Wenn er zu recht betont, daß seine zweidimensionale Begriffsschrift diesem Anspruch besser genügt als die (bis heute üblichen) eindimensionalen logischen Notationen, so ist das Maß die optische Deutlichkeit (Distinktheit), in der sich verwickelte logische Verhältnisse mit Hilfe räumlicher Abgrenzungen so darstellen lassen, daß sie *syn*optisch, also „auf einmal", überblickt werden können: „So werden die einzelnen Inhalte von einander *deutlich getrennt* und doch in ihren logischen Beziehungen leicht *übersehbar*."[76] Die Idee der Synopsis ist für Wittgenstein ebenfalls bestimmend. Sie steht bei ihm aber in der Tradition der ästhetischen Kontemplation Schopenhauers. Entsprechend sind die Kriterien nicht logischer, sondern ästhetischer Art. Für die Synopsis der familienähnlichen Verhältnisse in der analogischen Weltauffassung gilt, daß die Übersichtlichkeit durch die Vielfalt der Fälle und den Zuwachs an Komplexität nicht gemindert, sondern erhöht wird. Begriffliches Denken im Modus der Übergänge, das ist „ästhetische Theorie", nämlich Theorie, die selbst „ästhetisch" zu heißen verdient und eine ästhetische Sicht der Dinge vermittelt. Adorno hat sie gefordert, Wittgenstein hat sie verwirklicht.

Die beiden Arten übersichtlicher Darstellung sind verschiedene Realisierungen der rhetorischen Forderung nach *perspicuitas*. Von den Wörtern auf die Sachen übertragen finden wir sie wieder in der erkenntnistheoretischen Forderung nach klaren und deutlichen Ideen (und Erkenntnissen). Wörtlich genommen ist in der

---

[75] G. Frege, Über die wissenschaftliche Berechtigung einer Begriffsschrift, S. 55. Vgl. ders., Über den Zweck der Begriffsschrift, S. 7f.; ferner bereits Begriffsschrift, S. V (zu „Übersichtlichkeit und Ordnung").

[76] Frege, Über den Zweck der Begriffsschrift, S. 8. Hervorhebungen G. G.

perspicuitas eher eine *Durch*sichtigkeit als eine *Über*sichtlichkeit angesprochen. Der Unterschied besteht aber lediglich darin, daß sich die Durchsichtigkeit auf einzelne, für sich betrachtete Phänomene erstreckt, die Übersichtlichkeit dagegen auf deren Zusammenhang. Im Vergleich mit der erkenntnistheoretischen Unterscheidung von Klarheit und Deutlichkeit entspricht die Wittgensteinsche Übersichtlichkeit einer analogisch-ästhetischen Klarheit, die Fregesche Übersichtlichkeit dagegen einer logisch-wissenschaftlichen Deutlichkeit.

Die analogische *Welt*auffassung ist eine Welt*auffassung*. Wir haben es mit einer *Darstellungs*form der Dinge zu tun. Dies bedeutet, daß sie eine Sache unserer *Sicht*weise ist und nicht durch die Dinge selbst erzwungen wird. Wir könnten die Dinge also auch *anders* sehen. Unterstrichen wird diese Freiheit von Wittgenstein noch dadurch, daß die familienähnlichen Verhältnisse, in denen die „Zusammenhänge" sichtbar werden, nicht nur durch ein „Finden", sondern auch durch ein „*Er*finden" von Zwischengliedern gewonnen werden, so daß der Einbildungskraft hierbei eine produktive Rolle zukommt. Ausdrücklich gewarnt wird davor, die „Darstellungsweise" oder „Form" für eine Bestimmung des Wesens der Sache selbst zu halten.[77]

Wenn wir den Gedanken, daß in der Darstellungsform eine Sichtweise zum Tragen kommt, verallgemeinernd auf die Begriffe der *Ähnlichkeit* und der *Verschiedenheit* übertragen, so können wir diesen die ontologische Deutung entziehen und sie *beide* erkenntnistheoretisch verstehen. Das würde bedeuten, daß wir die Dinge *als* verschieden und *als* ähnlich *sehen* – *an*sehen – können, je nachdem, wie wir die Welt gliedern. *Wir* betonen die Unterschiede oder die Ähnlichkeiten; wir, d. h. die interessierten Subjekte, sehen die Welt im Lichte der Unterschiede oder der Ähnlichkeiten. Beides gegeneinander auszuspielen, macht keinen Sinn. Vielmehr haben wir uns von der Fixierung auf eine einzige Erkenntnisweise freizumachen und verschiedene Erkenntnisformen als komplementär zu einander anzuerkennen.

Unterschiede zwischen ähnlich erscheinenden Dingen festzuhalten, indem man begriffliche Grenzen zieht, und Ähnlichkeiten zwischen verschieden erscheinenden Dingen sichtbar zu machen, indem man die begrifflichen Grenzen öffnet, das sind einander entgegengesetze Denkbewegungen, die im *Einzelfall* dialektisch gegeneinander ausgespielt werden können, aber nicht grundsätzlich. Damit dieses

---

[77] Vgl. Philosophische Untersuchungen, §§ 50, 114 u. 104: „Man prädiziert von der Sache, was in der Darstellungsweise liegt." Vgl. dazu Schulte, Chor und Gesetz, Anm. 43 u. 44. An anderer Stelle erweckt Wittgenstein allerdings den Eindruck, als bestünden die Analogien zwischen den Sachen selbst. Vgl. Wittgenstein, Bemerkungen über Frazers ‚Golden Bough'; in: ders., Vortrag über Ethik und andere kleine Schriften, hg. v. J. Schulte, 2. Aufl. Frankfurt a. M. 1991, S. 37. Hier findet sich im Kontext (fast) derselben Formulierung wie oben der Zusatz: „Ein hypothetisches Zwischenglied aber soll in diesem Falle nichts tun, als die Aufmerksamkeit auf die Ähnlichkeit, den Zusammenhang, der *Tatsachen* lenken." Wenn man „Tatsache" hier nicht objektivistisch, sondern relativ zur Darstellungsform versteht, verschwindet der Widerspruch.

Spiel ausgewogen bleibt, gilt es, beide Formen zu beherrschen. Nur so kann es gelingen, logische und analogische Weltauffassung in ein angemessenes komplementäres Verhältnis zu einander zu bringen.

Für eine angemessene Bestimmung des Verhältnisses von logischem und analogischem Denken ist die Frage, wie der metaphorische Charakter der Sprache zu bewerten ist, von entscheidender Bedeutung. Ist dieser Charakter Anlaß einer *negativen Kritik* jeder Möglichkeit von Erkenntnis oder Anlaß einer *positiven Erweiterung* der Möglichkeit von Erkenntnis über die Wissenschaften hinaus. Wenn Frege es als eine Aufgabe der Philosophie ansieht, „die Herrschaft des Wortes über den menschlichen Geist zu brechen“[78], so meint er, dieser Aufgabe dadurch gerecht werden zu können, daß die „Vieldeutigkeit“[79], d. h. die Ambiguität der Zeichen, und das „rastlose Fließen“[80], d. h. die Vagheit eines Denken in Übergängen ausgeschaltet wird. Beides sieht Frege in engem Zusammenhang mit dem „bildlichen“, d. h. metaphorischen Charakter der Sprache. Erkenntnis würde also wesentlich die Überwindung dieses Charakters durch eine Sicherung fester begrifflicher Grenzen verlangen, ja, voraussetzen.

Die konträre Gegenposition geht von demselben Befund aus, bestreitet aber, daß der metaphorische Charakter der Sprache überwunden werden könne und fällt deshalb einem radikalen Skeptizismus anheim. Im Anschluß an Nietzsche ist diese Position von Fritz Mauthner in seiner Sprachkritik vertreten worden. Bei Mauthner wird offensichtlich, was sich bereits bei Nietzsche andeutet, daß der Skeptizismus die Kehrseite des Dogmatismus ist (I. Kant). Erkenntnis wird zunächst objektivistisch als Zugang zu den Sachen selbst gedeutet, und weil diese „metaphysische“ Erkenntnis nicht zu haben ist, gibt man den Erkenntnisanspruch ganz auf. Wegen ihrer exemplarischen Bedeutung wird Mauthners Sprachkritik im folgenden einer eingehenden Kritik unterzogen. Anschließend werden wir uns der Analyse von Sprach- und Darstellungsformen zuwenden, die geeignet sind, den Erkenntniswert analogischen Denkens zu belegen.

---

[78] G. Frege, Begriffsschrift, S. VI.

[79] Über die wissenschaftliche Berechtigung einer Begriffsschrift, S. 52.

[80] Ebd., S. 53.

Drittes Kapitel

Sprachkritik und „Dekonstruktion" des Erkenntnisbegriffs

In Mauthners Sprachkritik[81] werden die radikalen Konsequenzen aus der These gezogen, daß unser Denken in Metaphern verstrickt ist, daß Wahrheit nichts anderes sei als „ein bewegliches Heer von Metaphern".[82] Mit Blick auf moderne Strömungen wird sich zeigen, daß bei Mauthner wesentliche Strategien der Dekonstruktion vorgebildet sind. In dieser Hinsicht läßt sich Mauthners Sprachkritik als Folie einer Auseinandersetzung mit der Dekonstruktion nutzen.

Sprache und Erkenntnis

Bei aller Orientierung an der Sprache, das eigentliche Anliegen von Mauthners Sprachkritik ist erklärtermaßen eine Erkenntniskritik. Obwohl diese sich in der Tradition Kants als Fortführung von dessen Vernunftkritik versteht, ist sie doch von ganz anderem Zuschnitt. Es werden nicht die Bedingungen der Möglichkeit von Erkenntnis aufgewiesen, indem deren Grenzen bestimmt werden, sondern es soll gerade die *Un*möglichkeit von Erkenntnis plausibel gemacht werden. Damit steht Mauthner faktisch eher in der Tradition der antiken Skepsis. Von den bekannten Sätzen des Gorgias: (1) Es gibt nichts, (2) Wenn es etwas gäbe, könnten wir es nicht erkennen, (3) Wäre es erkennbar, so könnten wir es nicht mitteilen, übernimmt er immerhin den zweiten und dritten, und zwar als Junktim. Methodischer Ausgangspunkt ist nämlich die Gleichsetzung von Denken und Sprechen, die es nicht nur erlaubt, die ausgemachten Defizite der Sprache auf das Denken zu übertragen, sondern es – in der anderen Richtung – auch unmöglich macht, das Denken der Sprache entkommen zu lassen. Die Ergebnisse seiner Sprachkritik faßt Mauthner so zusammen:

---

[81] Mauthners „Beiträge zu einer Kritik der Sprache" (3., um Zusätze vermehrte Aufl. Leipzig 1923, Bd. 1-3) und „Wörterbuch der Philosophie: Neue Beiträge zu einer Kritik der Sprache" (2., vermehrte Aufl. Leipzig 1923/24, Bd 1-3) werden im folgenden zitiert unter Verwendung der Kürzel ‚B' (für die „Beiträge") und ‚W' (für das „Wörterbuch") sowie Angabe des Bandes in arabischen Ziffern, gefolgt von der Seitenzahl. Ergänzend sei auf die Zusammenfassung des sprachkritischen Gedankens in Kapitel XIX der „Erinnerungen, I. Prager Jugendjahre" (München 1918) verwiesen, die Mauthners „Motive" deutlicher hervortreten läßt.

[82] Nietzsche, Über Wahrheit und Lüge im außermoralischen Sinn, a. a. O., S. 314.

> So steht denn die Menschheit mit ihrer unstillbaren Sehnsucht nach Erkenntnis in der Welt, ausgerüstet allein mit ihrer Sprache. Die Worte dieser Sprache sind wenig geeignet zur Mitteilung, weil Worte Erinnerungen sind und niemals zwei Menschen die gleichen Erinnerungen haben. Die Worte der Sprache sind wenig geeignet zur Erkenntnis, weil jedes einzelne Wort umschwebt ist von den Nebentönen seiner Geschichte. Die Worte der Sprache sind endlich ungeeignet zum Eindringen in das Wesen der Wirklichkeit, weil die Worte nur Erinnerungszeichen sind für die Empfindungen unserer Sinne und weil diese Sinne Zufallssinne sind, die von der Wirklichkeit wahrlich nicht mehr erfahren, als eine Spinne von dem Palaste, in dessen Erkerlaubwerk sie ihr Netz gesponnen hat. (B3, S. 641)

In der Umkehrung der Reihenfolge des zweiten und dritten Satzes von Gorgias – Mauthner spricht erst von der „Mitteilung", dann von der „Erkenntnis" – kommt die Übertragung der Mängel des Mitteilungsmediums der Erkenntnis auf die Erkenntnis selbst zur Geltung. In der Formulierung „wenig geeignet" drückt sich allerdings noch eine zurückhaltende Skepsis aus, die erst entschiedener wird bei der Frage nach dem „Eindringen in das Wesen der Wirklichkeit". Vor allem zu solcher Erkenntnis sei die Sprache „ungeeignet". Demnach haben wir bei Mauthner zwei Arten von Erkenntnis oder genauer: von Erkenntnis*ansprüchen* zu unterscheiden. Bestritten wird nicht die Möglichkeit einer für praktische Zwecke hinreichenden Orientierung in der Welt, wie entsprechend auch nicht in Frage gestellt wird, daß wir uns dabei mitteilend verständlich machen können. Mauthners Skepsis richtet sich gegen die „anspruchsvollere" Art von Erkenntnis, wie sie uns Wissenschaft und Metaphysik als Erkenntnis „der Welt" versprechen. Diese ist es, für die die zweite und dritte These des Gorgias vertreten wird:

> Sie [die Sprache] ist ungeeignet zur Erkenntnis der Welt, doppelt ungeeignet also [weil zusätzlich auf das Gelingen der Vermittlung angewiesen, G. G.] zur Mitteilung der Erkenntnis. (B1, S. 122)

Dabei überrascht, daß solche Skepsis einhergeht mit einer sehr dezidierten erkenntnistheoretischen Position, nämlich der eines massiven Sensualismus. Zugänglich sind uns danach nur Sinnesdaten, die uns unsere „Zufallssinne", d. h. die uns zugefallenen faktischen Sinne liefern, und zwar jedem seine eigenen Daten. Worte dienen uns als Zeichen, frühere Daten in Erinnerung zu rufen.[83] Weil aber die Sinnesdaten-Erinnerungen bei allen Menschen verschieden seien, bleibe es nicht aus, daß wir gar nicht über *dasselbe* reden. Soweit menschliche Kommunika-

[83] Mauthner folgt hier Nietzsche, für den das Wort nichts als „die Abbildung eines Nervenreizes in Lauten" ist: Über Wahrheit und Lüge im außermoralischen Sinn, a. a. O., S. 312. Zum Begriff wird das Wort, wenn es nicht mehr nur als „Erinnerung" für das „Urerlebnis" dienen soll, dem es sein Entstehen verdankt, „sondern zugleich für zahllose, mehr oder weniger ähnliche, das heißt streng genommen niemals gleiche, also auf lauter ungleiche Fälle passen muß" (S. 313). Man sieht, wie bereits bei Nietzsche der sensualistische Zugang ein angemessenes Verständnis der Allgemeinheit der Begriffe verhindert.

tion im Alltag dennoch gelinge, liegt es dann wohl daran, daß es hier nicht so genau darauf ankomme.

Es wäre sicher nicht gerecht, den Wert der Einzelanalysen Mauthners einzig an seinem (J. Locke verpflichteten) Sensualismus zu messen;[84] dessen durchgehend verhängnisvolle Wirkung ist aber nicht zu übersehen. Bedeutung haben Wörter nämlich danach nur insoweit, als ihnen Vorstellungen, und dazu noch sinnlichen Ursprungs, entsprechen. Setzt man nun das Denken mit dem Sprechen in solchen Wörtern gleich, so bindet man es gewissermaßen an das Ablaufen eines Films sinnlicher Vorstellungen. Mauthners sensualistischer Psychologismus bildet auch die semantische Grundlage seiner Auffassung vom prinzipiell metaphorischen Charakter der Sprache und geht somit als Voraussetzung in seine Bestimmung des Verhältnisses von Philosophie und Poesie ein. Dieser Bestimmung gilt im folgenden – vor dem Hintergrund neuerer Diskussionen zur Frage des Verhältnisses von Philosophie und Literatur – unser besonderes Interesse. Eine Untersuchung der Darstellungsformen von Mauthners eigenem Philosophieren beziehen wir dabei ein. Doch holen wir zunächst etwas weiter aus.

Mauthner als Symptom

Das gegenwärtige philosophische Interesse an Mauthner ist ursprünglich eher dadurch neu belebt worden, daß man in Wittgensteins Werken die spärlichen Hinweise auf dessen Lektüren zurückverfolgt hat.[85] Ausgang dieses Interesses ist also der bekannte Satz 4.0031 des „Tractatus“:

> Alle Philosophie ist „Sprachkritik“. (Allerdings nicht im Sinne Mauthners.) Russells Verdienst ist es, gezeigt zu haben, daß die scheinbare logische Form des Satzes nicht seine wirkliche sein muß.

Der Unterschied zwischen Wittgensteins und Mauthners Sprachkritik kommt andeutungsweise im zweiten Teil des Satzes durch den Hinweis auf Bertrand Russell zum Ausdruck. Er kann allerdings größer kaum sein. Wittgensteins Sprachkritik gründet sich auf Logik, Mauthners Sprachkritik dagegen richtet sich gegen Logik. Es soll „auf weiterer Strecke des langen gemeinsamen Weges die Kritik der Sprache zur Kritik der Logik werden“ (B1, 93). Die ganze zweite Hälfte des dritten Bandes, also der Abschluß der „Kritik der Sprache“ ist dieser Auseinandersetzung gewidmet. Freilich ist es nicht dieselbe Logik, von der in beiden Fällen die Rede ist. Wittgenstein stützt sich auf die von Frege entwickelte und von Russell aufge-

---

[84] Vgl. die Berufung auf „Lockes Psychologie“ B1, S. 116. Mauthner scheut sich dabei nicht, selbst Goethes Rede vom „Geist“, der sich in Sprache „verkörpert“, psychologistisch zu reinterpretieren, indem er Geist auf „psychologische Vorgänge“ reduziert.

[85] Inzwischen kennen wir freilich auch die verdeckten Bezüge besser dank des Buches von A. Janik/ S. Toulmin, Wittgensteins Wien, München/Wien 1984. Zu Mauthner vgl. dort insbes. S. 163-181.

nommene moderne Logik, während Mauthner nur die traditionelle Logik in ihrer syllogistischen Gestalt kennt.[86] Als Gemeinsamkeit zwischen beiden Autoren ist ein metaphysikkritisches Anliegen bei positiver Einstellung zur Mystik festzustellen, verbunden mit der Aufforderung, über das „Unsagbare" zu schweigen.[87] Man darf allerdings nicht vergessen, daß diese Dinge durchaus dem Zeitgeist der Jahrhundertwende entsprachen. Mauthner selbst merkt an:

> So werde ich wohl mit meiner fast widerwilligen Liebe zu einigen großen Mystikern (es sind auch ganz ekelhafte Schwätzer und Heuchler unter ihnen) mehr unter dem Einfluß des verzweifelten Zeitgeistes stehen, als mir lieb ist." (W2, S. 363 „Mystik").

Das „Es kann dir nix gschehn" (des Steinklopferhanns in L. Anzengrubers „Die Kreuzelschreiber", 3. Akt, 1. Szene) wird zum Schlüsselsatz dieses Zeitgeistes und bildet den gemeinsamen Fluchtpunkt der Lebensauffassungen Mauthners (W2, S. 387 „Mystik", S. 404 „Natur") und Wittgensteins.[88]

Mit Blick auf Wittgensteins sogenannte zweite Philosophie scheinen die Parallelen zunächst spezifischer zu sein, insbesondere in der Auffassung des Charakters der Sprache als „Gebrauch" und als „Spiel" (B1, S. 24ff.), die auf Wittgensteins Gebrauchstheorie der Sprache und auf deren zentralen Begriff des Sprachspiels vorauszuverweisen scheinen.[89] Diese Begriffe sind bei Mauthner aber eher negativ besetzt. Der gemeinsame Gebrauch macht die Sprache „gemein"; die gebrauchten Wörter sind wie „Spielmarken", die unterschiedslos durch alle Hände laufen. Konnotiert wird damit, daß die Sprache sich sozusagen allen „hingibt", sich prostituiert. Die Mutter Sprache, die Muttersprache, wird zur Hure herabgewürdigt. Von Wittgensteins positiver Einstellung zum funktionierenden Sprachgebrauch (in alltäglichen Sprachspielen), der emphatisch zu gelingender menschlicher Praxis aufgewertet wird, ist hier also nicht die Rede; auch nicht davon, daß, von dieser Praxis abzuweichen, Entfremdung bedeute und der Versuch, diese Entfremdung wissenschaftlich-beweisend überwinden zu wollen, zum Ursprung der Metaphysik werde. Hat sich beim späten Wittgenstein die Grundlage der Metaphysikkritik verschoben (von der Erklärung der logischen Strukturen von Welt, Denken und Sprache zur Beschreibung von Sprachspielen), so wird doch stets ein bestimmter Teil der Sprache als „in Ordnung" ausgezeichnet, der als Mittel der Erkenntnis und Verständigung dient. Diejenige Erkenntnis, die die Metaphysik verspricht, ist aller-

---

[86] Erwähnung findet ansonsten nur noch die sogenannte „Algebra der Logik" (B3, S. 442-446; W1, S. 22-25), die als „vorläufig letzter Versuch" bezeichnet wird, „die formale Logik auf ihrem abschüssigen Lebenswege aufzuhalten" (W1, S. 22).

[87] Vgl. den Schlußteil des „Tractatus" mit B1, 81ff. und dem Artikel „Mystik" in W2, S. 362-387, insbesondere S. 382ff.

[88] Vortrag über Ethik und andere kleine Schriften, hg. v. J. Schulte, Frankfurt a. M. 1989, S. 14f.

[89] Allgemein zu Mauthner und Wittgenstein: G. Weiler, Mauthner's Critique of Language, Cambridge 1970, S. 295ff.; ferner J. Kühn, Gescheiterte Sprachkritik. Fritz Mauthners Leben und Werk, Berlin 1975, S. 95-97.

dings auch bei Wittgenstein nicht zu haben. Mauthner verzweifelt an dieser Unmöglichkeit und schüttet das Kind (der alltäglichen Erkenntnis) mit dem Bade (metaphysischer Gewißheit) aus. Mit den Augen des späten Wittgenstein ließe sich die radikale Sprach- und Erkenntniskritik Mauthners als Symptom einer therapiebedüftigen „Krankheit" diagnostizieren, deren Ursache ein verfehltes Streben nach absoluter Gewißheit jenseits und unabhängig von dem Erkenntnismedium Sprache ist. Unbefriedigt, wie solches Streben nun einmal bleiben muß, nimmt es sich bei Mauthner aber nicht zurück, was die richtige Konsequenz wäre, sondern richtet sich destruktiv gegen Erkenntnis überhaupt.

So gesehen möchten wir gute Gründe haben, dem Mauthnerschen Werk – trotz mancher treffender Einzelbeobachtungen – letztlich nur noch historisches Interesse zuzubilligen. Dieses behält es freilich schon deshalb, weil es als geschlossenstes Dokument einer um die Jahrhundertwende weitverbreiteten Sprachskepsis insbesondere unter Schriftstellern (von H. von Hofmannsthal bis C. Morgenstern) gelten darf. Die Zusammenhänge sind in einschlägigen Untersuchungen ausführlich behandelt worden und brauchen hier nicht wiederholt zu werden. Es scheint allerdings nicht bemerkt worden zu sein, daß sich in unserer Gegenwart neuerlich eine philosophische Sprachskepsis ankündigt, die diesmal weniger die Literaten als vielmehr ihre Theoretiker, die Wissenschaftler und Kritiker der Literatur erfaßt hat. Ich meine bestimmte Auffassungen im Umkreis des Dekonstruktivismus. Sie im einzelnen vorzuführen, ist nicht meine Absicht, zumal ich davon ausgehen muß, sie nicht „verstanden" zu haben. Es soll vielmehr Mauthner eine mögliche Aktualität bescheinigt werden, von der zu befürchten ist, daß sie von denjenigen als Bestätigung genommen werden könnte, die den dekonstruktiven Gedanken aufgegriffen haben.

Die Auseinandersetzung mit der Dekonstruktion wird im folgenden indirekt geführt. Es wird eine Analyse von Mauthners Sprachkritik mit kritischem Blick vor allem auf solche Partien vorgelegt, die eine symptomatische „Bedeutung" haben als Irrtümer, von denen wir in Abwandlungen auch gegenwärtig umgeben sind. Die Übertragung auf die gegenwärtige „Sinn"-Debatte wird jeweils angedeutet. Der Grund für diese indirekte Form der Auseinandersetzung ist, daß man mit dem Pyrrhonismus nur schwer in einen behauptenden Diskurs eintreten kann, zu dessen transzendentalen Bedingungen es gehört, daß der Gedanke, den man bejaht oder bestreitet, von den beteiligten Disputanten als *derselbe* erfaßt werden kann. Diese Voraussetzung wird aber gerade vom Pyrrhonismus zu unterlaufen versucht.[90] Das

---

[90] Zu J. Derridas Position vgl. etwa dessen aufschlußreiches Gespräch mit J. Kristeva: Semiologie und Grammatologie; in: Postmoderne und Dekonstruktivismus, hg. v. P. Engelmann, Stuttgart 1990, S. 140-164. Die „Identität des Signifikats" (S. 157) als eines „transzendentalen Signifikats" (S. 143 u. 154) zu bestreiten, ist gerade das Movens der Dekonstruktion. Geht man dagegen vom Faktum gelingender Kommunikation aus, so führt die transzendentale Frage nach den Bedingungen der Möglichkeit dieses Faktums zur Anerkennung eines als identisch *unterstellten* Sinns. Widerspruch gegen Derridas Darstellung ist bereits dort anzumelden, wo er diese transzendentale Bedingung als „Prä-

Dementieren, die Zurücknahme des je Gemeinten, gehört zu den rhetorischen Eigentümlichkeiten des Pyrrhonismus. Beginnen wir daher unseren insinuierten Vergleich von Dekonstruktion und pyrrhonistischer Sprachkritik mit einer Betrachtung der rhetorischen Strategie Mauthners.

Rhetorische Strategie und literarische Form des Pyrrhonismus

Mauthner beendet sein dreibändiges Werk mit der Entschuldigung dafür, daß diese Kritik nicht „mit dem ruhig verzweifelnden Freitode des Denkens oder Sprechens" erfolgen konnte, sondern mit „scheinlebigen Worten". Angesprochen ist damit das Paradox, das wir seit den Zeiten der Pyrrhonischen Skepsis kennen, daß der Skeptiker den Ast absägt, der ihn trägt, daß die Flamme der Skepsis sich selbst verzehrt. Gleich zu Beginn seines Werkes formuliert Mauthner es so, daß die Leiter, auf der man hinaufsteigt, beim und durch den Aufstieg – im Vollzug der Sprachkritik – zertrümmert wird: „so muß ich jede Sprosse der Leiter zertrümmern, *indem* ich sie betrete." (B1, S. 2, Hervorhebung G. G.). Die Verwendung der Leitermetapher gehört mit zu den am häufigsten genannten Parallelen zwischen Mauthner und Wittgenstein; sie macht aber eher den Gegensatz zwischen beiden deutlich. Wittgensteins Leiter wird als *fertige* Leiter fortgeworfen und nicht Sprosse für Sprosse zerstört. Zwar werden auch bei ihm tiefer liegende Sprossen durch Einsichten auf höherer Sprosse überwunden, die ganze Leiter bleibt dabei aber ein geordnetes Gefüge in der Reihenfolge Welt – Denken – Sprache. Der Unterschied der literarischen Form beider Texte macht dies deutlich. Während Wittgensteins „Tractatus" aus methodisch geordneten Aphorismen besteht, haben wir in der „Kritik der Sprache" eine Reihung von thematisch zusammengestellten „Bruchstücken" (B1, S. 2), „Einfällen" oder „Aperçus" vor uns, die zwar nicht beliebig ist, der aber doch die „aufsteigende" methodische Abfolge fehlt, wie man an den am Rande des Textes mitgeführten Gliederungspunkten ersehen kann. Eine Verwandtschaft der literarischen Form bestünde hier eher zu Wittgensteins „Landschaftsskizzen" der „Philosophischen Untersuchungen". Diese sind denn ja auch, soweit es um Metaphysik als Wissenschaft geht, der pyrrhonistischen Tradition zuzurechnen, ohne die Skepsis aber auf andere Erkenntnisformen zu übertragen. Das pyrrhonistische Paradox besteht hier nur insoweit, als ein Verständnis metaphysischer Fragen vorausgesetzt wird, die dann als mögliche, d. h. beantwortbare Fragen zurückgewiesen werden.

senz" des Sinns *bewußtseins*philosophisch zu verorten scheint. Wird so doch nahegelegt, daß das Verstehen eines identischen Sinns nach dem – in der Tat problematischen – erkenntnistheoretischen Modell eines inneren Sehens (oder Hörens) zu fassen sei. Letztlich folgt Derrida hier der verfehlten Vorgabe de Saussures, bei dem das Signifikat dem Bereich des Psychischen nicht entkommt. Indem Derrida de Saussure zu Ende denkt, potenziert er dessen Grundirrtum. Vgl. ergänzend die wohlwollendere Darstellung der Position Derridas bei A. Spree, Kritik der Interpretation. Analytische Untersuchungen zu interpretationskritischen Literaturtheorien, Paderborn u. a. 1995, S. 143ff.

In der Sprache der „Philosophischen Untersuchungen“ könnte man es so ausdrücken, daß es kein philosophisches Sprachspiel gibt, so daß auch Wittgensteins philosophische Sprache noch teilhat an der kritisierten Sprache der Metaphysik. Auch die „Philosophischen Untersuchungen“ sind noch nicht auf dem Wege, den sie weisen. Deren Sprache wird als notwendiges therapeutisches Mittel aber nicht in Zweifel gezogen, wenn auch ihre Besonderheit an der literarischen Form sichtbar wird. Beide Autoren lassen sich von Einfällen ihres „Witzes“ bei dem Versuch leiten, treffend zu formulieren. Bei Mauthner gewinnt manchmal das Denken in Aperçus so die Oberhand, daß auch Widersprüche nicht ausbleiben. Bei Aphorismen, die isoliert stehen, mag dies angehen, wenn sie zu denken geben wollen, ohne zu behaupten, oder wenn der Widerspruch inszeniert ist. F. Waismann bemerkt zu dieser Frage treffend, wohl auch hier von Wittgenstein beeinflußt:

> Again, the logic of aphorisms seems to be very peculiar. A man who writes aphorisms may say a thing, and, on another occasion, the very opposite of it without being guilty of a contradiction. For each aphorism, as it stands, is quite complete in itself. Two different aphorisms are not parts of one and the same communication. [...] Of two aphorisms each is in a frame of its own; hence no clash. It would be interesting to penetrate the logic of poems, or of mysticism. Here a contradiction may be perfectly legitimate means to point to what cannot be said in language. No: seeming contradictions are not always absurd.[91]

Mir scheint, daß wir eine solche Auffassung (implizit) Mauthners Schreibweise unterlegen müssen, um ihm einigermaßen gerecht zu werden. Was es einem aber so schwer macht, diesen guten Willen aufzubringen, ist der Umstand, daß seine Einfälle nicht nur den Eindruck einer argumentativen Abfolge erzeugen, sondern darüber hinaus auch noch drei dicke Bände füllen, die den Anschein erwecken, man habe sie von vorne bis hinten durchzulesen, um zu verstehen, was der Autor meint. Mauthner mutet seinen Lesern – klassischen Vorbildern wie Schopenhauer folgend – sogar eine zweimalige Lektüre zu. Obwohl seine Bände material den Stoff von Enzyklopädien anhäufen, folgen sie formal aphoristischer Denkweise.[92] Die Mischung aus Einfällen und gelehrtem Apparat wird damit entschuldigt, daß ein Aperçu sich nur mitteilen lasse „auf dem langen Umwege dicker Bücher“ (B1, 702). Dieser Ausrede liegt ein tieferer Widerspruch zugrunde, nämlich der Widerspruch zwischen skeptischem Mystiker und historistischem Gelehrten.

Zwei Vorbilder, die beide der pyrrhonischen Tradition angehören, werden hier die Darstellungsform geprägt haben: Scheint sich Mauthner zunächst (in der „Kri-

---

[91] F. Waismann, Language Strata; in: ders., How I See Philosophy, hg. v. R. Harré, London u. a. 1968, S. 112.

[92] Bestimmt man als ein wesentliches Merkmal der Gattung Aphorismus die isolierte Stellung (vgl. H. Fricke, Aphorismus, Stuttgart 1984, S. 10, der von „kotextueller Isolation“ spricht), so hat Mauthner zwar keine Aphorismen, aber aphoristisch geschrieben. Vgl. R. T. Gray, Aphorism and ‚Sprachkrise‘ in Turn-of-the-Century Austria. Orbis Litterarum 41 (1986), S. 332-354, insbes. Abschnitt II.

tik“) an einer Form wie derjenigen von Montaignes „Essais“ zu orientieren (die Einfälle stehen im Mittelpunkt der assoziativen Gedankenführung), so wählt er für die Fortsetzung die gelehrte Form des Wörterbuchs, wie sie insbesondere durch P. Bayles „Dictionnaire Historique et Critique“ vorgegeben ist. Taucht der Name Bayles in der „Kritik der Sprache“ noch nicht auf, der Artikel „Encyklopädie“ im „Wörterbuch der Philosophie“ enthält das persönliche Bekenntnis:

> Trotz seiner unhandlichen Ausgabe in riesigen Foliobänden legt man es [das „Dictionnaire“, G. G.] nicht gern aus der Hand; ich wenigstens konnte oft stundenlang nicht wieder loskommen, wenn ich es einmal geöffnet hatte. (B1, S. 382)[93]

Für die gelehrte Seite des auch von Mauthner empfundenen Widerspruchs zwischen Mystik und Buchgelehrsamkeit ist der Artikel „Encyklopädie“ (W1, S. 379-401) insgesamt aufschlußreich. Mauthner spricht sich hier aus skeptischen Gründen für eine alphabetische Ordnung aus, weil wir ohnehin keinen „natürlichen Weltkatalog“ haben, sondern nur „nach menschlichen Assoziationen und Interessen geordnete Sammlungen menschlichen Wissens“, so daß wir zufrieden sein müssen, „wenn wir uns in der Unmasse dieses Wissens mit Hilfe der brutalen alphabetischen Assoziationen orientieren können“ (W1, S. 400). Auffällig ist, daß der Skeptiker hier selbst von „Wissen“ redet. Das gemeinte und anscheinend auch nicht bestrittene Wissen ist aber kein Wirklichkeitswissen, sondern ein Wortgebrauchswissen, ein Wissen darüber, welche Wörter gebraucht werden und gebraucht worden sind, um ein vermeintliches Wirklichkeitswissen zur Sprache zu bringen. Sprachkritik als Erkenntnistheorie „wird zur einzigen Wissenschaft, weil wir ja nichts wissen als etwa das bißchen, was wir vom Wissen wissen“ (B1, 687).

Die skeptische Einstellung gegenüber den Begriffen eines *systematischen* Wissens, das die Sprachkritik als Anmaßung zurückzuweisen versucht, schlägt sich so paradoxerweise in einer Verzettelung des *historischen* Wissens über die begriffsgeschichtlichen Entwicklungen eben dieser Anmaßung nieder. Das unstillbare Verlangen, etwas zu wissen, erfüllt sich als ein wirkliches Wissen über vermeintliches Wirklichkeitswissen. Der globale Skeptiker wird zum akribischen Philologen. Als Dokumente dieses Übergangs dürfen die Wörterlisten zum Thema Lehnübersetzung in der Einleitung zum „Wörterbuch der Philosophie“ gelten (W1, S. LXXIV-LXXVIII, S. LXXXIII-CXIII).[94] Historismus als das Ergebnis eines Skeptizismus,

[93] Vgl. auch die ausführliche Behandlung Bayles in: Der Atheismus und seine Geschichte im Abendlande, Bd. 2.

[94] Offensichtlich war Mauthner die Anerkennung als historischer Sprachwissenschaftler wichtig. Vgl. W1, S. CXIIIf., Anm. 1; deren Schlußsatz „Über die Prioritätsfrage, wer zuerst auf die Macht der Lehnübersetzungen hingewiesen habe, möchte ich mich nicht einmal lachend äußern“ ist nur eine ungeschickte Tarnung seiner durch Zustimmung von wissenschaftlicher Seite angestachelten „Eitelkeit“. Die Abrechnung mit der Sprache, die sich zunächst als Selbstbefreiung „von Worthunger, von Wortliebe und von Worteitelkeit“ ausgibt (B1, S. 2f.), bekommt durch diese Anerkennung einen neuen Stellenwert. Der Selbsthaß des Journalisten Mauthner („Namentlich, wenn der Dichter aus Not zum Journalisten wird, fälscht er am gröbsten.“ B1, S. 148), der sich des „Schwatzvergnügens“

das ist eine geläufige Verbindung – bis heute. Ausgerechnet im Artikel „Mystik" dämmert es unserem Autor, daß er auch hier ein Kind seiner Zeit ist: „Der Geist der Zeit wirkt mit, dem sich niemand entziehen kann: der Historismus." (W2, S. 382). Der Artikel beginnt denn auch mit der auffordernden Feststellung: „Eine Geschichte der Mystik müßte noch geschrieben werden." (W2, S. 362). Mauthner fügt hinzu, daß sie vielleicht lehren würde, daß „mystische Perioden" auf Perioden „gesteigerten Wissenshochmuts" folgen. Wohl wahr! Aus dieser Einsicht hätte Mauthner freilich lernen können, daß auch umgekehrt, nachdem es die mystischen Perioden bis zum Äußersten getrieben haben, das Pendel in die andere Richtung zurückschlägt. Die Extreme bringen die Extreme hervor. Und die Ruhe, nach der sich Mauthner so sehnt, möchte da zu finden sein, wo auch die Wahrheit gemeinhin liegt: in der Mitte.

Poesie: Metaphern ohne Erkenntnis

Mauthner hält an dem Gattungsunterschied zwischen Philosophie und Literatur – mit Blick auf deren *Ansprüche* – normativ durchaus fest: Philosophie beanspruche objektive Welterkenntnis, Poesie, die ihm die höchste Form der Kunst ist, dagegen angemessenen Ausdruck von Gefühlen. Er vertritt somit den dichotomischen Gegensatz von Wissenschaft und Dichtung, wie ihn vor ihm der Logiker G. Frege formuliert hat und nach ihm so unterschiedliche Vertreter des ästhetischen Emotivismus wie der Wissenschaftsphilosoph R. Carnap, der Schriftsteller I. A. Richards und die Literaturwissenschaftlerin K. Hamburger wiederholt haben.[95] Während nun Metaphernbildung es der Poesie ermögliche, ihre Funktion zu erfüllen, hindere sie die Disziplinen der Wirklichkeitserkenntnis daran, ihren Anspruch einzulösen. Weil „die Sprache durch Metaphern entstanden ist und durch Metaphern wächst" (B1, 113), bilde sie ein prinzipielles Hindernis für die Wirklichkeitserkenntnis, das nicht umgangen werden könne. Die Erkenntnis, so Mauthners These, werde den metaphorischen Ursprung ihres Erkenntnismittels Sprache nicht los (vgl. ausführlich B2, Kap. XI). Eine mögliche Konsequenz wäre hier natürlich gewesen, einer erneuten Annäherung der Philosophie an die Poesie – etwa im Sinne der Romantik – zustimmend das Wort zu reden. Diesen Weg einer positiven Aufhebung der Dichotomie von Philosophie und Poesie geht Mauthner aber gerade nicht, sondern er benutzt diese Dichotomie geradezu als Prämisse seiner subversiven Destruktion des Anspruchs auf gelingende Welterkenntnis. Zumindest diese Stoßrichtung rückt Mauthner in die Nähe dekonstruktiver Metaphysikkritik und

bezichtigt (B1, S. 149), dürfte hier eine gewisse Abkühlung erfahren haben. Zum biographischen Hintergrund des Widerstreits zwischen offiziellem „Schriftsteller" und heimlichem Wissenschaftler – Mauthner selbst spricht von einem „Doppelleben" – vgl. F. Mauthner, Erinnerungen, S. 206 f.

[95] Zum Zusammenhang von sprachkritischen und ästhetischen Überlegungen bei Mauthner vgl. dessen aufschlußreiche Zusammenfassung in den „Erinnerungen", S. 215ff.

unterscheidet ihn damit von anderen Emotivisten, die nicht nur von einem dichotomisch-komplementären Verhältnis der Ansprüche auf Erkenntnis resp. Gefühl ausgehen, sondern diesen Anspruch auch auf seiten der Erkenntnis als erfüllbar ansehen. Was die Metaphysik anbelangt, so stehen sich allerdings Mauthner und Carnap insofern nahe, als dieser Metaphysik als *mißlungene* Poesie einstuft, die den Ausdruck von „Lebensgefühl" als Erkenntnis ausgibt.[96]

Mauthners Einschätzung, daß die Metaphorik der Sprache die Poesie ermögliche, während sie die Philosophie scheitern lasse, folgt daraus, daß Metaphern eine kognitive, erkenntnisvermittelnde Funktion bestritten wird. Dieser eigentlich problematische Schritt ergibt sich wiederum aus der sensualistischen Semantik, deren psychologistischer Zuschnitt – die Gleichsetzung der Bedeutung von Worten mit sinnlichen Vorstellungen – noch dadurch verschärft wird, daß die Bedeutungsrelation kausal verstanden wird. Mitteilung vollzieht sich nach diesem Modell so, daß die Wörter eines Sprechers im Hörer diejenigen Vorstellungen hervorrufen, die der Sprecher mit ihnen verbindet (d. h. die sie beim Sprecher selbst auslösen): „Die Sprache kann nichts weiter als Vorstellungen wecken." (B1, 104). Von den etwa bei Frege zu findenden drei semantischen Relationen: der *Bezeichnung* der extensionalen Bedeutung (der Referenz), des *Ausdrucks* der intensionalen Bedeutung (des Sinns) und der *Verursachung* der konnotativen Bedeutung (der „Färbung" des Sinns) kennt Mauthner nur die letzte. Diese ist aber anerkanntermaßen die problematischste, von der schon Frege betont, daß sie keine gesicherte Kommunikation ermögliche.

Dagegen meint Mauthner eine Unsicherheit vor allem dort zu sehen, wo Kommunikation in der Vermittlung von Vorstellungen zu Erkenntniszwecken besteht, weniger, wo es um die Erzeugung von Stimmungen und Gefühlen geht. Sein keineswegs überzeugender Begründungsversuch für diesen Unterschied läuft darauf hinaus, daß Stimmungen ohnehin eine Unbestimmtheit und Offenheit eigen sei, die sich für das Denken verbiete: „Ob das Wort klar und deutlich ist, ist für die Mitteilung der Dichterstimmung gleichgültig." (B1, 95). So dient denn auch die prinzipielle „Mehrdeutigkeit" der Sprache als Argument dafür, „warum die Sprache wohl ein herrliches Kunstmittel, aber ein elendes Erkenntniswerkzeug ist." (B1, 93)[97]. Die Poesie ist nach Mauthner deshalb erkenntnistheoretisch aus dem Schneider, weil es ihr gar nicht um Erkenntnis, d. h. um die Mitteilung von *Inhalten* gehe. Nicht „das Stoffliche", sondern „die Stimmung, das Gefühl, die Beleuch-

[96] R. Carnap, Überwindung der Metaphysik durch logische Analyse der Sprache. Erkenntnis 2 (1931), insbes. S. 238-241. Nachdruck in: H. Schleichert (Hg.), Logischer Empirismus – der Wiener Kreis, München 1975, S. 168-171. Die Gemeinsamkeiten erschöpfen sich aber in der antimetaphysischen Einstellung, als dessen gemeinsame Wurzel die empiristische Tradition von J. Locke bis E. Mach ausgemacht werden kann. Eine Kluft tut sich vor allem auf in der Bewertung der Logik.

[97] Mauthners Rede von „Mehrdeutigkeit" ist dabei selbst mehrdeutig. Das Fehlen scharfer Begrenzung der hervorgerufenen Vorstellungen, also die *Vagheit*, wird ununterschieden mit tatsächlicher *Mehr*deutigkeit als *Ambiguität* verrechnet (vgl. die Beispiele B1, S. 91).

tung, die subjektive Anschauung, welche der Dichter mit dem Stofflichen verbindet", sei „das Poetische an der Poesie" (B1, 122).[98] Dazu paßt, daß der „Klangwert" der Sprache über den „Vorstellungswert" gestellt wird (B1, 106ff.).[99] Aber auch auf der Ebene der Vorstellungen steht die Poesie dem sinnlichen Ursprung der Sprache am nächsten und bewahrt oder verlängert ihn. Gilt Mauthner doch – hier in der Tradition Herders stehend – als „sinnlichste aller Bedeutungen" die „dichterische" (vgl. B1, 93).[100] Anders gesagt: das Verstehen von Dichtung vollzieht sich nach dieser Auffassung nicht als das Verstehen von Sinn, sondern als ein Einfühlen auf dem Wege des Reproduzierens der Gefühle des Dichters.

Selbst wenn man Verstehen soweit kausal und damit als Ereignis auffassen wollte, unplausibel bliebe dennoch, daß der Abfolge: Gefühle (des Dichters) – Worte (des Dichters) – Gefühle (des Lesers) eine größere Zuverlässigkeit zukommen sollte als Verstehensbemühungen um abstrakte Gedankengänge. Dagegen spricht einfach die Erfahrung. Immerhin gesteht Mauthner zu, daß diese Kausalität nicht von Natur aus funktioniert, sondern kulturell bestimmt ist (B1, 122ff.). Weil dies so ist, bekommt auch die Poesie noch die Ausläufer von Mauthners inszeniertem Erdbeben zu spüren. Im Grunde hangele diese sich in bereits vermittelten Gefühlen assoziativ fort und fort: „Es fällt dem Dichter gar nicht ein, sich mit der *ererbten* poetischen Sprache auf Erfahrung zu berufen, höchstens auf die *litterarische* Erfahrung des Lesers." (B1, 128, Hervorhebungen G. G.). Eine „wirkliche Anschauung" liege gar nicht zu Grunde, so daß auch die poetische Sprache „immer nur Bilder von Bildern von Bildern" gewähre (B1, 129).

Trotz dieser sozusagen „intertextuellen" Gefangenschaft, in der das eigene *Gefühl* bloß der *Text* eines anderen ist usf., bleibt der Poesie der Vorzug, daß sie die für alle Sprache bestehende „Anschauungslosigkeit" wenigstens durch die „Heftigkeit der erregten Stimmungen" kompensieren kann. Die Poesie nutzt die einzige Kraft aus, die die Sprache hat, doch deren „Mangel an Anschauung" kann auch sie nicht beheben. Die Philosophie aber will Erkenntnis und nicht Gefühl. Ihr bleibt daher gar nichts. Ist sie doch auf die Sprache und deren „metaphorische Begriffserweiterung" angewiesen, auf „dieses ewige Umschreiben und Bildlichreden, das die

98 Bis in die Wortwahl hinein stimmt diese emotivistische Bestimmung der Poesie mit derjenigen Freges überein, der hier von „Färbungen und Beleuchtungen" (des Sinns) spricht (Über Sinn und Bedeutung, S. 31), die „auf das Gefühl, die Stimmung des Hörers wirken oder die Einbildungskraft anregen" (Der Gedanke, S. 63). Erst in der Einschätzung, wie verläßlich die poetischen Elemente kommunizierbar sind, steht der Logiker Frege auf der Gegenseite; denn „wie weit [...] den Absichten des Dichters entsprochen wird, kann nie genau ermittelt werden" (Über Sinn und Bedeutung, S. 31). Vgl. oben (im ersten Kapitel) den Abschnitt „Kognition und Emotion oder die sinnliche Seite des Denkens".

99 Differenzierter fallen die Ausführungen im Artikel „Poesie" im „Wörterbuch" aus, die dann freilich eher das Gegenteil besagen, indem verlangt wird, daß sich in „aller [!] Poesie" das Wort zum Stoff „dienend" verhalten müsse, und die „Virtuosen der Sprachform" getadelt werden, die „nichts zu sagen haben" (W2, S. 566).

100 Diese Bemerkung findet sich so nur in der 1. Aufl. der „Beiträge" (Bd. 1, S. 88).

künstlerische Kraft und die logische Schwäche der Sprache ausmacht" (B2, 451). Mauthner meint nun, daß jeder solchen Erweiterung „Gefühlswerte" zu Grunde liegen würden (B1, 130), die der Poesie zugute kämen, denen die Philosophie aber nicht entkommen könne. Damit wird das Gefühl zum Motor der metaphorischen Spracherweiterung erhoben. Problematisch ist nicht die These vom durchgehend metaphorischen Charakter der Sprache und des Denkens, sondern deren emotivistische Wendung. Durch sie wird der Erkenntniswert von Metaphern bei der Erschließung von Welt heruntergespielt. Ohne diesen Emotivismus ließe sich Mauthners These geradezu fruchtbar machen für eine Überwindung der Dichotomie von Wissenschaft und Kunst. Der Umstand, daß wir auch in der Wissenschaft auf metaphorische Rede angewiesen sind, sollte uns als Argument für eine erkenntnistheoretische Rehabilitierung der Metapher dienen und nicht dazu, den Erkenntnisanspruch von Wissenschaft in Frage zu stellen.

Denken als präsentisches Vorstellen

Bestimmend für Mauthners Entgegensetzung von Denken und Dichten ist die unausgesprochene Prämisse, eigentliche Poesie sei mit Erlebnislyrik gleichzusetzen. Nur unter dieser starken Voraussetzung ist die ganze Argumentation überhaupt nachvollziehbar. Als Muster gelungener Poesie dient denn auch Goethes Gedicht „An den Mond", durch dessen Lektüre „Jeder der Deutsch versteht [!] und ein Herz hat" über die Zeiten hinweg „in die damalige Stimmung Goethes hineinversetzt ist", indem er sie „erlebt" (B1, 94). Die eigentliche Pointe dabei ließe sich vielleicht so verstehen, daß eine Stimmung als ein Vorgang (in der Zeit) zu denken ist, der durch Poesie wiedererzeugt werden kann: Eine Stimmung wird, indem sie *er*lebt wird, auch *durch*lebt. Insofern gehört zu ihr eine Dauer, aber nicht anhaltende Präsenz. Dem ließe sich zustimmen, wenn auch nicht der Gleichsetzung von Verstehen und Einfühlen.

Im Gegensatz zum Dichten und der Vermittlung von dessen emotiven Erzeugnissen läßt Mauthner nun Denken und die Mitteilung kognitiver Gehalte an die Präsenz von Vorstellungen gebunden sein, wobei Denken und Sinnverstehen dann deshalb prinzipiell scheitern würden, weil es eine solche Präsenz nicht gebe, zumindest nicht im erforderlichen Maße. Mit dieser, wie ich meine, Kernthese hebt die „Kritik der Sprache" an:

> Weil die Sprache lebendig ist, so bleibt sie nicht unverändert vom Anfang eines Satzes bis zu seinem Ende. „Im Anfang war das Wort"; da, beim Aussprechen des fünften Wortes, verwandelt schon das erste Wort „im Anfang" seinen Sinn. (B1, 2)

Diese These findet sich in verschiedenen Varianten wieder und wird zur Grundlage der Unterscheidung von Denken und Dichten:

> Wir begreifen, wie das Flimmern und Wogen einer Stimmung sich im Dichter wortreich *auslöst* und wie die Worte im Hörer dann das gleiche Flimmern und Wogen wieder *erzeugen.* (B1, 96, Hervorhebungen G. G.; sie unterstreichen noch einmal den kausalistischen Emotivismus Mauthners)

Nicht begreifen könnten wir dagegen, „daß ein Philosoph trotz der Enge des Bewußtseins ein System im Zusammenhang denkt und der Leser ihm folgt". Diese psychologische Enge des Bewußtseins überträgt Mauthner nämlich auf das Bedeutungsverstehen:

> Der unbefangene Leser oder Hörer wird ohne Zweifel immer nur ein Wort auf einmal, meinetwegen aber auch zwei bis drei Worte im Bewußtsein finden, die er bei der nächsten Zeile nicht mehr ‚gegenwärtig' hat. (B1, 96)

Die verhängnisvollen Konsequenzen von Mauthners sensualistischem Psychologismus für seine Semantik werden hier besonders deutlich. Bedeutungsverstehen wird quantitativ davon abhängig gemacht, wie viele *Vorstellungen* dem Bewußtsein gleichzeitig *präsent* („gegenwärtig") sein können. Ergebnis ist, daß sich nicht einmal prüfen lasse, ob ein Begriff in verschiedenen Sätzen einheitlich gebraucht werde; „denn selbst, wenn wir die beiden Sätze nebeneinander stellen, sind wir nicht im stande, sie zu vergleichen, weil wir sie nicht *zugleich denken* können" (B1, 97, Hervorhebung G. G.). Die erkenntniskritischen Folgerungen aus diesen semantischen Defiziten lauten entsprechend:

> Es ist unmöglich, den Begriffsinhalt der Worte auf die Dauer festzuhalten; darum ist Welterkenntnis durch Sprache unmöglich. (B1, 97)

Dies trifft die Philosophie, nicht die Poesie, die nicht auf den Begriffsinhalt, sondern auf den „Stimmungsgehalt" abziele, der festgehalten werden könne. Den Unterschied hatten wir so zu rekonstruieren versucht, daß das *Fest*halten hier eher ein *Durch*halten ist, nämlich das Anhalten eines Zustandes durch die Zeit hindurch. Hierbei dürfte gerade ein nicht-präsentisches Vorstellen, nämlich das konnotative Hinübergleiten zu Nachbarvorstellungen, hilfreich sein, die Stimmung gleichsam mit neuem Leben zu füllen und dadurch zu bewahren. Mag diese Beschreibung auch eine emotivistische Verkürzung der Funktionen von Dichtung enthalten, für den Teilbereich der Erlebnislyrik ist sie durchaus ein Stück weit zutreffend. Problematischer ist die Kehrseite von Mauthners Lob der Poesie, daß nämlich philosophisches Denken sozusagen der Ideenflucht ausgeliefert bleibt. Fast könnte man meinen, Mauthner wolle mit seiner Dekonstruktion geordneten Bedeutungsverstehens den eigenen assoziativen Denkstil legitimieren. Wohlwollender gesonnen wird man umgekehrt diesen Stil als angemessene Darstellungsform von Gedanken unter sprachkritischen Bedingungen ansehen.[101] Wenn Denken bloß assoziativ sein

---

[101] Vgl. R. T. Gray, Aphorism and ‚Sprachkrise', a. a. O., S. 337: „Not only do these fragments imitate the fragmentariness of reality, but they make no claim to permanentness, to closure and finality; they resist being frozen into concepts."

kann (vgl. B2, 531ff.), so soll es wenigstens „lebendig" sein, hieße dann die Maxime, und Ideenflucht würde zur Methode. Diese Konsequenz paßt zu unseren vorangegangenen Überlegungen zur literarischen Form des Mauthnerschen Pyrrhonismus. Ein solcher Zusammenhang von literarischer Form und philosophischem Inhalt würde es auch „verständlich" machen, warum sich Mauthner nicht übermäßig um argumentative Konsistenz bemüht. Konsistenzprüfung setzt ja voraus, was gerade bestritten wird, die Möglichkeit, Vorstellungen miteinander vergleichen zu können.

Wir selbst trauen uns einen Textvergleich ohne die Präsenz von Vorstellungen zu. In diesem Sinne sollen im folgenden spätere Überlegungen von Mauthner vergleichend herangezogen werden, die uns im Widerspruch zu den bisher betrachteten zu stehen scheinen. In dem lesenswerten Kapitel „Schrift und Schriftsprache" (B2, Kap. XII) hebt er die „Emanzipation der Schrift" (B2, 553ff.) von der mündlichen Sprache hervor und betont dabei die Bedeutung der „sichtbaren Zeichen" für die Entwicklung des begrifflichen Denkens.

Diese zutreffende Feststellung gibt Anlaß zu der Frage, wie Dekonstruktivisten zu der *Verallgemeinerung* kommen, daß (über Platon und Husserl hinaus) „die abendländische Vernunft ihr Vertrauen in Geist, Logos und Sinn am Paradigma des präsenten Phänomens und der selbstpräsenten Stimme, die sich-sprechen-hört, orientiert".[102] Gerade Logiker haben im Gegenteil eher der Schrift den Vorzug gegeben. Derrida selbst ist dies nicht entgangen. Mit Blick auf Leibniz' Programm einer „Characteristica universalis" bemerkt er:

> Alles, was den *logos* immer mit der *phone* verbunden hat, fand sich durch die Mathematik eingeschränkt, deren Fortschritt von der Verwendung nicht-phonetischer Schriftzeichen (*inscription*) gänzlich abhängig ist.[103]

Korrigierende Konsequenzen zieht Derrida aus dieser richtigen Beobachtung genausowenig wie Mauthner. Die Beziehung von Logos und Schrift hebt besonders Frege bei der Entwicklung seiner „Begriffs*schrift*" hervor. Er bemerkt etwa, daß „die menschliche Stimme in ihrer unendlichen Biegsamkeit" dem Gefühlswert der Sprache gerechter wird, und fügt dann hinzu, daß das „enge Anschmiegen der hörbaren Zeichen an die leiblichen und seelischen Bedingungen der Vernunft" den Nachteil habe, die Vernunft von diesen Bedingungen „abhängiger zu erhalten". Weiter heißt es:

> Ein [...] Vorzug des Geschriebenen ist die größere Dauer und Unveränderlichkeit. Auch hierin ist es dem Begriffe ähnlich, wie er sein soll, um so unähnlicher freilich dem rastlosen Fließen unserer wirklichen Gedankenbewegung.[104]

---

[102] J. Hörisch, Wunderlicher Bruch. Dekonstruktion, de Man, Derrida und ihre deutsche Aufarbeitung. Merkur 42 (1988), S. 990.

[103] Semiologie und Grammatologie, a. a. O., S. 159.

[104] Über die wissenschaftliche Berechtigung einer Begriffsschrift, S. 52f.

Das Heraklitische „Fließen" wird den psychischen Gegegebenheiten des Denkens zugestanden, die logischen Begriffe werden hiervon aber ausgenommen. Den Vorzug der Sichtbarkeit für das begriffliche Denken hat Frege dadurch weiter nutzbar zu machen versucht, daß er seiner Begriffsschrift eine zweidimensionale Form gegeben hat.[105]

Anstatt nun aufgrund seiner Einsicht in die begriffsbildende Kraft der Schrift sein sensualistisches Modell des Denkens zu überprüfen, versucht sich Mauthner durch folgende Beteuerung aus der Affäre zu ziehen:

> Es klingt nur paradox, aber es ist es nicht, wenn ich sage: da Sprechen Denken ist, so denkt der Gelehrte [gemeint ist vor allem der Mathematiker und Naturwissenschaftler, G. G.] nicht bei seinem Forschen und Lehren, oder vielmehr es ist ein neues Denken über ihn gekommen, das Buchdenken, und hier haben wir den Punkt, der die moderne Wissenschaft von den Forschern der Vorzeit trennt. Wir denken bücherhaft, die Alten dachten sprachlich. (B2, 555)

Das Schlußaperçu deutet bereits die Wendung an, die Mauthners Überlegungen nun nehmen. Nicht die Möglichkeit des Denkens ohne Vorstellen, eines Denkens in „Gedankenzeichen", wie Mauthner es selbst nennt (B2, 560f.), das eben nicht an die Präsenz sinnlicher Vorstellungen gebunden ist, wird hervorgehoben, sondern der negative Aspekt der Verschriftlichung: die Anhäufung von Bücherwissen, das uns der Erkenntnis der Wirklichkeit nicht näherbringt (B2, 384f.). Das vorstellungslose Denken wird als „vorstellungsloses *Buch*denken" diffamiert (B2, 575, Hervorhebung G. G.) und damit der positive Ansatz alsbald wieder zunichte gemacht. Gefordert wird schließlich sogar die „Verlebendigung" der Schriftsprache durch Vorstellungen, indem einer „revolutionären Reaktion" gegen „die Herrschaft der schriftlichen Sprache" das Wort geredet wird (B2, 576f.). Da werden die Grenzen der „Kritik der Sprache" zu den Grenzen der Geduld ihres Lesers.

Die Gleichsetzung von Denken und Vorstellen erfüllt zwei miteinander nicht zu vereinbarende Funktionen. Einerseits dient sie dazu, das Denken herabzusetzen, weil es in seinem Erkenntnisbemühen über momentane, flüchtige Vorstellungen nicht hinauskomme. Andererseits wird dem vorstellungslosen Denken mangelnde Lebendigkeit vorgeworfen. Dieser Widerspruch scheint letztlich dadurch zustande zu kommen, daß Mauthner Unmögliches fordert: eine sinnliche Erkenntnis des Allgemeinen oder intellektuelle Sinnlichkeit. Hierbei wird sogar mehr verlangt als von der Anschauung des Allgemeinen in der intellektuellen Anschauung, insofern diese Anschauung auch noch sinnlich sein soll. Mauthners Gedankengang dürfte etwa so aussehen: Erkenntnis zielt auf Allgemeines; Allgemeines ist nicht ohne Begriffe zu haben; Begriffe geben aber kein objektives Bild der Wirklichkeit; sie

---

[105] Auf der anderen Seite hat der späte Wittgenstein, der nun selbst zu den Kritikern eines „Logozentrismus" gerechnet werden könnte, verlangt, man müsse seine Sätze „langsam" lesen (Vermischte Bemerkungen, Frankfurt a. M. 1977, S. 110); und das heißt ja wohl, daß man sich am Rhythmus der Stimme zu orientieren habe.

sind von uns durch Vergleich gewonnen und deshalb metaphorisch;[106] sie zehren von der unmittelbaren Anschauung, liefern aber keine:

> Anschaulich sind immer nur die Beobachtungen selbst. Der Begriff ist immer metaphorisch, gibt niemals Anschauung, weder bei den mythenbildenden Dichtern, noch bei den mythenfeindlichen Philosophen. (B2, 469)

Philosophie nimmt, indem sie die Inhalte unserer Begriffe zu Gegebenheiten der Wirklichkeit selbst erhebt und damit auf die Wirklichkeit „überträgt", deren metaphorische Verfälschung vor. Doch was könnte Mauthner gegen eine Erkenntnistheorie vorbringen, die ihm darin zustimmt, daß der menschliche Verstand seine Begriffe macht, daß unsere Erkenntnis menschliche Erkenntnis ist und daher die Welt nicht erkennen könne, wie sie „an sich" beschaffen ist? Eine solche Kantische Konzeption ist Mauthner zu wenig (vgl. B2, 469f.), und das heißt, daß er selbst insgeheim zu viel will.

Das falsche Ideal der Erkenntnis

Ich habe versucht zu zeigen, wie Mauthner sich aufgrund seiner Mischung von Sensualismus, Psychologismus und Emotivismus konsequent in einen pyrrhonischen Zweifel hineinmanövriert, der schon Züge der *Ver*zweiflung annimmt. Die Klage über den „Mangel an Anschauung", die sogar die Poesie nicht verschont, scheint dabei Ausdruck eines ungestillten Bedürfnisses nach Unmittelbarkeit, nach „intuitiver Wirklichkeitserkenntnis" (B1, 140) zu sein, die Mauthner nur „in der unmittelbaren *Gegenwart*, in dem unmittelbaren Gegenüber von beobachtendem Subjekt und der Wirklichkeitswelt" gewährleistet sieht (B2, 469, Hervorhebung G. G.). Gegen die Realisierbarkeit dieses Bedürfnisses ist mit Kant einzuwenden, daß die in der Anschauung gegebene Mannigfaltigkeit des gliedernden Begriffs bedarf, weil wir ohne ihn allenfalls ein unmittelbares Gegenüber hätten, aber kein *beobachtendes* Subjekt. Schon Beobachten ist ein *sonderndes* Vergleichen. Mauthners Bedürfnis nach Unmittelbarkeit geht zusätzlich einher mit einem lebensphilosophischen Affekt[107] gegen das Distanz schaffende Denken:

---

[106] Begriffsbildung basiert nach Mauthners psychologischer Abstraktionstheorie generell auf Vergleichung des Verschiedenen. Hierin folgt er Nietzsche. Das Absehen vom Besonderen mag dabei als Verlust an Anschauung gelten. Weniger klar ist, warum die Rede von Metaphern auf jede Art des Vergleichs ausgedehnt werden sollte. Diese Terminologie ist persuasiv auf Stützung der generellen These angelegt. Mauthner geht schließlich sogar so weit, „Metapher" und „Assoziation", die freilich in psychologischer Perspektive verwandt sind, als Wechselbegriffe zu sehen (B2, S. 529f.). Für den vorliegenden Kontext dürfte das „Verlust"-Argument wesentlicher sein.

[107] Vgl. Erinnerungen, S. 231f., wo Goethe, Bismarck und Nietzsche emphatisch als die Verkünder der Tat gegen das „Wortwissen" versammelt werden.

Nur handelnd verstehen wir die Wirklichkeitswelt, nur wenn wir selbst wirkend mitten in der Wirklichkeit stehen, niemals wenn wir uns ihr denkend gegenüberstellen wollen. (B2, 479)

Mauthner orientiert sich also – mehr oder weniger verdeckt – an einem bestimmten Ideal der Erkenntnis: einer unmittelbaren *Teilnahme* des Subjekts am Objekt, die auch noch den Gegensatz von Kontemplation und Tätigkeit aufheben soll. Diese *Un*mittelbarkeit will er erreichen durch Überwindung der *Ver*mittlerin Sprache:

Aber ein Bild der Welt zeigt sich, wenn die trüben Begriffe der Sprache erst beseitigt sind. (B1, 672).

Hieraus wird auch seine Nähe zur Mystik verständlich, die zumindest für Augenblicke der mystischen Vereinigung die Gegensätze, insbesondere die Spaltung von Subjekt und Objekt, aufzuheben verspricht (W2, 383-387 „Mystik"). Das Grenz- oder Entgrenzungsphänomen der „unio mystica" muß aber Grenze bleiben und kann jedenfalls nicht das *Modell* gelingender Erkenntnis abgeben. Daß Sprache als Medium der Mit-teilung keine *un*-mittelbare Erkenntnis, d. h. Erkenntnis ohne Erkenntnismittel garantieren kann, ist selbstverständlich, dazu bedarf es keiner Sprachkritik.

Dem ganzen sprachkritischen Programm Mauthners liegt demnach ein Erkenntnisideal zugrunde, das in Skeptizismus „umkippt", weil es zwangsläufig enttäuscht werden muß. Anders gesagt: Der Skeptizismus offenbart sich als die Kehrseite eines falschen Ideals. Dies dürfte auch für den Dekonstruktivismus Derridas gelten. Ausgangspunkt ist ebenfalls das mystische Ideal einer vollkommenen „Gegenwart". Ob diese Gegenwart, wie bei Mauthner, auch bei Derrida dessen eigentliches oder doch ursprüngliches Ideal ausmacht, von dem dieser sich dann um so entschiedener abwendet, sei dahingestellt.[108] Jedenfalls führt auch hier die Einsicht in die Unmöglichkeit seiner Erfüllung nicht zu einer notwendigen Korrektur des Begriffs der Erkenntnis bzw. des Verstehens, sondern zu dessen Negation. Bei aller Auseinandersetzung Derridas mit der Idee der Präsenz ist nicht zu übersehen, daß er die Unmöglichkeit des Sinnverstehens aus der Unmöglichkeit der Wiederholung von Präsenz ableitet.[109] Das Junktim von Verstehen und Präsenz ist Mauthner und Derrida gemeinsam.

Exemplarische Bedeutung hat Mauthners Sprachkritik als früher Versuch einer dekonstruktiven Lektüre der gesamten abendländischen Metaphysik, als „Rebellion" gegen deren „Logokratie" (W2, 305-307 „Logokratie"). Sie scheitert von Anfang an daran, nicht hinnehmen zu wollen, was Mauthner selbst als Zitat von Goethe anführt:

---

[108] Vgl. dazu kritisch D. Thiel, Über die Genese philosophischer Texte. Studien zu Jacques Derrida, Freiburg/München 1990, S. 374f.

[109] Die Rolle, die hierbei (für beide Autoren) das Thema „Gedächtnis" spielt, lädt zu einem weitergehenden Vergleich ein.

> Der Mensch, indem er spricht, muß für den Augenblick einseitig werden; es gibt keine Mitteilung, keine Lehre ohne Sonderung. (B1, 144)

Der Versuch, diese Grundwahrheit, das „omnis determinatio est negatio“, in eine prinzipielle Kritik des urteilenden Denkens umzuwenden, hat seine Tradition, die über Nietzsche bis zu den heutigen Anwälten des „Nicht-Identischen“ verläuft. Wir haben auch bereits zugestanden, daß jedes Urteil an die Voraussetzung geknüpft ist, daß es „identische Fälle“ gibt, die durch abstrahierende Sonderung zurechtgestellt worden sind. Und man wird dies auch wiederholen müssen, solange die Tendenz besteht, Denken auf urteilendes oder propositionales Denken reduzieren zu wollen. Eine Übertreibung in der anderen Richtung aber bleibt Nietzsches Behauptung, daß im Urteil eine „grundsätzliche *Fälschung* alles Geschehens angenommen ist“.[110] Der hier latent angesprochene Gegensatz von Unmittelbarkeit („Nähe“) *in* der Anschauung und Entfremdung („Distanz“) *durch* Begriffe verlangt nach einer Versöhnung – in einem komplementären Verhältnis.

Mag der besondere sensualistische Zuschnitt Mauthner eigentümlich sein, die Tendenz seiner Überlegungen stellt ihn in eine Tradition, die – von Nietzsche ausgehend – im Dekonstruktivismus unserer Tage endet. Dieser wiederum stellt sich vor einem solchen Hintergrund als eine Neuauflage antiker pyrrhonistischer Denkmuster und -strategien dar, in Verbindung mit den charakteristischen „Entzugs“-Erscheinungen negativer Theologie.

Ungeachtet ihrer übertriebenen Konsequenzen verlangt die Mauthnersche Sprachkritik eine Entgegnung, die dem metaphorischen Charakter der Sprache erkenntnistheoretisch Genüge tut. Von ihr hängt die Bestimmung eines angemessenen Verhältnisses von logischem und analogischem Denken ab. In einem nächsten Schritt soll nun der Erkenntniswert analogischen Denkens anhand literarischen Beispielmaterials plausibel gemacht werden. Das Pendant zur logisch-erkenntniskritischen Depression, daß nichts mehr geht, bildet die ästhetisch-rhetorische Euphorie, daß alles geht. Der Nonsens-Poesie ist solche Euphorie eigen. Als Form eines geradezu *a*logischen Denkens scheint sie die anarchischen Konsequenzen Mauthners, daß man mit Sprache alles machen könne, „fröhlich“ gewendet zu bestätigen. Mit ihr mag daher der folgende Beispielreigen beginnen.

---

[110] Vgl. oben (im zweiten Kapitel) den Abschnitt „Nietzsche und die Kritik des identifizierenden Denkens“.

Viertes Kapitel

Logik und Literatur

Wegen der traditionsbedingten Nähe von Rhetorik und Poetik findet der Antagonismus zwischen Logik und Rhetorik naturgemäß seinen Niederschlag auch im Verhältnis von Logik und Literatur. Aus der Sicht der Logik wird die Gegenüberstellung häufig sogar so weit getrieben, daß der Literatur (im Rahmen des allgemeinen Gegensatzes von Kunst und Wissenschaft) jeglicher Erkenntniswert abgesprochen wird, um ihr dann statt dessen die Funktion zuzuweisen, als emotives Kompensat wissenschaftlicher Rationalität zu dienen. Gegen diese Auffassung wird hier eine Position zu halten versucht, die (auf der Grundlage einer Unterscheidung von propositionaler und nicht-propositionaler Erkenntnis) Logik und Rhetorik, Wissenschaft und Kunst, im besonderen Logik und Literatur, in ein Verhältnis gleichberechtigter, komplementärer Erkenntnisformen rückt.

Nun hat es die Logik nicht mit Inhalten, sondern mit *Formen* zu tun, seien diese nun als Formen des Seins, des Denkens oder der Sprache verstanden. Unsere Aufmerksamkeit gilt im folgenden dem Umgang der Literatur mit diesen Formen. Dieser Umgang ist vielfach dadurch bestimmt, daß Literatur nicht den üblichen grammatischen und logischen Regeln der Sprachverwendung folgt, ja, von diesen abweicht oder sich sogar gegen sie auflehnt. So genannte „Abweichungstheorien“ der Literatur finden hier Anwendung und Bestätigung.[111] Sie schließen außerdem semantische und pragmatische Regeln und deren Verletzung bzw. Aufhebung ein. So hat sich das Abweichungsmodell insbesondere bei der Bestimmung des Begriffs der Fiktion und des Erkenntniswertes der Dichtung, verstanden als fiktionale Literatur, bewährt. Neuere Einwände gegen Abweichungstheorien sehen hier Ordnungsdenken am Werk. Nun mag ein gutes Chaos besser sein als eine schlechte Ordung. An einer *guten* Ordnung aber dürfte nichts auszusetzen sein, sofern sie der besseren Übersicht dient. Verzerrungen könnten sich nur dann ergeben, falls man dem Gedanken der Abweichung oder Andersheit ein *hierarchisches* Ordnungs- oder Bewertungsschema unterlegen würde, falls man eigentliche und uneigentliche Rede so gegenüberstellen wollte, daß die letztere ein defizienter Modus der ersteren sei. Auch diese Auffassung gibt es, aber sie folgt nicht aus der Verwendung des Begriffs der Abweichung. Abweichung besagt genausowenig wie Negativität (z. B. in der Negativitätsästhetik oder negativen Theologie), daß dasjenige, was abweicht (oder zurückweicht oder sich entzieht), sekundär ist. Es kann sogar in seiner Uneigentlichkeit Eigentlichkeit beanspruchen. Abweichung kann insbesondere Auf-

---

[111] Vgl. Harald Fricke, Norm und Abweichung. Eine Philosophie der Literatur, München 1981.

begehren heißen, und dieses kann innovativ sein; aber auch dann bedarf es des Alten als Folie, vor dem das Neue als neu erscheint. Absolut Neues gibt es nicht. Hieran ist auch zu erinnern, wenn die Möglichkeit bestritten wird, fiktionale und nicht-fiktionale oder metaphorische und nicht-metaphorische Rede unterscheiden zu können. Es geht gar nicht darum, eine absolute Unterscheidung einzuführen. Ohne eine Unterscheidungsmöglichkeit *relativ* zu einem bestehenden „normalen" oder „wörtlichen" Gebrauch ließe sich jedoch der fiktionale oder metaphorische Gebrauch gar nicht begreifen.

Der Gedanke der Abweichung kommt in ganz besonderer Weise in der Nonsens-Poesie zum Tragen. Der Widerstand gegen logisches Denken geht hier über eine parodistische Kritik (wie in der Schülerszene in Goethes „Faust") weit hinaus, indem gegen logische Regeln gezielt verstoßen wird. Eine mögliche komplementaristische „Versöhnung" deutet sich dagegen bei Lewis Carroll an, der es vermochte, den Logiker und Nonsens-Literaten in *einer*, wenn auch „gespaltenen" Person zu verbinden. Ausgehend von literarischen Textbeispielen wollen wir den Gedanken der Komplementarität von logischem, alogischem und analogischem Denken weiter verfolgen.

Alogisches Denken: Nonsens-Poesie oder der Sinn des Unsinns

Übertreiben kann man nicht nur das klassifizierende, sondern auch das analogisierende Denken. In spielerischer Form geschieht dieses in assoziativen Wortspielen, die uns das weite Feld der Nonsens-Poesie eröffnen, einer erklärten Konkurrentin des logischen Denkens. Die Linie des Spiels mit Worten läuft von den zur Weltliteratur gehörenden „Kindergeschichten" eines Lewis Carroll über die aufsässigen Texte des Dadaismus und die beängstigend-skurrilen Mono- und Dialoge Karl Valentins[112] bis zu den hintersinnigen „Galgenliedern" Christian Morgensterns und den „blödelnden" Kalauern Robert Gernhardts.

Die Rückführung der Nonsens-Poesie auf das Wortspiel ist umstritten.[113] Sie läßt sich aber rechtfertigen, wenn wir Spiel allgemein genug verstehen und nicht – in allen Fällen – als „bloßes" Spiel zum Selbstzweck der Unterhaltung. In den ernsteren Fällen ist das Wortspiel Mittel zum Zweck, dem Unsinn wohnt ein tieferer Sinn inne.[114] Diese Fälle sind gerade für den philosophischen Logiker (im weiteren Sinne der transzendentalen Logik) aufschlußreich; denn hier wird die Aufhebung der Gesetze der Wirklichkeit (Raum, Zeit und Kausalität) und sogar des Denkens geprobt.

---

[112] Vgl. K. Valentin, Kurzer Rede langer Sinn. Texte von und über Karl Valentin, hg. v. H. Bachmaier, München 1990.

[113] Vgl. P. Köhler, Nonsens. Theorie und Geschichte der literarischen Gattung, Heidelberg 1989, S. 13f.

[114] Vgl. L. Wittgenstein, Philosophische Untersuchungen, § 282: „Auch ein Unsinn-Gedicht ist nicht Unsinn in der Weise, wie etwa das Lallen eines Kindes."

Das Selbstverständliche, die stillschweigenden Voraussetzungen unseres Weltbildes werden dadurch bewußt gemacht, daß sie einmal außer Kraft gesetzt erscheinen. Indem die Sprachspiele anders, ja, widersinnig gespielt werden, erkennen wir deren Regeln. Die Nonsens-Poesie liefert uns in ihrem „Anrennen gegen die Grenzen der Sprache“ (Wittgenstein) sozusagen eine Kategorienlehre *via negationis.*[115] Sie realisiert in besonderem Maße Wittgensteins Aufforderung: „Scheue Dich *ja* nicht davor, Unsinn zu reden! Nur mußt Du auf Deinen Unsinn lauschen.“[116]

Kategorienfehler, die uns sonst unterlaufen, führt die Nonsens-Poesie gezielt vor. Ihr Mittel ist der „grammatische Witz“, wobei der Ausdruck „Witz“ aber nicht nur im Sinne der Wortkomik zu nehmen ist, sondern auch an den „Witz einer Sache“ denken läßt und damit allgemeiner auf das analogische Erkenntnisvermögen des so genannten „ingenium“ verweist. Vor diesem Hintergrund leuchtet ein, daß ein grammatischer Witz mehr bieten kann als ein wortspielerischer Scherz, nämlich aufgrund des kategorialen Gewichts, das dem Witz seine „philosophische Tiefe“ gibt:

> Die Probleme, die durch ein Mißdeuten unserer Sprachformen entstehen, haben den Charakter der *Tiefe*. [...] – Fragen wir uns: Warum empfinden wir einen grammatischen Witz als *tief*? (Und das ist ja die philosophische Tiefe.)[117]

Wittgenstein hat sogar gemeint, daß ein gutes philosophisches Werk vollständig aus Witzen (jokes) bestehen könnte, ohne scherzhaft (facetious) zu sein.[118] Zumindest in Teilen sind die „Philosophischen Untersuchungen“ ein solches Werk. Klassische literarische Beispiele verdanken wir dem von Wittgenstein geschätzten Lewis Carroll.[119] Dieser berufsmäßig strenge Logiker[120] scheute sich nicht, als Li-

---

[115] Das Material hierzu tragen Abweichungstheorien der Literatur bei. Vgl. Fricke, a. a. O., S. 47-62. Am Beispiel Valentins hat dies T. Rentsch überzeugend vorgeführt: „Am Ufer der Vernunft“ – Die analytische Komik Karl Valentins; in: K. Valentin, Kurzer Rede langer Sinn, S. 13-42.

[116] L. Wittgenstein, Vermischte Bemerkungen, Frankfurt a. M. 1977, S. 108. Vgl. auch Wittgensteins Bemerkung zu Heidegger und Augustinus in: Wittgenstein und der Wiener Kreis, hg. v. B. F. McGuinness, Frankfurt a. M. 1967, S. 68f.

[117] Wittgenstein, Philosophische Untersuchungen, § 111.

[118] N. Malcolm, Ludwig Wittgenstein. A Memoir, Oxford 1978, S. 29. Vgl. R. Merkel, ‚Denk nicht, sondern schau!‘. Lichtenberg und Wittgenstein. Merkur 42 (1988), Heft 1, S. 27-43, insbesondere S. 31-34, wo die Bedeutung des Witzes für Wittgenstein überzeugend dargelegt wird. Gerade der Vergleich mit Lichtenberg macht es aber notwendig, den erkenntnistheoretischen Hintergrund aufzurufen. Aus der einschränkenden Formulierung bei Malcolm („ohne scherzhaft zu sein“) geht hervor, daß Wittgenstein der Sache nach gerade nicht an „jokes“ im üblichen Sinne gedacht hat. Wenn Merkel (ebd., S. 34) aus Lichtenbergs „Sudelbüchern“ den Satz zitiert „Der Witz ist der *Finder* [...] und der Verstand der Beobachter“ (J 1620), so wird durch die vergleichende Gegenüberstellung von Witz und Verstand deutlich, daß hier die Erkenntnisvermögen gemeint sind. Der Witz als „Finder“ ist das schöpferische „ingenium“. Vgl. im einzelnen das Kapitel „Ästhetischer ‚Witz‘ und logischer ‚Scharfsinn‘ “.

[119] Zu den Übereinstimmungen zwischen Wittgenstein und Carroll vgl. G. Pitcher, Wittgenstein, Nonsense, and Lewis Carroll. The Massachusetts Review 6 (1965), S. 591-611.

[120] Vgl. Lewis Carroll's Symbolic Logic, hg. v. W. W. Bartley III, New York 1977. Die Beispiele dieses Lehrbuchs sind freilich nicht ohne Hintersinn.

terat in Werken wie „Alice's Adventures in Wonderland" und „Through the Looking Glass" die Welt mit Hilfe der Wörter kategorial auf den Kopf zu stellen oder sie, dem zweiten Titel gemäß, „durch den Spiegel" zumindest „seitenverkehrt" zu präsentieren. Es begegnen uns auf Schritt und Tritt – in Geschichten und Begegnungen verpackt – bekannte philosophische Probleme, vor allem solche der Logik und Erkenntnistheorie.[121] Insbesondere unsere eigene thematische Frage nach dem Verhältnis von „Identität und Differenz" findet hier in ihren beiden Aspekten eine literarische Umsetzung. Da haben wir das Problem des Ichs („Wer in aller Welt bin ich denn dann? Ja, *das* ist das große Rätsel!")[122] und besonders das der Ich*identität* („ich bin gar nicht ich") in der „Beratung durch eine Raupe".[123] Die Raupe realisiert in ihren Bewegungen nicht nur unterschiedliche Körpergrößen, sie gibt durch ihre (genidentitische) Metamorphose von der Raupe zum Schmetterling auch ein Beispiel für die *Identität des Verschiedenen.* Den umgekehrten Fall einer (numerischen) *Verschiedenheit des Identischen* realisiert das (spiegelsymmetrische) Pärchen Zwiddeldum und Zwiddeldei (engl. Tweedledum und Tweedledee).[124]

Humpty Dumptys „Lektüren"

Eine für Logiker und Literaten gleichermaßen bedeutsame Geschichte ist Alicens Begegnung mit Humpty Dumpty (in der deutschen Übersetzung heißt er „Goggelmoggel"). Humpty Dumpty verwirrt Alice dadurch, daß er die Worte nicht in ihrer gewöhnlichen Bedeutung verwendet und solches Verhalten auch noch durch einen voluntaristischen Konventionalismus begründet. Als Alice ihm dieses zu verstehen gibt, kommt es zu folgendem klassischen Dialog:

---

[121] Aufschlußreich ist die kommentierte Ausgabe: The Annotated Alice, hg. v. M. Gardner, Harmondsworth 1970. Im einzelnen vgl. G. Bornet, Lewis Carroll und die Metamorphosen der Philosophie; in: Philosophie in Literatur, hg. v. C. Schildknecht/D. Teichert, Frankfurt a. M. 1996, S. 134-152; ferner ergänzend den Sammelband zur Sekundärliteratur: Aspects of Alice, hg. v. R. Phillips, Harmondsworth 1971, insbesondere den Beitrag von R. W. Holmes, The Philosopher's ‚Alice in Wonderland', ebd., S. 199-216. Als Folie seines humorvoll-satirischen Plädoyers für die Philosophie der modernen Logik benutzt bereits P. E. B. Jourdain die Schriften Carrolls in: The Philosophy of Mr. B*rtr*nd R*ss*ll. With an Appendix of Leading Passages From Certain Other Works, London 1918. Die „leading passages" sind ausschließlich Carrolls literarischem Werk entnommen. Jourdain war der erste Übersetzer der Werke Freges ins Englische! Vgl. den von C. Thiel bearbeiteten Briefwechsel mit Frege in: G. Frege, Wissenschaftlicher Briefwechsel, hg. v. G. Gabriel/H. Hermes/F. Kambartel/C. Thiel/A. Veraart, Hamburg 1976, S. 110-133; ferner ebd., S. 275-301. Einen Überblick zu Carroll als Nonsens-Autor gibt W. Tigges, An Anatomy of Literary Nonsense, Amsterdam 1988, S. 150-165.

[122] Alice im Wunderland, übers. von C. Enzensberger, Frankfurt a. M. 1973, S. 22.

[123] Alice im Wunderland, S. 47.

[124] L. Carroll, Alice hinter den Spiegeln, übers. von C. Enzensberger, Frankfurt a. M. 1975, S. 63f. Der philosophische Hintergrund der Figuren Tweedledum und Tweedledee ist das Leibnizsche Problem der Identität des Ununterscheidbaren. Diese beiden konfrontieren Alice dann noch mit dem Traumargument in der Realitätsfrage.

‚When *I* use a word,' Humpty Dumpty said, in rather a scornful tone, ‚it means just what I choose it to mean – neither more nor less.'
‚The question is,' said Alice, ‚whether you *can* make words mean so many different things.'
‚The question is,' said Humpty Dumpty, ‚which is to be master – that's all.'

‚Wenn *ich* ein Wort gebrauche', sagte Goggelmoggel in recht hochmütigem Ton, ‚dann heißt es genau, was ich für richtig halte – nicht mehr und nicht weniger.'
‚Es fragt sich nur', sagte Alice, ‚ob man Wörter einfach etwas anderes heißen lassen kann.'
‚Es fragt sich nur', sagte Goggelmoggel, ‚wer der Stärkere ist, sonst nichts.'[125]

Humpty Dumpty stellt also auf seine Weise Nietzsches Macht-Frage. Nonsens-Poesie besteht hier darin, die Herrschaft über die Worte und damit über die Bedeutungen zu gewinnen, einmal die Ketten der Regeln abzuwerfen, an die wir im Alltag gebunden sind, wenn es darum geht, verstanden zu werden. Gezielt wird versucht, die Konventionen hinter sich zu lassen, die Herrschaftsverhältnisse umzukehren und mit den Herren des Alltags, den Wörtern, zu spielen. Seine Macht demonstriert Humpty Dumpty im weiteren Verlauf des Gesprächs dadurch, daß er auf Anfrage von Alice die erste Strophe des Nonsens-Gedichts „Jabberwocky" erläutert, durch dessen Lektüre Alice nach ihrem Eintritt in die Spiegel-Welt verwirrt worden war.[126] Tatsächlich wird der Unsinn des Gedichts nicht aufgelöst, sondern durch den Kommentar noch potenziert.[127] Insbesondere holt Humpty Dumpty aus einigen unsinnigen Wörtern scheinbar Sinn heraus, indem er ihnen unterstellt, daß sie als Schachtelwörter gebildet sind.[128] Dieses Verfahren macht ihn zum Künder einer folgenreichen Form der Nonsens-Poesie, unfreiwillig sozusagen, weil er sich selbst als allwissender Interpret aufspielt („I can explain all the poems").

In der Figur Humpty Dumpty werden von Lewis Carroll die Übertreibungen der Philologie parodiert, die in die Wörter eine verborgene Beziehung hineinliest und so gewaltsam eine „Sinngebung des Sinnlosen"[129] versucht. Die Bildung von Schachtelwörtern findet als poetisches Verfahren reiche Anwendung in der Literatur der Folgezeit, insbesondere – mit direktem Bezug auf Carroll bzw.

---

125 The Annotated Alice, S. 269, dt. Alice hinter den Spiegeln, S. 88.

126 Text und Kommentar des Gedichts in: The Annotated Alice, S. 191-197.

127 Vgl. K. Reichert, Lewis Carroll. Studien zum literarischen Unsinn, München 1974, S. 122. Nach Reichert ist der „Jabberwocky" nicht nur das berühmteste Nonsens-Gedicht, sondern eines der berühmtesten Gedichte der englischen Sprache überhaupt (S. 119).

128 Schachtelwörter sind Wörter, die aus zwei (oder mehreren) Wörtern zusammengezogen sind. Deren eigene Thematisierung geht auf Carroll zurück, der sie „portmanteau words" nennt. Vgl. The Annotated Alice, S. 271, wo Humpty Dumpty die Erläuterung gibt: „You see it's like a portmanteau – there are two meanings packed up into one word." Beispiele im Text sind „slithy" (aus „lithe" und „slimy"), „mimsy" (aus „flimsy" und „miserable") und „mome" (als Kurzform für „fro*m* h*ome*").

129 Diese treffende Formulierung, die ihrerseits einen Titel von Theodor Lessing aufgreift, findet sich bei K. Reichert, a. a. O., S. 120.

Humpty Dumpty – in J. Joyce' „Finnegans Wake".[130] Humpty Dumpty hat aber auch unter Logikern und Sprachphilosophen viele Freunde, die in ihm einen Vertreter des Nominalismus sehen.[131] Die eigentliche Pointe seiner Sprachauffassung ist damit allerdings nicht erfaßt; denn Humpty Dumptys Willkürlichkeitsthese erstreckt sich ja nicht einfach auf das Verhältnis der Wörter zu den Sachen, sondern auf die Wortbildung, die er zur Grundlage seiner pseudo-semantischen Deutung macht.[132]

Wort-Spiele

In Umkehrung des Verfahrens von Humpty Dumpty kann eine morphematische Neustrukturierung aus Sinn auch Unsinn machen. In einem „wissenschaftlichen Vortrag über den Nutzen und Schaden der Haustiere" führt K. Valentin ausgerechnet eine Parodie des klassifizierenden Denkens mit Mitteln eines assoziativ analogisierenden Denkens vor. Gemäß der Bestimmung von Haustieren, daß diese „am Haus oder im Haus" leben, gehören auch die Läuse dazu. Nach der Nennung von „Lausbuben", „Gewandläusen", „Blattläusen" und schließlich „Filzläusen", „die sich aber nur in Bierfilzln und Filzschuhen aufhalten", schließt Valentin seine Klassifikation wie folgt ab:

> Eine Laus tritt nur einen Tag auf, ist von den Kindern gefürchtet und heißt Nikolaus. – Auch die Bühnenkünstler, Sänger, Schauspieler und Komiker haben die Läuse gern, jedoch nicht Kopfläuse, sondern Appläuse.[133]

---

130 J. Joyce, Finnegans Wake, 3. Aufl. London/Northhampton 1964. Die zahlreichen Bezüge auf den „Jabberwocky" und andere Texte von Carroll nehmen bereits auf der ersten Seite mit einer Anspielung auf Humpty Dumptys „Fall" ihren Anfang.

131 The Annotated Alice, S. 268ff., Anm. 6. Der Kommentator M. Gardner verweist darauf, daß L. Carroll selbst Nominalist gewesen sei. Gerade dieser Umstand spricht aber dagegen, in Humpty Dumpty einen Nominalisten zu sehen, es sei denn, man unterstellt, Carroll habe sich selbst parodieren wollen. Diese Auffassung scheint mir deshalb ausgeschlossen zu sein, weil Humpty Dumpty im Text *ernsthaft* Interpretationen vertritt, die Carroll zuvor (in der Erstveröffentlichung der ersten Strophe des „Jabberwocky") als Parodie eines philologischen Glossars präsentiert hatte. Zum Zusammenhang cf. ebd., S. 191, Anm. 11.

132 Nicht willkürlich erfunden, sondern systematisch konstruiert sind die Schachtelwörter, die N. Goodman, ein im doppelten Sinne des Wortes „wirklicher" Nominalist (und Carroll-Freund), im Rahmen seiner Formulierung eines „neuen Rätsels der Induktion" verwendet. Das bekannteste, in der Analytischen Philosophie bereits „klassische" Beispiel ist die Wortbildung „grue" aus „green" und „blue". Im Deutschen ist die entsprechende Zusammenziehung von „grün" und „blau" zu „grau" nicht möglich, weil diese einen unerwünschten Eigen-Sinn ergibt. Daher wird hier „grot" aus „grün" und „rot" gebildet. Vgl. N. Goodman, Fact, Fiction, and Forecast, 2. Aufl. Indianapolis 1965, S. 74, dt. Tatsache, Fiktion, Voraussage, Frankfurt a. M. 1975, S. 98.

133 K. Valentin, Der Naturprofessor; in: ders., Mögen hätt ich schon wollen, aber dürfen hab ich mich nicht getraut!, hg. v. H. Bachmaier, München/Zürich 1990, S. 26. Den Hinweis auf dieses Textbeispiel verdanke ich H. Bachmaier.

Ein solches Spiel mit Worten zum eigenen Thema macht R. Gernhardt in einem seiner Gedichten über den „Dichter Dorlamm". Hier sind wir endgültig am anderen Ende des analogischen Denkens angelangt, dem bloß assoziativen Wortspiel:

Dorlamm meint

Dichter Dorlamm läßt nur äußerst selten
andre Meinungen als seine gelten.

Meinung, sagt er, kommt nun mal von mein,
deine Meinung kann nicht meine sein.

Meine Meinung – ja, das läßt sich hören!
Deine Deinung könnte da nur stören.

Und ihr andern schweigt! Du meine Güte!
Eure Eurung steckt euch an die Hüte!

Laßt uns schweigen, Freunde! Senkt das Banner!
Dorlamm irrt. Doch formulieren kann er.[134]

Es wird der bloß klanglichen Analogie zwischen „mein" und „Meinung" eine Bedeutung unterstellt (so als wäre die Bedeutung von „mein" ein Teil der Bedeutung von „Meinung"). Diese Analogie wird dann fortgeschrieben als „dein" und „Deinung" usw., und die ganze „Etymogelei" (selbst ein Schachtelwort, das aus „Etymologie" und „Mogelei" gebildet ist) dient der Begründung des kategorialen Unsinns, daß Meinungen aus semantischen Gründen privater Natur seien. Die selbstbezügliche letzte Zeile „Dorlamm irrt. Doch formulieren kann er" weist das eigene Verfahren in die angemessenen Schranken.

Schachtelwörterbildung kommt auch, jedenfalls beim zweiten Hinsehen, in dem folgenden der „Galgenlieder" Morgensterns zur Anwendung:

Anto-Logie

Im Anfang lebte, wie bekannt,
als größter Säuger der Gig-ant.

Wobei gig eine Zahl ist, die
es nicht mehr gibt, – so groß war sie!

Doch jene Größe schwand wie Rauch.
Zeit gab's genug – und Zahlen auch.

---

134 R. Gernhardt, Wörtersee, Frankfurt a. M. 1981, Nachdruck Zürich 1989, S. 183. Vgl. ergänzend H. Rowohlt, Pooh's Corner. Meinungen und Deinungen eines Bären von geringem Verstand, Zürich 1993. Die Bild-Zeitung hält dagegen und textet auf Plakaten (Januar 1994) „BILD Dir Deine Meinung". Aus eigenen Studienzeiten sei noch die Wortbildung „APO-Theke" als Bezeichnung für Stammkneipen der sogenannten Außerparlamentarischen Opposition beigesteuert. Ironisch assoziiert ist hier der Anspruch, eine Medizin zur Heilung der Gesellschaft am Biertisch zu entwickeln.

Bis eines Tags, ein winzig Ding,
der Zwölef-ant das Reich empfing.

Wo blieb sein Reich? Wo blieb er selb? –
Sein Bein wird im Museum gelb.

Zwar gab die gütige Natur
den Elef-anten uns dafur.

Doch ach, der Pulverpavian,
der Mensch, voll Gier nach seinem Zahn,

erschießt ihn, statt ihm Zeit zu lassen,
zum Zehen-anten zu verblassen.

O „Klub zum Schutz der wilden Tiere“,
hilf, daß der Mensch nicht ruiniere

die Sprossen dieser Riesenleiter,
die stets noch weiter führt und weiter!

Wie dankbar wird der Ant dir sein,
läßt du ihn wachsen und gedeihn, –

bis er dereinst im Nebel hinten
als Nulel-ant wird stumm verschwinden.[135]

„Anto-Logie“ (ohne „h“) meint danach die Lehre vom „Ant“, eine Lehre, die eine unsinnige Variation auf die Silbe „ant“ mit verstohlenem Blick auf den Elef-ant darstellt, wobei das „Elef“ als „11“ und entsprechend alle anderen Vorsilben von „ant“ als Zahlwörter zu deuten sind. Möglich werden solche unsinnigen Wortspiele nur vor dem Hintergrund sinnvoller Sprache, vor dem sie als „Abweichungen“ durchschaubar sind. Ohne einen solchen Hintergrund wären sie ohne Witz. Ohne die Vorlage der bekannten Sprichwörter wären Kurt Schwitters' Variationen „Fliegen haben kurze Beine“ und „Ewig währt / am längsten“[136] bloße Trivialitäten, die erste eine empirische und die zweite eine „grammatische“. Der „Witz“ dieser Depotenzierung tagtäglich zitierter Spruchweisheiten besteht in dem Verfahren, daß wortspielerisch solche phonetisch ähnlichen Satzsubjekte („Fliegen“ für „Lügen“ und „ewig“ für „ehrlich“) substituiert werden, auf die die ursprünglich metaphorisch zu nehmenden Prädikate nun wörtlich zutreffen.

[135] C. Morgenstern, Werke und Briefe, Bd. 3, hg. v. M. Cureau, Stuttgart 1990, S. 81f.

[136] Kurt Schwitters, Das literarische Werk, hg. v. F. Lach, 5 Bde., Köln 1973-81, Bd. 1, S. 170 u. 171. Vgl. P. C. Lang, Literarischer Unsinn im späten 19. und 20. Jahrhundert, Frankfurt/Bern 1982, S. 120.

Analogisches Denken als literarisches Verfahren und literaturwissenschaftliche Methode

An Beispielen aus der Literatur hatten wir gesehen, wie das analogische Denken gegen das logische aufbegehrt und sich so zu seinem Recht verhilft. Die Frage bleibt, ob sich beide Denkweisen in Einklang mit einander bringen lassen. Unser Gewährsmann für ein Miteinander, Lewis Carroll, gilt als Repräsentant eines eher zwiespältigen Verhältnisses. Was er vom logischen Standpunkt aus parodiert, nutzt er doch selbst in poetischer Absicht. Aus historischen und psychologischen Gründen hat man hier kompensatorische Verdrängung am Werk gesehen und geradezu auf eine in den offiziellen Logiker Dodgson und den inoffiziellen Literaten Carroll „gespaltene" Persönlichkeit geschlossen, der als Unsinn tarne, was er sich nicht hat erlauben dürfen, als Sinn offen auszusprechen. Sogar die Thematik der Schachtelwörter wird dabei in Verbindung gebracht mit Freuds These, daß „bei unverständlichen Wortneubildungen an Zusammensetzungen aus Bestandteilen mit sexueller Bedeutung" gedacht werden dürfe.[137] Es ist hier nicht der Ort, sich auf die allgemeine These Freuds und deren Anwendung im besonderen „Fall" einzulassen. Mag es sein, wie es wolle. Unsere Frage ist, ob das Verhältnis von logischem und analogischem Denken komplementaristisch statt antagonistisch gesehen werden kann. „Keiner ist nur einer." Dieses zugestanden, kann die Idee einer Spaltung hier nur dann aufkommen, wenn man die Möglichkeit einer *Zusammengehörigkeit* des Verschiedenen übersieht. Dann verfällt man zwangsläufig auf Verdrängungs- oder Kompensationsmodelle, erst recht, wenn man sich bereits einseitig auf eine besonders ausgeprägte Form des analogischen Denkens festgelegt hat, wie es die Psychoanalyse nun einmal ist.

Der angesprochene Konflikt, wenn er denn überhaupt einer ist, läßt sich auch dadurch lösen, daß man sich auf die Seite des (tatsächlich oder vermeintlich) Verdrängten schlägt. Was bei Carroll als Parodie der Philologie in Form des Glossars gemeint ist, wird bei Joyce (in „Finnegans Wake") zum ernsthaften, geradezu angestrengten, literarischen Verfahren selbst. Diese Wendung zwingt die Philologen des Autors Joyce paradoxerweise, die Rolle Humpty Dumptys zu übernehmen, d. h. in *Kenntnis* des zugrundeliegenden Bildungsverfahrens dieses offenzulegen. Im Falle der zusammengezogenen Schachtelwörter bedeutet das, sie in umgekehrter Richtung wieder auseinanderzuziehen. Dabei ist dieser Prozeß natürlich nicht umkehrbar eindeutig. Eine *ein*fältige Schachtelung erlaubt auf seiten des Interpreten die unterschiedlichsten phone- und morphematischen Substitutionen und damit die *viel*fältigsten Interpretationen. Das freie Spiel der assoziativen Einbildungs-

[137] So aus S. Freuds „Die Traumdeutung" zitierend K. Reichert, a. a. O., 126. Warum man der Bildung von Schachtelwörtern eine unbewußte und dazu noch sexuelle Tiefenschicht meint unterstellen zu dürfen, vermag ich nicht zu sehen. Zur psychologischen Deutung der Schachtelwörter vgl. ferner ebd., S. 183ff.

kraft der Interpreten, zumindest der Leser, ist hier nicht nur legitim, sondern vom Autor sogar intendiert. Die „polysemantische Gleichzeitigkeit“ der Interpretationen erfüllt die Intention des Autors von „Finnegans Wake“ deshalb, weil in diesem Buch „alles“ aufgehoben sein soll.[138] Der Text stellt sich damit als Versuch dar, der logischen Wahrheit des „omnis determinatio est negatio“ die literarische Gestaltung einer offenen Synopsis entgegenzusetzen. Der Schein einer Gegenwärtigkeit von „allem“ wird dadurch erzeugt, daß es dem Leser erlaubt bleibt, ideenfluchtartig alles Mögliche, fast Beliebiges, zu durchlaufen. Der Text enthält insofern alles *und* nichts, nämlich nichts Bestimmtes.[139]

Wie steht es nun mit der Ausweitung des analogischen Denkens in der Weise, daß das beschriebene Verfahren auf Texte übertragen wird, die gar nicht nach demselben Muster „gestrickt“ sind? Dabei wird dann etwa das bewußte (intentionale) Verfahren eines modernen Autors einem älteren Autor als unbewußtes Verfahren unterstellt. Die von Humpty Dumpty praktizierte freie Assoziation bliebe dann keine Parodie der Philologie, wäre aber auch kein innerliterarisches Verfahren, sondern würde zur tatsächlichen Methode der Interpretation avancieren. In Abwandlung des bekannten Diktums von Karl Kraus über die Psychoanalyse möchte man sagen: Diese Methode ist selbst der Irr-Sinn, den sie zu entdecken vermeint. Unfreiwillig scheint mir daher die Komik einer „Lektüre“ zu sein, die das analogische Denken etwa dazu mißbraucht, das werkerzeugende Schreibinstrument (englisch) „pen“ als Sublimierung des realerzeugenden „penis“ des (französischsprachigen) Autors Montaigne zu begreifen, „pen“ also geradezu als „Verkürzung“ von „penis“ zu lesen. Als Wortspiel von *Pen*nälern mag dies durchgehen, nicht aber als ernst gemeinte Interpretation.[140]

Zwischenergebnis

Unangemessene Übertreibungen sollten uns nicht dazu verleiten, das analogische Denken in umgekehrter Richtung auf den innerliterarischen Bereich einzuschränken.[141] Die Grenzen sind durchlässig, allerdings im Sinne eines kontinuierlichen

---

138 Vgl. K. Reichert, a. a. O., S. 120.

139 Als klassisches Extrem in der deutschen Literatur, das auf eine solche analogische Lektüre angelegt ist, darf Arno Schmidts „Zettels Traum“ gelten. Schmidt sieht sich selbst in der Tradition von Carroll und Joyce. Seine Fans vom Dechiffrier-Syndikat des „Bargfelder Boten“ wird man dann so verstehen müssen, daß sie die Rolle Humpty Dumptys übernommen haben – unter Beschränkung auf die Interpretation Schmidtscher Texte. Vgl. in diesem Zusammenhang auch das „Bekenntnis“ („Ich und Schmidt-Bargfeld“) von H. Rowohlt, Pooh's Corner, S. 70ff.

140 Als entsprechendes Beispiel cf. G. van den Abbeele, Travel as Metaphor. From Montaigne to Rousseau, Minneapolis/Oxford 1992, S. 18f.

141 Wie fruchtbar die Methode der nuancierenden Differenzierung in Literaturwissenschaft und Literaturtheorie (Gattungstheorie, Theorie der ästhetischen Urteile, usw.) zur Anwendung kommen kann, zeigen die „differentialistischen“ Untersuchungen von W. Strube (Analytische Philosophie der Literaturwissenschaft. Untersuchungen zur literaturwissenschaftlichen Definition, Klassifikation, Inter-

Übergangs. Die Durchlässigkeit besagt also keineswegs, daß nun alles „eins" würde. Eine solche Auffassung wäre selbst ein Beispiel für verfehltes analogisches Denken nach dem Haufenschluß oder Sorites, der die Pole zusammenfallen läßt, weil die Zwischenstufen fließend sind.

Die angesprochene Durchlässigkeit wird an dem Verhältnis von Philosophie und Literatur deutlich, wie dies zwei der hier behandelten Autoren bezeugen: K. Schwitters mit seiner „Merzweltanschauung" und L. Wittgenstein mit seiner „Weltanschauung" der „übersichtlichen Darstellung". Wie sich Wittgenstein von seiten der Philosophie der Literatur nähert, indem er sich ihrer Formen bedient, so geht Schwitters den umgekehrten Weg.[142] Beide sind dem analogischen Denken verpflichtet, erkennen aber auch dessen Grenzen an. Wittgensteins ambivalente Einstellung zum Denken in Vergleichen, Metaphern und Gleichnissen haben wir bereits kennengelernt.[143] Schwitters hebt die Bedeutung „ähnlicher Dinge" mit der Begründung hervor, daß das Gleichnis „neben der Erfahrung der beste Lehrmeister der Menschen" sei.[144] Seine analogistische Botschaft lautet: „Wir alle gleichen in gewissem Sinne allem." Er fügt aber ironisch hinzu, daß alle Vergleiche „hinken".[145] Und obwohl Schwitters die „Gegensätze ausgleichen"[146] will, ist für seine Merzkunst charakteristisch, daß gerade nicht von einer *bestehenden*, ontologisch fundierten analogischen Seinsordnung ausgegangen wird, sondern von der anarchischen Möglichkeit, alles mit allem in Beziehung *zu setzen*. Die Bezeichnung „Merz", die seinem Programm den Namen gegeben hat, verdankt sich selbst der Sinngebung einer sinnlosen Silbe eines ursprünglich sinnvollen Wortes, nämlich des Wortes „Kommerz". Demontage und Neumontage sind künstlerisches Programm und Verfahren einer möglichen Sichtweise. Eine *mögliche* Sichtweise ist aber nicht die *einzig* mögliche Sichtweise oder gar die Sache selbst. Sie bedarf der Ergänzung durch andere.

Haben wir in der Nonsens-Poesie, im Dadaismus und verwandten Formen ein „wildes", aber produktives analogisches Denken am Werk gesehen, so finden wir im Rätsel eine Erkenntnisform vor, die dieses anarchische Potential systematisch zu nutzen versteht und in geordneten „Lösungen" zu bändigen trachtet.

---

pretation und Textbewertung, Paderborn u. a. 1993) und A. Spree (Kritik der Interpretation. Analytische Untersuchungen zu interpretationskritischen Literaturtheorien, Paderborn u. a. 1995).

142 L. Wiesing, Stil statt Wahrheit. Kurt Schwitters und Ludwig Wittgenstein über ästhetische Lebensformen, München 1991, stellt als gemeinsames Anliegen von Schwitters und Wittgenstein heraus, „die Opposition von Kunst und Philosophie aufzulösen" (S. 10).

143 Vgl. ausführlich (im zweiten Kapitel) den Abschnitt: Familienähnlichkeit und „übersichtliche Darstellung".

144 Schwitters, Das literarische Werk, Bd. 5, S. 336.

145 Schwitters, a. a. O., Bd. 3, S. 137.

146 Schwitters, a. a. O., Bd. 5, S. 134.

Fünftes Kapitel

Das Rätsel als Erkenntnisform

Manches ist oder erscheint uns rätselhaft, gibt uns Rätsel auf – dem einen oder der anderen vielleicht sogar der Versuch, das Rätsel als Erkenntnisform vorzustellen. Dies möchte daran liegen, daß man bei Rätseln vornehmlich an die Rätselecken der Unterhaltungsbeilagen von Zeitschriften denkt.[147] Um von diesem Vorverständnis abzulenken, sei daran erinnert, daß Rätsel eine altehrwürdige Überlieferung haben. Für die Literaturwissenschaft stellen sie denn auch eine eigene, wenn auch sehr heterogene literarische Gattung innerhalb der sogenannten „einfachen Formen"[148] dar. Naturgemäß hat deren Erforschung einen starken volkskundlichen Bezug. Hier ist eine Übereinstimmung mit der Märchenforschung zu verzeichnen, die sich u. a. darin äußert, daß parallel zur Unterscheidung von Volks- und Kunstmärchen auch eine Unterscheidung von Volksrätseln und Kunsträtseln getroffen wurde.[149]

Die Perspektive der folgenden Überlegungen ist durch die Frage bestimmt, ob der literarischen Form (oder auch Gattung) des Rätsels eine Weise des Erkennens entspricht. Eine solche Frage liegt schon deshalb nahe, weil das Lösen (und auch das Erfinden) von Rätseln eine Erkenntnisleistung darstellt. Motiviert ist sie durch das Interesse an einer übergreifenden Theorie des Erkennens, in der auch solche Erkenntnisformen Berücksichtigung finden, die nicht auf propositionale Erkenntnis, also auf die Anerkennung von Aussagen als wahr oder falsch, zurückgeführt werden können. Die thematische Verbindung zu den vorausgegangenen Analysen zum analogischen Denken ergibt sich aus der semantischen Nähe der Rätsel zu den Metaphern, in die sie bereits von Aristoteles gerückt worden sind. Hieran wird im folgenden anzuknüpfen sein. Das Leitmotiv bleibt die Frage nach den Erkenntnis-

[147] Schon G. W. F. Hegel bedauert in seinen treffenden Ausführungen zum Rätsel, daß dieses „in der neueren Zeit [...] mehr zur Unterhaltung und zum bloß gesellschaftlichen Witz und Spaß heruntergesunken" sei (Ästhetik, hg. v. F. Bassenge, Frankfurt a. M. o. J., Bd. 1, S. 386). Zu den Gründen oder Ursachen dieses Niedergangs vgl. V. Schupp (Hg.), Deutsches Rätselbuch, Stuttgart 1972, S. 427ff.

[148] Nach A. Jolles, Einfache Formen. Legende, Sage, Mythe, Rätsel, Spruch, Kasus, Memorabile, Märchen, Witz, 2., unveränderte Aufl. Darmstadt 1958.

[149] Auf die literaturgeschichtliche Forschung wird im folgenden nicht im einzelnen eingegangen, es wird aber deren Material „benutzt". Vgl. vor allem die Ausgabe von V. Schupp, Deutsches Rätselbuch, die neben detaillierten bibliographischen Angaben zu den Quellen auch ein sehr aufschlußreiches „Nachwort" zur Rätseltradition (im deutschsprachigen Raum) enthält. Zur Problematik der Unterscheidung von Volks- und Kunsträtsel siehe ebd., S. 370ff. Allgemein vgl. J. B. Friedreich, Geschichte des Räthsels (1860). Fotomechanischer Nachdruck Wiesbaden 1969; ferner den zusammenfassenden Forschungsbericht von M. Hain, Rätsel, Stuttgart 1966.

formen im Spektrum zwischen Logik und Rhetorik. Die Ausführungen laufen wiederum darauf hinaus, die Gegensätze nicht zu nivellieren, auch nicht die logische Wissenschaft durch rhetorische Kunst zu kompensieren, sondern die eine durch die andere zu ergänzen, zu komplementieren. Vorgehen werde ich umgekehrt, *von* den Rätseln *zu* der allgemeineren Frage.

Philosophische Rätsel

Eine Untersuchung der Erkenntnisform des Rätsels hat für die Philosophie auch eine selbstbezügliche Bedeutung, die sich aus dem Umstand ergibt, daß auffällig viele philosophische Fragen und Probleme selbst als „Rätsel" daherkommen – in der englischsprachigen „analytischen" Literatur häufiger als in der „kontinentalen". Dies mag so sein, weil die englische Sprache hier „reicher" ist. Sie hat die Ausdrücke „riddle", „puzzle" und „enigma". Da ist vom „riddle of induction" die Rede, es gibt (mit Blick auf die bekannten Ausführungen von Augustinus) Titel wie „Time: A Treatment of some Puzzles".[150] Michael Dummett veröffentlicht seine bekanntesten Aufsätze unter dem Sammeltitel „Truth and other Enigmas" und Gilbert Ryle erklärt geradezu, daß es eher Sache des Philosophen sei, „Rätsel zu lösen (to solve puzzles)" als Wahrheiten zu entdecken.[151] „Puzzling" ist aber auch alles das, was uns „verwirrt", „verblüfft" oder – und damit ist der Anschluß an die Tradition hergestellt – *staunen* läßt, im Sinne eines besonnenen Innehaltens.[152]

Das Rätsel fungiert als Metapher für philosophische Probleme. Die Frage ist, ob es sich dabei um eine harmlose Übertragung handelt oder ob bestimmte Probleme in besonderer Weise den Charakter von Rätseln haben, ob sie *wie* Rätsel sind.[153]

---

150 J. N. Findlay in: Australasian Journal of Psychology and Philosophy (1941). Dt. Die Zeit. Zur Behandlung einer Gruppe von Rätseln; in: E. v. Savigny (Hg.), Philosophie und normale Sprache, Freiburg/München 1969, S. 63-84. Vgl. dort auch den Aufsatz von J. Wisdom, Philosophische Verblüffung, mit seiner Aufzählung einiger philosophischer Rätsel, S. 27.

151 Nach A. J. Ayer, Sprache, Wahrheit und Logik, Stuttgart 1970, S. 210, Anm. 31.

152 Vgl. L. Wittgenstein, Philosophische Untersuchungen, § 123: „Ein philosophisches Problem hat die Form: ‚Ich kenne mich nicht aus.' " Vgl. ders., Vortrag über Ethik und andere kleine Schriften, hg. v. J. Schulte, Frankfurt a. M. 1989, S. 47: „Das philosophische Problem heißt: ‚Was hat diese Sache an sich, das mir Rätsel aufgibt?' ".

153 Die Verwendung des Ausdrucks „Rätsel" muß hier nicht den Ausschlag geben. Es können Rätsel auch umgekehrt „Probleme" genannt werden, wie z. B. in dem Wittgenstein-Zitat in der vorigen Anmerkung. Vgl. ganz ähnlich (wenn auch biologistisch zugespitzt) E. Mach, Erkenntnis und Irrtum. Skizzen zur Psychologie der Forschung, 3. Aufl. Leipzig 1917, S. 251: „Wenn die Ergebnisse der psychischen Partialanpassungen in solchen Widerstreit geraten, daß das Denken nach verschiedenen Richtungen getrieben wird, wenn die Beunruhigung so weit sich steigert, daß mit Absicht und Bewußtsein ein leitender einheitlicher Faden durch dieses Wirrsal *gesucht* wird, so ist ein *Problem* entstanden." Das Problem wäre danach die auf Lösung zielende *artikulierte* Frage in einer Situation der „Beunruhigung".

Um dies entscheiden zu können, ist es notwendig, den Begriff des Rätsels oder, besser gesagt, die Verwendung des *Ausdrucks* „Rätsel" genauer ins Auge zu fassen – denn um einen einheitlichen Begriff handelt es sich nicht. Wittgenstein hätte vermutlich von „Familienähnlichkeit" gesprochen. Die ganze Familie möchte ich nicht vorstellen, aber wenigstens ein paar „passende" Mitglieder,[154] um dann zu prüfen, mit welcher Verwendung wir die philosophischen Probleme vergleichen wollen und können, zumal auch die *Wissenschaft* für sich in Anspruch nimmt, Rätsel zu lösen. Die Lösbarkeit ist aber nicht immer eingeschlossen. T. W. Adorno verneint sie geradezu, wenn er in offensichtlichem Anschluß an den enigmatischen Orakelspruch von dem „Rätselcharakter" der *Kunst* spricht:

> Alle Kunstwerke, und Kunst insgesamt, sind Rätsel; das hat von altersher die Theorie der Kunst irritiert. Daß Kunstwerke etwas sagen und mit dem gleichen Atemzug es verbergen, nennt den Rätselcharakter unterm Aspekt der Sprache.[155]

Das von Adorno zu recht hervorgehobene Moment des Wechselspiels von Angebot und Entzug, der dauernde Aufschub des Verstehens im Sinne der „différance" J. Derridas dürfte sich freilich (harmloser) so beschreiben lassen, daß das Kunstwerk aus semantischen Gründen indirekt immer mehr meint als es direkt zu sagen scheint in dem, was der Leser auf den Begriff zu bringen vermag. Vielleicht dürfen wir sogar Heraklits Deutung der Delphischen Orakelsprüche in diesem Sinne verstehen: „Der Herr, dessen das Orakel zu Delphi ist, spricht nicht aus und verbirgt nicht, sondern gibt ein Zeichen (be-deutet)."[156] Das heißt, der Orakelspruch wird als eine indirekte Form der Mitteilung verstanden. Die Tatsache, daß nichts propositional *gesagt* wird, ist Heraklit nicht Anlaß für die Annahme, daß etwas *verschwiegen* wird. Die Dunkelheit, der Rätselcharakter, ergibt sich hier nicht aus einer gezielten Verrätselung seitens des „Autors", sondern beruht auf einer Richtungsänderung des Bedeutens mit dem Ergebnis einer Offenheit als semantischer Unterbestimmtheit.[157]

Rätsel umfassen das ganze Spektrum von unergründlichen „Geheimnissen" bis zu „Denksportaufgaben", innerhalb dessen die Philosophie – zwischen Wissenschaft und Kunst stehend – ihre Fragen zu plazieren hätte. Während sich die „kontinentale", vor allem die deutschsprachige Philosophie dem Vorwurf ausgesetzt sieht, die Tradition des Geheimnisses zu pflegen, wird umgekehrt der englischsprachigen „analytischen" Philosophie häufig vorgeworfen, sich nur noch mit

---

[154] Aus naheliegenden Gründen kommen hier sogenannte „Worträtsel" zur Sprache, in denen es darum geht, zu vorgegebenen Beschreibungen die zugehörige Bezeichnung zu erraten, häufig ein Wort mit unterschiedlichen Bedeutungen (Homonyme). Vgl. im einzelnen die Übersicht bei Friedreich, Geschichte des Räthsels, § 2.

[155] T. W. Adorno, Ästhetische Theorie, Gesammelte Schriften, Bd. 7, Frankfurt a. M. 1970, S. 182. Ausgeführt wird dieser Gedanke S. 183-193.

[156] Heraklit, Fragmente, gr.-dt., hg. v. B. Snell, 8. Aufl. München/Zürich 1983, S. 31, Fragment B 93.

[157] So auch die Deutung Hegels, Ästhetik, S. 441f.

„puzzles“ die Zeit zu vertreiben. Bertrand Russell hat die Philosophie der „normalen Sprache“ seiner Landsleute gar als Unterhaltungsprogramm für den Nachmittagstee abgetan.[158] Dabei möchte er an die „Mad Tea-Party“ in Lewis Carrolls „Alice in Wonderland“ gedacht haben, während der Alice das folgende Nonsensrätsel gestellt wird: „Why is a raven like a writing-desk?“.[159]

Nun ist es ein Unterschied, ob ein Rätsel von *jemandem* gestellt wird oder ob es *sich* stellt. Ein Rätsel aufzugeben, kommt dem Versprechen gleich, daß es auch eine Lösung hat. Wenn Alice vom Hutmacher (als dem Fragesteller) erfährt, daß er „keine Ahnung“ habe, wie es zu lösen sei, und daher verärgert bekundet: „Ich finde, ihr könntet etwas Besseres mit eurer Zeit tun, als sie auf Rätsel ohne Lösung zu verschwenden“[160], so macht sie auf einen Regelverstoß im Sprachspiel Rätsel raten aufmerksam.[161] Von dieser Art sind philosophische Rätsel sicher nicht. Sie gehören zu denjenigen Rätseln, die *sich* stellen, und daher *versprechen* sie auch keine Lösungen. Bedeutet dies aber bereits, daß sie wie unergründliche Geheimnisse sind?

Wissenschaft als Rätsellösen

Beginnen wir zunächst mit den Rätseln der *Wissenschaft*. Diese definiert T. S. Kuhn – mit Blick auf die Naturwissenschaften – ausdrücklich durch ihre (erwartbare) Lösbarkeit: „Innerer Wert zwar ist kein Kriterium für ein Rätsel, wohl aber das sichere Vorhandensein einer Lösung.“[162] Gemeint sind hier also nicht „Welträtsel“, sondern „puzzles“, d. h. Schachaufgaben, Kreuzworträtsel und „Geduldsspiele“, wie z. B. das Legen von vorgestanzten Teilen eines Bildes zu einem Ganzen. (In diesem Verständnis ist „Puzzle“ denn auch ins Deutsche als Fremdwort eingegangen.) Kuhn spricht von einer „Analogie zwischen Rätseln und den Problemen der normalen Wissenschaft“ und benutzt den Begriff des Rätsellösens als Metapher für die *Tätigkeit* des Wissenschaftlers. Er tut dies nicht nur, sondern er sagt auch, daß er eine Metapher verwendet, wenn er „die normale Wissenschaft in Beziehung zum Rätsellösen setzt“.[163] Betont werden soll damit der Weg und nicht das Ergebnis, das meistens schon vorher feststehe. Es geht nach Kuhn also nicht darum, ganz neue Entdeckungen zu machen, sondern neue Wege (im Rahmen einer die Lösungsmöglichkeiten einschränkenden Regellandschaft) zu finden.

---

[158] B. Russell, My Philosophical Development, London 1959, S. 217.

[159] The Annotated Alice, hg. v. M. Gardner, Harmondsworth 1970, S. 95.

[160] Lewis Carroll, Alice im Wunderland, übers. C. Enzensberger, Frankfurt a. M. 1973, S. 73.

[161] L. Wittgenstein führt (Philosophische Untersuchungen, § 23) „Rätsel raten“ als eigenes Sprachspiel auf.

[162] T. S. Kuhn, Die Struktur wissenschaftlicher Revolutionen, Frankfurt a. M. 1973, S. 60. Vgl. dort insgesamt Kap. IV und dazu P. Hoyningen-Huene, Die Wissenschaftsphilosophie Thomas S. Kuhns, Braunschweig 1989, Kap. 5.2.

[163] Kuhn, a. a. O., S. 62, 66f.

So wie es beim Legen eines Puzzles auch nicht darauf ankommt, ein neues Gemälde zu erstellen, sondern die Reproduktion des vorgegebenen aus den Einzelteilen *passend* zusammenzubringen. Der erfolgreiche Wissenschaftler ist für Kuhn ein „Experte im Rätsellösen".[164] Im Gegensatz zu K. Popper, der den Wissenschaftler als „Problemlöser" sieht, der *Theorien* testet, meint Kuhn, daß der Wissenschaftler selbst getestet wird:

> Ich benutze das Wort ‚Rätsel', um hervorzuheben, daß die Schwierigkeiten, mit denen auch die besten Wissenschaftler *gewöhnlich* konfrontiert werden, wie Kreuzworträtsel oder wie Schachaufgaben sind; sie stellen nur seine Begabung auf die Probe. *Er* gerät in irgendeine Schwierigkeit und nicht die gültige Theorie.[165]

Unabhängig von der Frage, ob dieses Bild der Lösung wissenschaftlicher Probleme angemessen ist, den Umgang mit philosophischen Rätseln trifft es jedenfalls nicht. Kuhns Beschreibung gilt ja auch ausdrücklich für die „normale Wissenschaft" als Tätigkeit, die sich in einem vorgegebenen kategorialen Rahmen bewegt. Philosophische Fragen betreffen dagegen diesen Rahmen selbst und treten daher in den Wissenschaften vornehmlich in revolutionären Phasen auf den Plan.

„Welträtsel" und philosophische Rätsel

Eine klassische Mischung (oder Vermischung) von wissenschaftlichen und philosophischen Fragen findet sich in Ernst Haeckels Behandlung der sogenannten „Welträtsel", die ihrerseits Bezug nimmt auf den Vortrag „Die sieben Welträtsel" (1880) des Naturforschers E. du Bois-Reymond.[166] Dieser unterscheidet die folgenden Themen:

1. das Wesen von Materie und Kraft,
2. der Ursprung der Bewegung,
3. das Entstehen der Empfindung,
4. die Willensfreiheit,
5. der Ursprung des Lebens,
6. die Zweckmäßigkeit der Lebewesen,
7. die Entstehung des vernünftigen Denkens und der Sprache.[167]

---

164 Das intellektuelle Vermögen des erfolgreichen Wissenschaftlers bestimmt Kuhn als „ingenuity", d. h. als „Einfallsreichtum" oder „Phantasie". Warum die deutsche Übersetzung „Scharfsinn" (Kuhn, a. a. O., S. 59ff.) aus begriffsgeschichtlichen Gründen ungeeignet ist, wird sich später erweisen.

165 T. S. Kuhn, Logik der Forschung oder Psychologie der wissenschaftlichen Arbeit?; in: I. Lakatos/A. Musgrave (Hg.), Kritik und Erkenntnisfortschritt, Braunschweig 1974, S. 1-24, hier S. 5, Anm. 7.

166 E. du Bois-Reymond, Über die Grenzen des Naturerkennens. Die Sieben Welträtsel. Zwei Vorträge, Leipzig 1916, S. 67-120.

167 So zusammengefaßt im Philosophischen Wörterbuch des Haeckel-Schülers Heinrich Schmidt, 9. Aufl. Leipzig 1934, S. 723. Vgl. die Darstellung in E. Haeckel, Die Welträthsel, 7. Aufl. Bonn 1901, S. 17-19. Du Bois-Reymond selbst hat (Die Sieben Welträtsel, S. 83ff. u. 91) eine andere Reihenfolge (1, 2, 5, 6, 3, 7, 4).

Du Bois-Reymond hält die Welträtsel (1)-(3) für (im Kantischen Sinne) transzendent und daher für unlösbar. So ist sein bekannt gewordenes Bekenntnis „Ignorabimus" gemeint. Es ist daher als ein Ignorabimus aus *kategorialen* Gründen zu verstehen und nicht so, als handele es sich bei den Welträtseln um Geheimnisse, die von anderen gewußt werden, uns aber verborgen bleiben. Im Fall von (4), dem Rätsel der Willensfreiheit, ist er unentschieden. Die Welträtsel (5)-(7) sieht er dagegen als – wenn auch schwer – lösbar an. Haeckel ist da weniger skeptisch. Bedenken hat er nur bei dem Rätsel der Willensfreiheit, das er dafür aber auch als ein auf Täuschung beruhendes Dogma zu eliminieren sucht.

Rätsel dieser Art werden nicht von jemandem oder einer wissenschaftlichen Gemeinschaft gestellt, sondern sie stellen sich von selber ein. Anders gesagt: Diese Rätsel hat sich niemand ausgedacht, sie drängen sich auf. Sie entstehen, wie Kant es ausgedrückt hat, aus der „Naturanlage" des Menschen zur Metaphysik und sind daher für die Vernunft „unabweisbare" Fragen. Am entschiedensten hat Wittgenstein den Unterschied von Philosophie und Naturwissenschaft hervorgehoben[168] und damit auch der Vermischung beider widersprochen, wobei er die Lösung philosophischer Rätsel gerade nicht in bestimmten Antworten gegeben sieht.

> Zu einer Antwort, die man nicht aussprechen kann, kann man auch die Frage nicht aussprechen.
> *Das Rätsel* gibt es nicht.
> Wenn sich eine Frage überhaupt stellen läßt, so *kann* sie auch beantwortet werden.[169]

Philosophische Fragen werden aus logischen Gründen als unsinnig eingestuft, ohne daß die Metaphysik aber im Sinne der „Wissenschaftlichen Weltauffassung" R. Carnaps und O. Neuraths einfach „abgeräumt" würde. Aufschlußreich ist Wittgensteins Behandlung der Frage, ob es ein ewiges Leben gibt. Hier haben wir es mit einem der klassischen Themen der Metaphysik zu tun, deren Bereich noch Kant durch die drei Fragen nach Freiheit, Gott und Unsterblichkeit bestimmt sein läßt.

> Die zeitliche Unsterblichkeit der Seele des Menschen, das heißt also ihr ewiges Fortleben auch nach dem Tode, ist nicht nur auf keine Weise verbürgt, sondern vor allem leistet diese Annahme gar nicht das, was man immer mit ihr erreichen wollte. Wird denn dadurch ein Rätsel gelöst, daß ich ewig fortlebe? Ist denn dieses ewige Leben dann nicht ebenso rätselhaft wie das gegenwärtige? Die Lösung des Rätsels des Lebens in Raum und Zeit liegt *außerhalb* von Raum und Zeit.[170]

Wittgenstein geht so vor, daß er die Rede von „Ewigkeit" *kategorial* anders versteht, nämlich nicht als Negation des Begriffs der Endlichkeit im Sinne einer fort-

---

[168] L. Wittgenstein, Tractatus 4.111ff. u. 6.4312: „Nicht Probleme der Naturwissenschaft sind ja zu lösen."

[169] Tractatus 6.5.

[170] Tractatus 6.4312.

währenden Dauer in der Zeit (und im Raum), sondern als Aufhebung der Zeitlichkeit. Dies besagt für das ewige Leben, daß es sich nicht sinnvoll in der Anschauungsform der Zeit vorstellen läßt. Jedenfalls kann es nicht ewiges Sein *in* der Zeit bedeuten, sondern – allenfalls – *Un*zeitlichkeit (im Sinne eines Lebens in der Gegenwart)[171] oder aber *Außer*zeitlichkeit. Die Lösung besteht nicht darin, eine positive Antwort zu geben, sondern bei der Frage selbst anzusetzen. Philosophische Rätsel werden danach also nicht direkt *ge*löst, sondern durch eine Verschiebung der Frage *auf*gelöst. Solche Lösungen werden in kategorialen Witzen „auf den Punkt" gebracht, wie im vorliegenden Fall vielleicht auch ironisch abwehrend in K. Schwitters „Ewig währt am längsten", wenn man diesen Satz nicht nur vor dem Hintergrund der „witzigen" Substitution „ehrlich/ewig" liest.

Die literarische Tradition des Rätsels

Auch literarische Rätsel kommen häufig durch eine systematische Irreführung in den Fragestellungen zustande. Als Rätsel, die gestellt werden, sind sie aber auf Lösungen angelegt. Diese mögen subjektiv schwierig sein, sind aber in der Sache keine offenen Angelegenheiten. Auch methodisch gesehen ist Rätsel raten nicht ein sozusagen „bloßes" Raten, ein glückliches Treffen etwa einer Zahlenkombination. „Raten" (von ahd. irratan) bedeutet seit dem 9. Jahrhundert die ganze Palette der Verben von „erraten" über „vermuten" bis zu „erschließen" und „begreifen".[172] Dieser Umstand läßt uns vermuten, daß es bei den Rätseln durchaus rational zugeht. Was aber ist diese Rätsel-Rationalität?

Da uns die Rätsel in der Frage eine mögliche Antwort versprechen, sind sie keine „echten" Fragen. Der Fragende fragt nämlich den Gefragten nicht etwas, was er selbst nicht weiß, aber wissen will, sondern er fragt den anderen, ob dieser weiß oder zu wissen in der Lage ist, was er – der Fragende – schon weiß. Solche Fragen kommen in Rätsel-Geschichten auch als Prüfungsfragen daher. Nicht die richtige Antwort geben zu können, hat nun Konsequenzen, die sogar tödlich sein können. Indem man sich auf ein Rätsel einläßt, geht man ein Risiko ein. Nicht selten wird unter Einsatz des Lebens gewettet, das gestellte Rätsel lösen zu können, bzw. umgekehrt, ein Rätsel stellen zu können, das der andere nicht zu lösen vermag.[173] Oder man erhält eine letzte Chance, seinen Hals durch die Lösung eines Rätsels zu retten.

---

[171] Tractatus 6.4311: „Wenn man unter Ewigkeit nicht unendliche Zeitdauer, sondern Unzeitlichkeit versteht, dann lebt der ewig, der in der Gegenwart lebt."

[172] Vgl. Etymologisches Wörterbuch des Deutschen, hg. v. Wolfgang Pfeifer, Berlin 1989, Bd. 3, S. 1376.

[173] So noch thematisiert in F. Schillers Bearbeitung des Turandot-Stoffes: Turandot, Prinzessin von China. Ein tragikomisches Märchen nach Gozzi. Schillers Werke (Nationalausgabe), hg. v. J. Petersen/G. Fricke, Weimar 1943ff., Bd. 14/2. Vgl. den Abdruck der für die Aufführungen erfundenen Rätsel ebd., Bd. 2/1, S. 153-156.

Situationen dieser Art sind es wohl, aus denen die Rätseltradition ursprünglich stammt, die ihrerseits auf die Orakeltradition zurückgeht, wenn das Orakel „in Rätseln" spricht. Hier geht es bereits um konkrete Fragen, von deren Beantwortung man sich zwar nicht die Lösung der Welträtsel, aber doch die Lösung individueller Rätsel, nämlich der Lebensprobleme versprach. Und auch die Umkehrung finden wir, daß nicht das Unvermögen, das Rätsel lösen zu können, sondern die „Fixierung" darauf, eine Lösung finden zu wollen, in die Katastrophe „der Wahrheit" führt. So in der Tragödie „König Ödipus" von Sophokles, die auf eine Selbstentlarvung desjenigen hinausläuft, der mit aller Konsequenz nach der Lösung seines Lebensrätsels sucht. Dabei steht Ödipus' Blindheit im eigenen Fall in eigentümlichem Gegensatz zu seiner vorausgegangenen intellektuellen Leistung bei der Lösung des Rätsels der Sphinx von Theben.

Den Orakelsprüchen verwandt sind die Weissagungen oder Prophetien des Alten Testaments. Was Sache ist, wird erst offenbar, wenn es eingetreten ist. Wir haben es mit *Ereignissen* zu tun, die rückwärts als Erfüllung der Vorhersage gedeutet werden. Die Vorhersage selbst erhält also erst *post factum* ihren Sinn; vielleicht auch erst dadurch, daß man sich unter den Zwang einer Vorhersage begibt und dadurch unbewußt deren Erfüllung bewirkt. So liegt denn hier auch nicht die ausdrückliche Form der klassischen Rätselfrage vor, bei der die Antwort in der Frage schon irgendwie enthalten ist. Dieses „Irgendwie" zu bestimmen, ist die erkenntnistheoretische Aufgabe, die wir uns gestellt haben.

Analyse einiger Rätselbeispiele

Das Rätsel ist geradezu eine anthropologisch konstante Literaturform, die in fast allen Völkern vorkommt. Beispiele finden wir denn auch in Mythen, Sagen, Märchen und bereits im Alten Testament überliefert. Dort lesen wir, daß die Königin von Saba kam, „um Salomo mit Rätselfragen zu prüfen". Und die Tatsache, daß diesem „nichts verborgen" war, „was er ihr nicht hätte sagen können", wird geradezu als Beweis seiner Weisheit angeführt.[174] Im Buch der Richter (Kap. 14) findet sich das so genannte Simson-Rätsel. Simson hatte einen jungen Löwen getötet. Als er Tage später dieselbe Stelle passierte, um nach dem Aas des Löwen zu sehen, hatte sich ein Bienenschwarm in dem Kadaver des Löwen eingenistet, so daß Simson von dem Honig essen konnte. Diese Begebenheit nimmt er nun zum Anlaß, das folgende Rätsel zu stellen: „Speise ging aus vom Fresser und Süßigkeit vom Starken."[175]

[174] AT, 1. Könige, Kap. 10, Vers 1-3. Die Rätsel sind nicht überliefert. Die spätere jüdische Literatur gibt aber Substitute. Vgl. Hain, Rätsel, S. 43.

[175] Dieses Rätsel, der ausgemachte Preis fürs Erraten bzw. fürs Nicht-Erraten, das Verraten der Auflösung durch die Braut Simsons an ihre Landsleute usw. ist Anlaß zu Totschlag, Rache und sogenanntem „Befreiungskrieg" gegen die Philister, wie in den Kap. 15-17 nachzulesen ist. Dies ist nicht

Wie steht es mit der Erkenntnis-Struktur dieses Rätsels? Auf rein semantischem Wege ist es nicht lösbar. Die Frage „enthält" die Lösung nicht. Es ist eher ein „pragmatisches" Rätsel, insofern es eine Begebenheit vorzustellen gilt, in der der Fresser zum Speisespender und der Starke (Mächtige) zum Mildtätigen wird. Hierbei ist in Rechnung zu setzen, daß die „Süßigkeit" des Honigs im AT eine Metapher für Wohlergehen ist.[176] In der beschriebenen Situation kommt es zu einem Zusammenfallen von *Gegensätzen*, einer *coincidentia oppositorum*. Daß es sich bei diesen Gegensätzen um spezifisch innerweltlich-anthropologische handelt, hat gewiß symbolische Kraft. Diesen Aspekt des Zusammenfallens der Gegensätze wollen wir im Sinn behalten. Auf ihn ist zurückzukommen, wenn wir statt des realen Zusammenfallens der Gegensätze wenigstens ein semantisches Zusammenfallen im übertragenen Sinne der Worte betrachten.

Nicht mit historischen Begebenheiten, wie historisch sie immer gewesen sein mögen, aber doch mit erzählten Begebenheiten haben wir es in den Märchen der Brüder Grimm zu tun.[177] In einigen spielen Rätsel eine zentrale Rolle. Das Rätsel erscheint geradezu als Symbol des Lebens selbst, indem die Lösung des Lebensproblems der Protagonisten mit der Auflösung eines Rätsels verknüpft ist.

Betrachten wir etwa das ziemlich rätselhafte Märchen vom „Rumpelstilzchen", in dem von der Lösung eines Rätsels Glück oder Verderben abhängen. Erinnern wir uns: Die schöne Tochter eines armen Müllers hatte dem König Stroh zu Gold gesponnen, allerdings mit Hilfe eines Männchens, dem sie schließlich – beim dritten Mal – für den Fall, daß sie Königin wird, ihr erstes Kind verspricht. Aus diesem Handel kommt sie schließlich nur heraus, wenn sie (in drei Tagen) den Namen des Männchens errät. Nachdem die Königin an zwei Tagen vergeblich alle Namen angeführt hatte, die ihr eingefallen waren (ein deutscher Standesbeamter würde die meisten gar nicht als Namen zulassen), berichtet ihr ein Bote schließlich von einem Männchen, das um ein Feuer tanzend schrie:

> Heut back ich, morgen brau ich,
> Übermorgen hol' ich der Königin ihr Kind;
> Ach, wie gut ist, daß niemand weiß,
> daß ich Rumpelstilzchen heiß!

---

unser Thema, macht aber den Stellenwert deutlich, der Rätseln ganz selbstverständlich eingeräumt werden konnte. Zur heilsgeschichtlichen Deutung bei Augustinus im Sinne der Abendmahl-Einsetzungsworte Christi „Ego sum panis vivus" vgl. den Hinweis bei Hain, a. a. O., S. 42.

[176] Vgl. außer der Verheißung des Gelobten Landes („wo Milch und Honig fließt") auch die Honigsymbolik im „Hohenliede Salomos".

[177] Benutzt wird die vollständige Ausgabe: Kinder- und Hausmärchen, hg. v. R. W. Fink-Henseler, Bayreuth 1978, 8. Aufl. 1985. Ein strukturell dem Simsonschen sehr verwandtes Rätsel findet sich in dem Märchen, das zudem den Titel „Das Rätsel" trägt (S. 80-82). Wiederum ist die Pointe das situationelle Zusammenfallen von Gegensätzen. Die Geschichte selbst entspricht dem Turandot-Stoff.

Damit hat die Müllerstochter und jetzige Königin die Lösung, dem Verderben zu entrinnen. Auch in diesem Fall haben wir keine semantische, „intellektuelle" Lösung, nicht einmal eine pragmatisch-situationelle, sondern eine bloße „Zufallslösung". Wir haben es mit einem Namensrätsel zu tun. Eigennamen benennen nur und beschreiben nicht. Rumpelstilzchen hätte sich (aus der Sicht heutiger Namenstheorien) ad hoc einen anderen Namen zulegen können und seinen „privatsprachlichen" Namen verleugnen können. (Die Beobachtung des Boten stellt noch keine Öffentlichkeit und keine Benutzer-Kette im Sinne der Theorie von S. Kripke her.) Das Märchen entstammt aber magischer Zeit. Hier wird der Name noch als fest mit dem Gegenstand verbunden gedacht, als für die Sache selbst stehend. Danach kann das (unbedachte) Nennen des Namens nicht nur Unheil heraufbeschwören. Es vermag auch umgekehrt als ein *Be*nennen, bedeutet dieses doch ein Kennen, die Magie des Benannten zu bannen.

Das Allgemeine im Besonderen dieses Rätsels dürfte sein, daß niemand „von sich aus" über das notwendige Wissen zur Auflösung eines solchen Rätsels „verfügt". Das Unverfügbare fügt sich dann aber doch durch eine gleichsam „glückliche Fügung". Durch Zufall *fällt* der Königin die Auflösung *zu*. Märchen dieser Art sprechen die Urangst des Menschen an, geheimnisvollen Mächten ausgesetzt zu sein, mit denen man sich freilich zuvor auch ein Stück weit eingelassen hat – und sie machen Hoffnung, von dieser Angst befreit zu werden.[178]

Aus philosophischen Gründen interessieren uns weniger die Namens-, sondern die Worträtsel, Rätsel also, in denen ein Wort, bzw. der zugehörige Begriff zu raten ist und die häufig in Form von Fragen der Art „Was ist das?" gestellt werden.[179] Um gleich ein klassisches Beispiel zu bringen:

> Was sieht Gott nie,
> Der Kaiser selten
> Und der Bauer alle Tage?
> Antwort: Seinesgleichen.[180]

Freilich muß es nicht immer eine Was-Frage sein, es können Fragepronomen jedweder Art sein, mit denen der Fragende seine Frage formuliert.

---

[178] Vgl. auch das Märchen „Der Teufel und seine Großmutter". Hier gibt der Teufel drei Soldaten, die sich ihm in der Not verschrieben hatten, ein undurchsichtiges „Halsrätsel" auf und gewährt ihnen damit eine letzte Chance, ihren Hals zu retten, nämlich nicht von ihm „geholt" zu werden (Kinder- und Hausmärchen, S. 428-430).

[179] Charakteristisch für die heutige „profanisierte" Sicht der Rätsel ist, daß blödelnde Rätsel*witze* in Gesellschaften die Stelle der Rätsel als Mittel der „Unterhaltung" eingenommen haben: „Was ist das? Steht auf der Wiese, schreit ‚muh' und ist blau." Antwort: „Kuh im Trainingsanzug". Den Kalauer könnte man vielleicht durch das Verfahren definieren, gewaltsam (verbale oder sachliche) Beziehungen mit Witzeffekt herzustellen, wobei dieser Effekt durch eine scheinbare Verbindung zwischen dem Unverbindbaren zustande kommt. Zum sachlichen Zusammenhang von Witz und Rätsel siehe weiter unten.

[180] Das kleine Rätselbuch. Deutsche Volksrätsel, hg. v. K. Brzoska, o. O. [Darmstadt] 1949, Nr. 1.

Wo hat die Welt ein Ende
Und der Tod seinen Anfang?
Antwort: Im ‚T'.[181]

Wir erkennen hier eine Eigentümlichkeit vieler Rätsel: Sie stellen systematisch irreführende Fragen. Sie locken uns auf falsche Fährten, foppen uns geradezu, um schließlich mit verblüffend einfachen Antworten herauszurücken. So hat ja nicht die Welt selbst ein Ende und der Tod selbst einen Anfang im ‚T' (oder ‚t'), sondern lediglich das Wort „Welt" und das Wort „Tod". Zudem beginnen bzw. enden mit dem Buchstaben ‚T' auch harmlosere Wörter als „Tod" und „Welt". Unser Rätsel suggeriert in der Frage, metaphysisch „aufs Ganze" zu gehen, unterläuft diesen Anspruch aber scherzhaft durch eine „triviale" Antwort, die logisch-philosophisch betrachtet darin besteht, eine objektsprachliche Sachfrage zu stellen und eine metasprachliche Buchstabenantwort zu geben.

Dieses Beispiel ist auch ein Beleg dafür, daß die Tradition des Rätselratens ursprünglich eine mündliche war. In mündlicher Rede ist nämlich der logische Kategorienfehler verdeckter. Obwohl die Anführungszeichen nicht mitgesprochen werden, könnte man sie doch hinzudenken. Erst im Schriftbild erscheint die gezielte Doppeldeutigkeit als Fehler.

Eine im Sinne des analogischen Denkens etwas kühnere Deutung könnte in der metasprachlichen Lesart eine tiefere Bedeutung zu finden meinen: Man beachte, daß der Buchstabe ‚t' typographisch die Form eines Kreuzes hat, die durch eine Übertragung von einem christlichen Symbol zu einem neutralen Kürzel für den Tod geworden ist, z. B. um ein Datum als Todesdatum kenntlich zu machen. Nach christlicher Lehre ist der Tod aber nicht das Ende. Im ‚t' (nun gelesen als das Kreuzzeichen ‚†') hat also der Tod *nicht* seinen Anfang, sondern sein Ende. Er ist in diesem Zeichen (durch Jesus Christus) überwunden. Analog dazu steht das † zwar am Ende dieser irdischen Welt, aber am Anfang einer höheren Welt. Auch diese Deutung wird nur im Ausgang vom Schriftbild möglich – durch die typographische Ähnlichkeit des Buchstabens ‚t' mit dem Kreuzzeichen.

Philosophen als Rätselmacher

Unser Blick in die Kulturgeschichte hat die Vermutung bestätigt, daß Rätsel ursprünglich nicht nur Teil eines Unterhaltungsprogramms, sondern Ausdruck alltäglicher Gefährdung sind. Die Bestandsaufnahme fortsetzend möchte ich auf ein eigentümliches Faktum hinweisen: Auffällig viele Philosophen haben selber Rätsel erfunden. Gemeint sind hier nicht Probleme, die sie selbst nicht lösen konnten, sondern Rätsel als Kunsträtsel im Sinne der literarischen Gattung. So haben sich

[181] Das kleine Rätselbuch, Nr. 381 (Hervorhebung G. G.). Vgl. Nr. 380.

die französischen Enzyklopädisten gegenseitig Rätselfragen zugeschickt.[182] Friedrich Schleiermacher[183], Gustav T. Fechner[184], Franz Brentano[185] haben Rätsel und sogar Rätselbücher veröffentlicht, und der unvergleichliche Logiker und Literat Lewis Carroll spickte seine Bücher geradezu mit Rätseln.[186] Alle genannten Autoren gehören mit ihren offiziellen Schriften eher dem rationalen Flügel des Philosophierens an. Fechner ließ freilich schon früh einen verdächtigen Hang zur Esoterik erkennen. Seine „zwei Seelen" gibt er dadurch zu erkennen, daß er sein „anderes" Ich unter einem Pseudonym (Dr. Mises) verbirgt – wie auch Carroll, der dann unter diesem seinem Pseudonym sogar bekannter geworden ist als unter seinem bürgerlichen Namen. So bestätigen beide: Keiner ist nur einer.

Haben wir es nun bei diesen Philosophen mit Kontrastprogrammlern zu tun, die ihre wissenschaftliche Rationalität dadurch kompensieren, daß sie ihr Bedürfnis nach Phantasie beim Rätselmachen austoben, sich hier also alles das zu sagen erlauben, was sie sich sonst *ver*sagen? Mancher wird Verdrängung am Werke sehen wollen, vielleicht gar die Abschiebung des Anderen der Vernunft in eine „gemütliche" Ecke ohne scharfe Kanten, eben in die unterhaltsame „Rätsel-Ecke". Einer der Betroffenen, Franz Brentano, sieht dies ganz anders und stellt den Zusammenhang systematisch und gerade nicht kompensatorisch her:

> Das Staunen, sagt Aristoteles, ist und war von Anfang, was die Menschen zum Philosophieren führte; sie fühlten einen Drang zur Lösung der Rätsel. Wo nun dieser lebendig ist, da wird er, wie im Großen, auch im Kleinen sich offenbaren. Und darum darf niemand sich wundern, wenn der, dem er wiederholt auf den Wegen der Philosophie begegnete, in diesem Büchlein als Freund von Rätselspielen ihm nahet.[187]

---

182 Nach F. Brentano, Aenigmatias. Rätsel, 4. Aufl. Wien/Leipzig 1933, S. 13 (im Vorwort zur 2. Aufl.).

183 Schleiermacher's Räthsel und Charaden, 3. Aufl. Berlin 1883. Diese Rätsel sind dem Kontext geselliger, gehobener Unterhaltung entsprungen. Sie verdanken ihre Entstehung der Anregung, die von Schillers „Turandot"-Aufführungen (vgl. oben) ausgegangen war, in deren Verlauf das Rätselmachen in Weimar und Umgebung geradezu in Mode kam (vgl. die Vorbemerkungen, S. 3-6). Aus den im wesentlichen auf Wortspielen und semantischen Doppeldeutigkeiten beruhenden, eher harmlosen Rätseln Schleiermachers ragt das folgende (mündlich überlieferte) „Widerspruchsrätsel" heraus (Schleiermacher, S. 43):

Wir sind's gewiß in vielen Dingen,
Im Tode sind wir's nimmermehr;
Die sind's, die wir zu Grabe bringen,
Und eben diese sind's nicht mehr.
Denn, weil wir leben, sind wir's eben
Von Geist und Angesicht;
Und weil wir leben, sind wir's eben
Zur Zeit noch nicht.
Lösung: verschieden.

Wortspielerisch angesprochen ist hier Schopenhauers Gedanke der Aufhebung des *principium individuationis*, der Verschiedenheit der Einzelpersönlichkeiten durch den Tod. Im Verscheiden wird die „Identität der Verschiedenen" wieder hergestellt.

184 Räthselbüchlein von Dr. Mises, 4. Aufl. Leipzig o. J. (1875).

185 Brentano, Aenigmatias. Rätsel (s. o.).

186 Vgl. die Sammlung: The Magic of Lewis Carroll, hg. v. J. Fisher, Harmondsworth 1975.

187 Brentano, Aenigmatias. Rätsel, S. 7.

Die Geburt der Philosophie aus dem Geist der Rätsel?

Folgt man Brentano, so sind Rätselfragen und philosophische Rätsel zumindest desselben Geistes. Historisch gesehen, weil die Rätsel der Orakelsprüche der Philosophie vorausgehen, hieße dies, von einer „Geburt der Philosophie aus dem Geist der Rätsel" zu sprechen. Giorgio Colli, der Initiator der Nietzsche-Ausgabe, hat diesen Zusammenhang behauptet.[188] Die Transformation des Selbstverständnisses der Philosophie ließe sich danach so bestimmen, wie sie sich selbst als Rätsellöserin versteht, d. h. mit *welchen* Rätseln sie sich beschäftigt und *wie* sie diese zu lösen gedenkt. „Kontinentalen" Autoren dürfte sich diese Transformation als Verfallsgeschichte darstellen, als Dekadenz der Philosophie auf dem Wege vom Orakel über das Welträtsel zum Puzzel. Dazu passen neuerliche Versuche, das mythische Potential der Rätsel philosophisch-anthropologisch zu reaktivieren. „Analytiker" werden hier eher eine Fortschrittsgeschichte sehen wollen, die Überwindung des Mythos durch den Logos.

In methodologischer Hinsicht haben sich bereits gewisse Parallelen im Umgang mit philosophischen und literarischen Rätseln abgezeichnet, indem die Lösungen bei den irreführenden Fragestellungen einsetzen. Hieran läßt sich anknüpfen, wenn wir nun in einem großen Bogen über alle Zeiten hinweg eine Brücke zu schlagen versuchen – von dem Vorsokratiker Heraklit zu Wittgenstein. Die Übersetzung eines der Fragmente Heraklits lautet:

> Sie lassen sich täuschen, die Menschen, im Erkennen dessen, was ihnen vor Augen liegt [τῶν φανερῶν], ähnlich dem Homer, der weiser war als die Hellenen alle. Täuschten ihn doch die Jungen, die Läuse jagten, da sie ihm zuriefen: Die wir gesehen und gefangen haben, die lassen wir da; die wir aber nicht gesehen und nicht gefangen haben, die nehmen wir mit.[189]

Homer hatte die jungen Fischer gefragt, was sie gefangen hätten, und erhielt als Antwort den besagten Rätselspruch. Er soll an dem Ärger darüber gestorben sein, die Lösung nicht finden zu können. Heraklit erwähnt dieses Ende nicht, deutet aber an, daß man von einem Weisen erwarten dürfte, daß er solche Rätsel lösen kann. Dabei ist das genannte Rätsel ein treffliches Beispiel für ein verwirrendes Widerspruchsrätsel. Vor allem bestimmt Heraklit die philosophischen Probleme erkenntnistheoretisch im Vergleich zu solchen Rätseln.[190] Die Berechtigung dieses

---

[188] G. Colli, Die Geburt der Philosophie, Frankfurt a. M. 1981.

[189] Heraklit, Fragmente, gr.-dt., hg. v. B. Snell, 8. Aufl. München/Zürich 1983, S. 21, Fragment B 56; vgl. dazu Colli, a. a. O., S. 57ff.

[190] Vgl. C. H. Kahn, The Art and Thought of Heraclitus. An Edition of the Fragments with Translation and Commentary, Cambridge 1979, S. 112: „Heraclitus' detailed presentation of this riddle, in one of the longest of the fragments, suggests that genuine wisdom is like an enigma, difficult and obvious at the same time, or difficult at first and obvious later. It also suggests that wisdom has something to do with what we see and grasp, but more to do with what we ordinarily do not see and do not grasp."

Vergleichs gilt es nun zu fassen. Worauf kommt es bei der Lösung an, und warum ist Homer gescheitert? Die Schwierigkeit besteht gerade darin, die Erscheinungen, was „vor Augen liegt", zu erkennen, und das heißt hier, sie durchschauen zu können.[191] Homer hat den angesprochenen Widerspruch nicht lösen können, weil er auf den situationell vorgegebenen *Fisch*fang *fixiert* war, also nicht die notwendige Phantasie (Einbildungskraft) aufgebracht hat, die Situation sozusagen eidetisch zu variieren und den „kategorialen Rahmen" der Frage zu verschieben.

Die Unfähigkeit des Homer steht für die philosophische „Blindheit", nicht zu sehen, was „eigentlich" offen-sichtlich ist, wenn, ja *wenn* der richtige Perspektivenwechsel vorgenommen wird. Entsprechend besteht die Lösung philosophischer Rätsel nicht darin, Detailerklärungen innerhalb eines vorgegebenen Rahmens zu geben (wie im Falle der wissenschaftlichen Rätsel im Sinne Kuhns), sondern die Zusammenhänge in einer ganz neuen Perspektive zu sehen. Es kommt darauf an, denjenigen neuen Vergleichsgesichtspunkt aufzudecken, der die vorgeblichen Widersprüche zum Verschwinden bringt.

In auffälliger Übereinstimmung mit dieser Auffassung charakterisiert Wittgenstein das philosophische Fragen mit den Worten: „Wir wollen etwas *verstehen*, was schon offen vor unsern Augen liegt. Denn *das* scheinen wir, in irgend einem Sinne nicht zu verstehen."[192] Zwar ist dies eine rückblickende Beschreibung des Bemühens im „Tractatus", abgewandelt trifft sie aber auch auf die „Philosophischen Untersuchungen" zu.[193] Es geht weiterhin darum, das „Wesen" zu erfassen. Nur scheinbar besteht hier ein Widerspruch in den Auffassungen, wenn einmal betont wird, daß nicht interessiere, was „verborgen" sei, andererseits aber zugegeben wird, daß die für uns wichtigsten Aspekte der Dinge „verborgen" seien. Eine direkte Gegenüberstellung der beiden Passagen muß hier Aufschluß geben:

> Die Philosophie stellt eben alles bloß hin, und erklärt und folgert nichts. – Da alles offen daliegt, ist auch nichts zu erklären. Denn, was etwa verborgen ist, interessiert nicht.[194]
>
> Die für uns wichtigsten Aspekte der Dinge sind durch ihre Einfachheit und Alltäglichkeit verborgen. (Man kann es nicht bemerken, – weil man es immer vor Augen hat.)[195]

Es sind die Arten des Verborgenseins, die hier unterschieden werden. Für den frühen Wittgenstein als den Verfasser des „Tractatus" stellt sich – aus der späteren

---

[191] „Das Wesen der Dinge versteckt sich gern", heißt es in einem anderen Fragment (Heraklit, Fragmente, S. 37, Fragment B 123). Vgl. M. Heideggers eingehende Lektüre (Vorträge und Aufsätze, Pfullingen 1954, S. 262f.), der ich allerdings nicht zu folgen vermag.

[192] L. Wittgenstein, Philosophische Untersuchungen, § 89. Vgl. ferner § 415 und die Parallele bei J. W. Goethe: „Was ist das Schwerste von allem? Was dir das Leichteste dünket: / Mit den Augen zu sehen, was vor den Augen dir liegt." (Xenien, Goethes Werke [Hamburger Ausgabe], Bd. 1, S. 230). Der tiefere Grund dieser Übereinstimmung dürfte darin bestehen, daß Goethe und der späte Wittgenstein dem analogischen Denken verpflichtet sind.

[193] Wittgenstein, a. a. O., § 122.

[194] Wittgenstein, a. a. O., § 126.

[195] Wittgenstein, a. a. O., § 129.

Sicht des Verfassers der „Philosophischen Untersuchungen“ – das Wesen insofern als verborgen dar, als es „*unter* der Oberfläche liegt“. Für den späten Wittgenstein liegt das Wesen dagegen nicht in der Tiefe, sondern „offen zutage“. Es bleibt aber dennoch verborgen, weil es sozusagen *zu* offensichtlich ist. Um es zu erkennen, bedarf es daher keiner Erklärung, sondern nur der sichtenden Aufmerksamkeit, eben des übersichtlichen Ordnens.[196] Philosophisches Denken ist danach tatsächlich ein Entbergen des Verborgenen; aber nicht im Sinne des Offenbarens eines Geheimnisses.

Widerspruchsrätsel und „dialektisches Denken“

Der Umstand, daß es sich bei den Widerspruchsrätseln um *vorgebliche* Widersprüche handelt, erlaubt es, einer Auffassung entgegenzutreten, die in solchen Widerspruchsrätseln eine andere Rationalität zu erkennen meint. Claudia Schittek hat dies mit dem Ziel einer Neubelebung (im Sinne eines Wieder-bewußt-Machens) der Rätseltradition entschieden behauptet.[197] Sie folgt dabei dem Verdacht der neueren rhetorischen Tradition gegen die Logik, daß diese mit dem Satz vom ausgeschlossenen Widerspruch das ihr Fremde verdrängen wolle. Die Alternative wäre eine Rationalität, die Widersprüche zuließe. Freilich ist noch der Begriff des Widerspruchs logisch genauer zu bestimmen.

Wenn man die in der Tat sehr zahlreichen *sogenannten* Widerspruchsrätsel durchgeht, so finden sich neben kontradiktorischen Widersprüchen auch konträre und polar-konträre Gegensätze. Übergreifend kann man sagen, daß mit Beschreibungen gearbeitet wird, die unverträglich oder unmöglich sind, wenn auch nicht immer aus begrifflichen, sondern auch aus faktischen Gründen.[198] Die Zulassung von Widersprüchen läßt dialektisches Denken vermuten. Hierfür ist gerade Heraklit als Gewährsmann in Anspruch genommen worden. Bei genauerem Zusehen ist der Widerspruch in dem von Heraklit angeführten Homer-Rätsel aber bloß scheinbar und verschwindet in der richtigen Perspektive.[199]

---

[196] Wittgenstein, a. a. O., § 92.

[197] C. Schittek, Die Sprach- und Erkenntnisformen der Rätsel, Stuttgart 1991, S. 8f. Trotz der vorgebrachten Einwände ist zu betonen, daß Schittek das Verdienst zukommt, die Aufmerksamkeit erneut auf das Rätsel als Erkenntnisform gelenkt zu haben. Als Lektüre empfiehlt sich besonders ihr Essay: Flog ein Vogel federlos. Was uns die Rätsel sagen, München 1989. Vgl. auch die von ihr herausgegebene bibliophile Ausgabe: Der Irrgarten. Ein Buch voller Rätsel, Frankfurt a. M. 1992.

[198] Vgl. die folgenden Beispiele aus: Das kleine Rätselbuch, Nr. 67-70, 172 u. 241 (lebensweltliche Unvereinbarkeiten), Nr. 19 (contradictio in adjecto), Nr. 20 u. 168 (aussagenlogische Kontradiktion), Nr. 238 (Gegensatz im Sinne eines Oxymorons). Vgl. ferner Nr. 37 (Spiel mit der referentiellen Unbestimmtheit von indexikalischen Zeitausdrücken). Zum Widerspruch als Thema und Mittel der Rätsel vgl. auch Brentano, Aenigmatias. Rätsel, die Rätsel „Logisches Malheur“ (S. 36), „Sein und Nichtsein in verein“ (S. 40) und „Widerspruch“ (S. 42).

[199] Ein charakteristisches Widerspruchsrätsel dieser Art wird in Platons „Staat“ (479b11-c 5) in erkenntnistheoretischer Absicht diskutiert. Vgl. dazu P. Stemmer, Das Kinderrätsel vom Eunuchen

Schittek sieht in den Widersprüchen der Rätsel geradezu eine Aufhebung des Gesetzes der Identität, eines Gesetzes, das nach traditioneller logischer Auffassung eng mit dem Satz vom ausgeschlossenen Widerspruch (und dem *tertium non datur*) verbunden ist.[200] Dagegen ist einzuwenden, daß die Rätselwidersprüche kalkulierte Widersprüche sind, die insofern gerade keine Beispiele des Nichtidentischen abgeben, weil deren Lösung ganz im Gegenteil darin besteht, die Identität des *scheinbar* Nichtidentischen herauszufinden. Explizit gestellte Rätselfragen treten ja gerade mit dem Versprechen an, daß es eine Lösung gibt, und das heißt hier: eine Auflösung der Widersprüche. Rätsel sind nur in der Frage Anwälte des Nichtidentischen, nicht in ihren Antworten. In diesen fällt die Rationalität der Rätsel mit der Rationalität des „gesunden Menschenverstandes" zusammen, triumphieren die Rätsel geradezu über die Irrationalität, die in ihren Fragen aufzuscheinen scheint.

Rätsel und Metaphern

Eine Bestätigung der Auffassung des „kalkulierten" Widerspruchs finden wir bereits bei Aristoteles, der das Wesen des Rätsels (und das heißt hier des *enigmatischen* Rätsels) sogar allgemein als Widerspruchsrätsel bestimmt: „Denn das ist das Wesen des Rätsels, wenn man Dinge sagt, die faktisch unmöglich miteinander zu verknüpfen sind."[201] Aufzulösen sind die Rätselwidersprüche dadurch, daß das Gesagte nicht wörtlich, sondern metaphorisch genommen wird: Rätsel sprechen in Metaphern. Entsprechend heißt es in der „Rhetorik", man könne „aus gut formulierten Rätseln passende Metaphern entnehmen; denn die Metaphern geben Rätsel auf, so daß daraus einleuchtet, daß sie eine gute Übertragung darstellen."[202] Der richtige Gebrauch von Metaphern schließlich zeige einen besonderen Sinn für Ähnlichkeiten: „Denn gut zu übertragen bedeutet das Verwandte erkennen zu können."[203] Die Verwandtschaft von Rätseln und Metaphern läßt sich erläutern an dem Beispiel vom „Abend des Lebens" als Metapher für das Alter (als Lebensalter) des Menschen.[204] Derselbe Vergleich liegt der folgenden Form des bereits erwähnten Rätsels der Sphinx von Theben zugrunde:

---

und der Fledermaus. Platon über Wissen und Meinen in Politeia V. Philosophisches Jahrbuch der Görres-Gesellschaft 92 (1985), S. 79-97, besonders S. 90ff.

[200] Schittek, Die Sprach- und Erkenntnisform der Rätsel, S. 96f.

[201] Aristoteles, Poetik, 22, 1458a. Übers. O. Gigon, Stuttgart 1961, S. 56.

[202] Aristoteles, Rhetorik 1405b. Übers. F. G. Sieveke, 4. Aufl. München 1993, S. 172.

[203] Aristoteles, Poetik, 22, 1459a.

[204] Aristoteles, a. a. O., 21, 1457b. Vgl. zu diesem Beispiel G. Kurz, Metapher, Allegorie, Symbol, 3. Aufl. Göttingen 1993, S. 10f.

> Welches ist das Tier, das am Morgen auf vier Füßen, am Mittag auf zweien und am Abend auf drei Füßen geht?
> Antwort: Der Mensch.[205]

Wenn sich Rätsel und Metapher auch beide auf den Vergleich gründen, so tun sie es doch sozusagen in entgegengesetzten Richtungen. Sie stehen zu einander wie Frage und Antwort im freien Spiel des Vergleichens. Bei Widerspruchsrätseln ist die Aufgabe, den Vergleichsgesichtspunkt zu finden, unter dem das Verschiedene identisch wird. Dieser Vergleichsgesichtspunkt gibt die Lösung an die Hand.[206] Die Metapher bringt einen Vergleich, wenn auch verkürzt. Und es gilt nun, den Vergleich für die Erkenntnis des Verglichenen fruchtbar zu machen. Mit bloßer Substitution ist es da nicht getan, es bedarf der Interaktion. Zentral bleibt aber der Gedanke der vergleichenden Übertragung. Die Interaktionstheorie der Metapher ist daher eher eine Fortentwicklung der Aristotelischen Vergleichstheorie als deren Widerlegung.[207] Für das Rätsel gilt nun zwar, daß eine Auflösung gefordert ist; aber das Spiel des Vergleichens muß mit ihr nicht an sein Ende gekommen sein. Es kann vielmehr (ganz im Sinne von Aristoteles), von der Lösung ausgehend, deren Metaphorisierung, wie sie in der Rätselaufgabe erfolgt ist, in einer Richtungsänderung des Bedeutens produktiv aktiviert werden. Ein gutes Rätsel wird mit der Lösung nicht hinfällig. Der Erkenntnisgewinn ist insofern eher der gelungenen Verrätselung als der erfolgreichen Lösung zu verdanken.[208]

Der „Witz" der Rätsel

Die beschriebene Struktur der Rätsel läßt danach fragen, welche Erkenntnisvermögen beim Lösen und, wie nun hinzuzufügen wäre, beim Erfinden von Rätseln bemüht werden. Damit kommen wir zu den erkenntnistheoretischen Konsequen-

---

[205] Mit dem dritten Fuß am Abend ist – metaphorisch – die Krücke des Greises gemeint. In der „Logik von Port-Royal" (A. Arnauld, Die Logik oder die Kunst des Denkens, Darmstadt 1972, S. 293) wird dies Rätsel als Beispiel zur Erläuterung der Methode der Analyse herangezogen. Zur Geschichte der zahlreichen Varianten des Sphinx-Rätsels vgl. A. Aarne, Vergleichende Rätselforschungen, Bd. 2, Helsinki 1919 (= Folkloristischer Forscherbund Communications, No. 27), S. 3-23.

[206] So bestimmt bereits G. Ph. Harsdoerffer die Rätsel als „nichts anders als eine gar dunkle Gleichniß, welche man zu errahten aufgiebet", Poetischer Trichter. Neudruck der Ausgabe Nürnberg (erster Teil 1650, zweiter Teil 1648, dritter Teil 1653), Darmstadt 1969, erster Teil, S. 65. Vgl. die ergänzenden Ausführungen im dritten Teil, S. 384ff., wo gleichnishafte Rätsel über *Sachen* und Widerspruchsrätsel von bloß spielerischen Doppeldeutigkeiten der *Worte* unterschieden werden.

[207] Vgl. in diesem Sinne P. Ricœur, Die lebendige Metapher, 2. Aufl. München 1991, S. 168ff.

[208] Sieht man die Lösung als Abschluß an, so ist es richtig, Rätseln die konnotative Kraft uneigentlicher Rede abzusprechen. So V. Schupp, Deutsches Rätselbuch, S. 431; ferner R. Zymner in seiner grundlegenden Studie zur Parabel: Uneigentlichkeit. Studien zu Semantik und Geschichte der Parabel, Paderborn 1991, S. 161-164. Vgl. auch bereits in Hegels „Ästhetik" die Bemerkung (a. a. O., S. 385), daß die „eigentlichen Symbole" im Unterschied zu den Rätseln „vor- und nachher unaufgelöste Aufgaben" seien.

zen aus der vorausgegangenen Bestandsaufnahme. Die Verwandtschaft von Rätseln und Metaphern weist uns die Richtung. Was ist der Witz der Rätsel? Ich möchte sagen, es ist ihr Witz. Und dies ist keineswegs eine Tautologie. Angesprochen ist das Erkenntnisvermögen des Witzes. Das Besondere des Witzes ist es, daß er Ähnlichkeiten im Verschiedenen zu entdecken vermag. Und je weiter die Dinge auseinanderliegen, um so größer ist der Witz. Der Witz als Verähnlichungsvermögen ist insofern die Umkehrung des Scharfsinns als Unterscheidungsvermögen. Dieser Gegensatz ist grundlegend für eine Bestimmung des Verhältnisses von ästhetischer und wissenschaftlicher Erkenntnis, wie das folgende Kapitel zeigen wird. Doch zunächst gilt es, die Frage nach dem Erkenntniswert der Rätsel zu beantworten: Wenn das Lösen von Rätseln (zumindest von Rätseln der betrachteten Art) darin besteht, die Ähnlichkeit zwischen Unähnlichem zu entdecken, so haben wir es mit einer Schulung des Witzes zu tun, des analogischen Denkens im Unterschied zum unterscheidenden Denken in distinkten Begriffen.

Wichtig für die Wirkungsgeschichte ist, daß aus dem Begriff des Witzes (lat. *ingenium*) nicht nur das geläufige Verständnis (im Sinne des Witze-Erzählens), sondern auch der Geniebegriff hervorgeht. Die Unterscheidung zwischen *spielerischem* und *genialem* Witz macht bis heute Schwierigkeiten. Unabhängig davon läßt sich festhalten, daß Ähnlichkeiten im Verschiedenen zu entdecken, ein gemeinsames Moment einer großen Gruppe von Rätseln *und* Witzen ausmacht. In beiden ist analogisches Denken am Werk, wenn auch mitunter gewaltsam (wie im Kalauer). Erkenntnistheoretisch ist damit nachvollziehbar, daß die Tradition des Rätsel-Ratens durch das Witze-Erzählen abgelöst werden konnte.[209] Eine Erklärung der Ursachen für einen solchen Verfall der Geselligkeit steht auf einem anderen Blatt.

Zur Bestätigung der erkenntnistheoretischen Würdigung des Rätsels läßt sich J. G. Herder anführen, ein Klassiker des analogischen Denkens. Im VIII. Teil der Schrift „Vom Geist der Ebräischen Poesie“[210] untersucht er (im Zusammenhang mit den Wortspielen) exemplarisch die Rätsel- und Rätselbezüge im Alten Testament, z. B. das Rätsel Simsons, den Besuch der Königin von Saba und die Rätsel (im Kap. 30) der Sprüche Salomos. Ausdrücklich werden Rätsel als „Spiele des Witzes“ bestimmt.[211] Mit Bezug auf das erste Rätsel in den „Sprüchen Salomos“ (30, 2) wird das Homer-Phänomen hervorgehoben: „[Die Auflösung] ist vielleicht simpler als man glaubt, und man findet sie nicht, eben weil man zu tief suchte.“[212] Allgemein gibt Herder die folgende Charakterisierung:

> Man siehet das Spiel der Zusammenreihung verschiedner Sachen, die unter Einem Hauptbegrif einander ähnlich werden. Je verschiedener, (schiens den Morgenländern,)

---

209 Vgl. V. Schupp, Deutsches Rätselbuch, S. 429f.

210 J. G. Herder, Sämmtliche Werke, hg. v. B. Suphan, 12. Band, Berlin 1880, S. 185-192.

211 Herder, a. a. O., S. 186.

212 Herder, a. a. O., S. 187.

> desto scharfsinniger, desto besser; insonderheit paarten sie gern Analogie aus dem Reich der Natur und der Sitten.[213]

Beispiele dafür, wie Gegensätzliches unter einem geeigneten Gesichtspunkt überwunden wird, indem etwa der Schwache als Starker erscheint und der Kleine es dem Großen gleichtut, finden sich Sprüche Salomos 30, 24-28.[214] Die Form der Rätselfrage ergibt sich erst nach Umstellung, wenn man etwa das Beispiel „Die Eidechs [in der Luther-Bibel ist es die Spinne]; man kann sie mit Händen greifen und wohnet dennoch in des Königs Häusern" in der folgenden Weise umformuliert: „Wer ist so klein und unbedeutend, daß man sie mit Händen greifen kann und wohnet dennoch in des Königs Häusern?". Wir haben es also mit einem in Frageform gekleideten Vergleich von scheinbar Unvergleichbarem zu tun. Der Gegensatz kommt in dem „dennoch" zum Ausdruck. Der Vergleichsgesichtspunkt ist hier das Wohnen in des Königs Häusern, das die Unvergleichbaren zu Gleichen macht.

Anzumerken ist, daß Herder die Unterscheidung von Witz und Scharfsinn offensichtlich nicht durchhält, ja, sie geradezu nivelliert, wenn er die Analogisierung des Verschiedenen auch als „scharfsinnig" beschreibt (vgl. auch das folgende Zitat). Die Terminologie ist aber auch sonst nicht einheitlich gewesen.[215] Auf der prinzipiellen Gegensinnigkeit der beiden Erkenntnisvermögen bestehend, ist allerdings zuzugestehen, daß Scharfsinn sowohl beim Erfinden als auch beim Lösen von Rätseln mit am Werk ist, weil die Verschiedenheiten, die es zu analogisieren gilt, als solche erkannt werden müssen.[216] Insofern haben wir es mit einem *Wechsel*spiel des Vergleichens zu tun, an dem beide Vermögen beteiligt sind. Die treibende Kraft, der Witz der Rätsel bleibt aber der Witz. Zusammenfassend heißt es bei Herder weiter:

> Gnug der Räthsel. Man siehet, wohin ihr Blick gehet? *Aehnlichkeiten der Dinge aufzufassen*, und sie unter einen moralischen oder künstlichen Gesichtspunkt zu vereinen. Alle Völker auf den ersten Stuffen der Bildung sind Liebhaber von Räthseln; die Kinder sind es auch und aus eben demselben Grunde. Ihr *Witz und Scharfsinn*, ihre Bemerkungs- und Dichtungsgabe äußert sich damit über einzelne Gegenstände auf die leichteste Weise; und der Preis, den der Erfinder sowohl als der Errather eines guten Räthsels in seinem Kreise davon trägt, ist ihnen gleichsam Kampfpreis, die unschädlichste Siegeskrone. Ich wünschte, daß wir von mehreren sinnlichen Völkern, statt Beschreibungen über den Geist derselben, Proben ihres kindlichen Witzes, ihres sich übenden Scharfsinns in Sprüchwörtern, Scherzen und Räthseln hätten; wir hätten damit die eigensten Gänge ihres Geistes: *denn jeder alte Völkerstamm, den ich kenne, hat in Auffindung solcher Aehnlichkeiten bei seinen Lieblingsgegenständen und Lieblings-*

---

213 Herder, a. a. O., S. 190.

214 Vgl. dazu Herders Nachdichtung a. a. O., S. 191.

215 Vgl. die zitierten Stellen in V. Schupp, Deutsches Rätselbuch, S. 403, 415 und 439, Anm. 112.

216 Daher wird dem Rätsel häufig ausdrücklich zugebilligt, daß es *außer* den Witz auch den Scharfsinn (oder den Verstand) übe. Vgl. die in Schupp, a. a. O., S. 419 (Christoph Martin Wieland) und S. 440, Anm. 135 (Johann Peter Hebel) zitierten Stellen.

ideen ganz seine eigne Weise. Wir haben sie aber bei wenigen, weil gerade diese Dinge zum Heiligthum jeder einzelnen Sprache gehören, und oft so schwer zu verstehen als unübersetzbar sind.[217]

Erkenntnistheoretisches Ergebnis

Die vorausgegangenen Analysen erlauben eine abschließende erkenntnistheoretische Bewertung der Rätsel (oder doch eines wesentlichen Teils) als Einübungen in analogisches Denken. Theoretischen Beistand finden wir bei Kurd Laßwitz, der Fechners Interesse an Rätseln mit den folgenden Worten kommentiert:

> Seiner [Fechners] Neigung zum Grübeln und Aufsuchen von *überraschenden Beziehungen* entspricht die Vorliebe für das Aussinnen von Rätseln [...].[218]

Überraschende Ähnlichkeiten zwischen Verschiedenem zu entdecken, wird von Widerspruchsrätseln noch überboten. Wenn deren Botschaft die Vereinbarkeit des Unvereinbaren und die Identität des Verschiedenen ist, so bleibt die Frage, wie diese Botschaft richtig zu verstehen ist. Zunächst: Die Dinge werden nicht überhaupt „eins", sondern *nur in einer bestimmten Hinsicht.* Unter einem bestimmten *Vergleichs*gesichtspunkt fallen die Gegensätze zusammen, und daher sind es auch nicht *die* Dinge selbst, sondern unsere *Auffassungen* der Dinge, in denen dieses Zusammenfallen wurzelt.[219] Festzuhalten ist allerdings, daß die Dinge auch nicht an sich verschieden sind. Hier gilt nämlich Entsprechendes – nur umgekehrt. Wenn wir Dinge unterscheiden und sie disjunkt unter Begriffe fallen lassen, die durch Definitionen scharf begrenzt sind, so haben wir zwar eine Grenze gezogen, wir hätten sie aber auch anders ziehen können, und es kann – *unter einem anderen Gesichtspunkt* – Gründe geben, sie besser anders zu ziehen.

Wir tun also gut daran, der bisherigen Linie zu folgen und das Verhältnis von Identität und Differenz nicht ontologisch, sondern erkenntnistheoretisch zu fassen. Danach haben wir es mit unterschiedlichen Richtungen der Tätigkeit des Vergleichens zu tun, die im ersten Fall auf Analogien und im zweiten Fall auf Distinktionen aus ist. Im Grunde genommen ist dies ein ganz einfacher und unproblematischer Sachverhalt. Erst dadurch, daß eine einseitige Festlegung auf eine der beiden Richtungen erfolgt, kommt es zu einem antagonistischen Verhältnis von logischem und analogischem Denken.

---

[217] Herder, a. a. O., S. 192. Hervorhebungen G. G.

[218] K. Laßwitz, Gustav Theodor Fechner, 3. Aufl. Stuttgart 1910, S. 36 (Hervorhebung G. G). Fechners „Räthselbüchlein" enthält außer Rätseln, die auf Vergleichen beruhen und dabei etwas *als* etwas ganz anderes *sehen* lassen, vor allem so genannte Scharaden. Daneben finden sich sieben eher kalauerartige „Scherzrätsel" in Fechner: Kleine Schriften, 2., unveränderte Aufl. Leipzig 1913, S. 278f.

[219] Dieser Bezug auf das jeweilige menschliche Erkenntnisinteresse kommt bei Herder (in dem obigen Zitat) als „eigne Weise" in der „Auffindung solcher Aehnlichkeiten" zur Sprache. Eine solche „Relativität" impliziert – systematisch betrachtet – nicht Relativismus oder gar „Unübersetzbarkeit".

Rätsel liefern uns Proben produktiven analogischen Denkens. Auch sie machen uns aber mögliche Übertreibungen des analogischen Denkens bewußt, indem sie vor Augen führen, daß sich Beziehungen noch zwischen Verschiedenstem herstellen lassen. Hierfür gibt Lewis Carroll ein absurd-witziges Beispiel. Für das ursprünglich lösungslose Rätsel der *Mad Tea-Party*, „Why is a raven like a writing-desk?", bietet er nachträglich die folgende Lösung an: „Because it can produce a few notes, tho [!] they are *very* flat; and it is never put with the wrong end in front!".[220] Ich kann mich des Eindrucks nicht erwehren, daß manche der assoziativen Übertragungen, die uns derzeit geboten werden, von dieser Art sind. „Witzig" könnten sie dann genannt werden, wenn sie nicht ernst gemeint wären.[221]

[220] Vgl. The Annotated Alice, S. 95, Anm. 3. In der deutschen Übersetzung „Alice im Wunderland" heißt es (S. 70) „Was ist der *Unterschied* zwischen einem Raben und einem Schreibtisch?" statt „Warum ist ein Rabe *wie* ein Schreibtisch?" (Hervorhebungen G. G.). Dabei geht verloren, daß die Rätselfrage im Original gerade auf die Ähnlichkeit und nicht auf den Unterschied abzielt.

[221] Zu danken habe ich Dr. Klaus Schmidt und Frank Schlegel für wertvolle Hinweise.

Sechstes Kapitel

Ästhetischer „Witz“ und logischer „Scharfsinn“

Im Fortgang der bisherigen Untersuchungen zur Rhetorik der Erkenntnis haben Formen des analogischen Denkens im Mittelpunkt gestanden. Analogisches Denken macht den Kern dessen aus, was bereits andeutungsweise als ästhetische Weltauffassung zu fassen versucht worden ist. Es sollen nun die Traditionen des logischen und analogischen Denkens – im Rückgriff auf die vorausgegangenen Beispielanalysen – einem systematischen Vergleich zugeführt werden, der es erlaubt, den Anliegen beider Denkformen gerecht zu werden. Die bereits im vorigen Kapitel angesprochene Unterscheidung zwischen Witz und Scharfsinn liefert dazu die erkenntnistheoretischen Voraussetzungen.

Philosophen des Witzes und Philosophen des Scharfsinns

Der Zusammenhang mit der Frage nach dem Verhältnis von Logik und Rhetorik ergibt sich bereits aus terminologiegeschichtlichen Gründen. Mit „Witz“ (als Übersetzung von lat. „ingenium“) wurde traditionell das Vermögen der Rhetorik, mit „Scharfsinn“ (als Übersetzung von lat. „acumen“) das Vermögen der Logik bezeichnet. Eine neue Situation ergab sich dadurch, daß innerhalb der Philosophie der Neuzeit Autoren wie Descartes und Locke versuchten, die nach den Methoden von Logik und Rhetorik (bzw. nach der Methode der Dialektik) geführten „Schulstreitigkeiten“[222] dadurch zu beseitigen, daß sie sich auf den vermeintlich neutralen Boden einer Theorie der Erkenntnis stellten. Die hieraus erwachsene Ablehnung der Logik ist bereits im zweiten Kapitel angesprochen worden. Mit Blick auf die moderne Logik darf sie als überholt gelten. Als problematische Voraussetzung ging in den erkenntnistheoretischen Ansatz die Annahme ein, daß jedes Subjekt (prinzipiell) einen sprachunabhängigen Zugang zu den Ideen und deren Verbindungen hat. Unter einer solchen Annahme mußte ein an der Sprache orientierter Scharfsinn als sekundär und im schlimmsten Falle als spitzfindig erscheinen. Anders, wenn er sich auf die Ideen selbst richtet. Hier schützt er vor der Verwechslung ähnlicher Ideen und damit vor Irrtum. Erkenntnistheoretisch gewendet behielt daher der logische Scharfsinn seine zentrale Stellung unter den „operations of the mind“ und übernimmt als „judgement“ (vgl. lat. iudicium) gar die Funktion der wahrheitsbeurteilenden *ars iudicandi*.[223]

---

[222] Vgl. die abschätzige Behandlung bei J. Locke, An Essay Concerning Human Understanding (Versuch über den menschlichen Verstand), III. Buch, X. Kap., 6. Abschn.

[223] Locke, a. a. O., I. Buch, XI. Kap., 2. Abschn.

Schlechter erging es dem Witz (engl. wit). Entsprechend der Zuordnung des Witzes zur Rhetorik und deren pauschaler Verurteilung als „mächtiges Werkzeug des Irrtums und Betrugs“ bestreitet Locke den Erkenntniswert des Witzes. Als dem Vermögen des bildlichen und sprachspielerischen Ausdrucks billigt er ihm lediglich einen Unterhaltungswert zu.[224] Dies überrascht um so mehr, als sich bei Locke eine angemessene Beschreibung der Tätigkeit des Witzes im Unterschied zur Tätigkeit des Scharfsinns findet: Während der Scharfsinn nach Unterschieden suche, bemerke der Witz Ähnlichkeiten.[225] Sein Vorurteil gegen die Rhetorik läßt Locke aber den erkenntnistheoretischen Eigenwert des Witzes übersehen. Die systematisch angemessenen Konsequenzen sind erst von seinem Landsmann A. Pope gezogen worden. Im Anschluß an Quintilian und die rhetorische Tradition gibt Pope dem Witz seinen Erkenntniswert zurück und weist ihm als entdeckender Einbildungskraft die Funktion der *inventio* oder *ars inveniendi* zu. „Judgement“ und „wit“ gehören für ihn als komplementäre Vermögen zusammen:

> For *Wit* and *Judgement* often are at strife,
> Tho' meant each other's Aid, like *Man* and *Wife*.[226]

Der Gedanke der Komplementarität ist in der Folgezeit vor allem auf dem Kontinent systematisch ausgearbeitet worden. Witz und Scharfsinn galten in der rationalistischen Erkenntnistheorie der Aufklärung (von Christian Wolff über Alexander Gottlieb Baumgarten bis zu Immanuel Kant)[227] als zwei gegensinnig vorgehende Erkenntnisvermögen, deren Unterschied so bestimmt wurde, daß der Witz *Ähnlichkeiten im Verschiedenen*, der Scharfsinn dagegen *Verschiedenheiten im Ähnlichen* entdeckt.[228] Denkt man Unterschiede durch begriffliche Grenzen bestimmt,

---

[224] Locke, a. a. O., III. Buch, X. Kap., 34. Abschn. Bereits Leibniz bemerkt, daß diese „These einer Mäßigung bedarf“, weil Locke die Eloquenz „mit ihren eigenen Waffen“ bekämpfe. Leibniz erkennt und anerkennt die Rhetorik der (gegen falsche Rhetorik gerichteten) Anti-Rhetorik: Nouveaux Essais (Neue Abhandlungen), III. Buch, Kap. 10, § 34.

[225] Locke, a. a. O., I. Buch, XI. Kap., 2. Abschn.

[226] A. Pope, An Essay on Criticism, London 1711, Vers 82-83. Zu Locke, Pope und der englischen Tradition vgl. O. F. Best, Der Witz als Erkenntniskraft und Formprinzip, Darmstadt 1989, S. 7-14.

[227] Vgl. exemplarisch A. G. Baumgarten, Metaphysica, 7. Aufl. Halle 1779, repr. Hildesheim 1963, §§ 572-578; auch in: Ders., Texte zur Grundlegung der Ästhetik, lat.-dt., hg. v. H. R. Schweizer, Hamburg 1983, S. 35ff.; I. Kant, Anthropologie in pragmatischer Hinsicht, §§ 54ff. Im einzelnen vgl. die grundlegende und unübertroffene Studie von A. Baeumler, Das Irrationalitätsproblem in der Ästhetik und Logik des 18. Jahrhunderts bis zur Kritik der Urteilskraft, Halle a. d. Saale 1923, 2. Aufl. Tübingen 1967, Nachdruck Darmstadt 1974, besonders S. 146-166. Im Nachwort zum Neudruck stellt Baeumler den Zusammenhang zwischen Witz, Metapher und analogischem Denken heraus. Vgl. ergänzend die bereits genannte Arbeit von O. F. Best.

[228] Es ist bereits in dem Abschnitt „Der ‚Witz‘ der Rätsel“ (des vorigen Kapitels) angemerkt worden, daß die Terminologie nicht immer einheitlich ist. Hierfür gibt es, wie sich noch zeigen wird, auch sachliche Gründe. Bereits A. G. Baumgarten nennt den Witz (gegenüber dem Scharfsinn) auch „ingenium strictius dictum“ oder „Witz in engrer Bedeutung“ und weitet die Rede vom „ingenium“ auch auf den Scharfsinn in der Bezeichnung „acutum ingenium“ aus: Metaphysica, § 572f., zit. nach Baumgarten, Texte zur Grundlegung der Ästhetik.

so ist es der Scharfsinn, der neue Grenzen sieht und auch zieht, während der Witz bestehende Grenzen überschreitet. Der Scharfsinn ist das Erkenntnisvermögen des logischen Denkens in „scharf begrenzten" Begriffen und der Witz das Erkenntnisvermögen des analogischen Denkens in „Familienähnlichkeiten". Scharfsinn und Witz sind somit nicht irgendwelche Erkenntnisvermögen neben anderen, vielmehr stehen sie für die grundlegenden und dazu noch in permanentem Widerstreit miteinander liegenden Denkweisen unserer abendländischen Tradition, um deren Verhältnisbestimmung es hier geht. Noch einmal sei in knapper Form in Erinnerung gebracht: Es ist dies der Widerstreit zwischen dem Gedanken der Identität des (angeblich) Verschiedenen und dem Gedanken der Verschiedenheit des (angeblich) Identischen. Die metaphysische Variante dieses Widerstreits besagt, daß sich im Wechsel der Erscheinungen etwas als identisch bleibend und deshalb wahrhaft seiend durchhält (Parmenides) oder daß nur Veränderung ist, daß „alles fließt" und nichts identisch bleibt (Heraklit). Dieser Widerstreit zieht sich durch die Geschichte des Denkens von den Vorsokratikern bis in unsere Zeiten, auch wenn die metaphysischen Positionen nun semantisch daherkommen: als Konstruktion oder als Dekonstruktion eines identischen Sinns von Sätzen. Die permanente Sinnverschiebung Derridas ist nichts anderes als die sprachphilosophische Wiederkehr des permanenten Werdens Heraklits. In einer solchen historischen Perspektive relativiert sich der Innovationsanspruch des angeblich Neuen. Indem die Moden aber als Repräsentanten traditioneller Muster erkannt werden, bringen sie gleichzeitig eine Aufgabe als noch zu bewältigen in Erinnerung. Diese Aufgabe besteht in der Lösung des Konflikts zwischen ästhetischer und wissenschaftlicher Weltauffassung. Im Erkenntnisvermögen des Witzes manifestiert sich die analogisch-ästhetische, im Erkenntnisvermögen des Scharfsinns die logisch-wissenschaftliche Weltauffassung.

Dieser Gegensatz liegt auch dem Konflikt der „zwei Kulturen" von Geistes- und Naturwissenschaft zugrunde. In der Wissenschaftstheorie führt er zur Forderung nach der Einheitswissenschaft und setzt damit die Geisteswissenschaft unter Druck. Deren Problem ist ja weniger der „Geist" als vielmehr die „Wissenschaft" (im Sinne von engl. „science"), ob sie sich dem methodologischen Diktat des Szientismus unterwerfen soll oder nicht.

Den angesprochenen Gegensatz der Weltauffassungen habe ich anhand eines weit gestreuten Beispielmaterials zu entfalten versucht, so daß „die ewige Wiederkehr" der gleichen Konstellation als belegt gelten dürfte. Hierbei mochte es allerdings so scheinen, als sei eine typologische Gegenüberstellung vorgenommen worden, ohne die konkrete historische Entwicklung der Auseinandersetzung zu bedenken, die zu dem Faktum dieses Gegensatzes in der Gegenwart geführt hat. Als maßgeblicher Einschnitt ist hier die nachkantische Philosophie anzusehen, in der das von der Aufklärung postulierte komplementaristische Gefüge ins Wanken gerät und wissenschaftliche und ästhetische Tradition in Opposition zu einander treten.

Ein Zentrum des Geschehens ist die Universität Jena, die in exemplarischer Weise – mit wechselnder Schwerpunktbildung – wesentliche Repräsentanten *beider* Traditionen hervorgebracht hat. Vor Ort wurde dies früh bemerkt. Jakob Friedrich Fries hat bereits zu Beginn des 19. Jahrhunderts darauf hingewiesen, daß man durch die gesamte Geschichte der Philosophie zwischen „Philosophen des Witzes" und „Philosophen des Scharfsinns" unterscheiden könne. Was die Philosophie in Jena anbelangt, so hat er sich selbst auf die Seite des Scharfsinns gestellt und, völlig zutreffend, Schelling und mit ihm die romantische Naturphilosophie auf die Seite des Witzes.[229] (Bei aller Kritik an der Gegenposition, Fries wollte damit nicht sagen, daß Schellings Philosophie „ein Witz" sei. Dieser Sprachgebrauch setzt sich erst später durch.) Insofern spiegelt der Mikrokosmos Jena – als Ort des Witzes und des Scharfsinns – den Makrokosmos der allgemeinen Problemlage. Diesen Umstand möchte ich mir im folgenden zunutze machen, um ausgehend von dem Erbe Jenas ein repräsentatives Bild des Gesamtzusammenhangs zu entwerfen.

Einem der herausragenden Vertreter der Jenaer Tradition des Scharfsinns begegnen wir, zumindest *in effigie*, in der Aula der Friedrich-Schiller-Universität Jena. Dort ist in einer eigens dafür geschaffenen Nische eine von dem Bildhauer Adolf von Hildebrand geschaffene Bronzebüste zu sehen, die den Mathematiker und Physiker Ernst Abbe darstellt. Diese Vergegenwärtigung verdankt Abbe seiner einzigartigen Rolle als Wohltäter Jenas und Förderer der Jenaer Universität. Aus der von ihm begründeten Zeiss-Stiftung sind beträchtliche Mittel für den Neubau der Universität geflossen.[230]

Wesentlicher Bestandteil der Büste ist das durch die eigentümliche Haltung der Hände gestisch eingebundene Mikroskop. Das Mikroskop ist das klassische Instrument des Scharfsinns. (Abbe hat die serienmäßige Herstellung durch exakte optische Berechnungen ermöglicht.) Die auf unbestimmte Distanz eingestellte Fern-Sicht der Augen Abbes steht in auffälligem Kontrast zu dem optischen Instrument der Nah-Sicht in seinen Händen. Die linke Hand hält noch das Rad, mit dem die Schärfe eingestellt wird. Das Arrangement von Figur und Gegenstand erscheint systematisch doppeldeutig. Realistisch gesehen hält es den Augenblick fest, in dem der Benutzer des Mikroskops – den Oberkörper aufrichtend – sich nachdenklich verhalten darauf besinnt, was er soeben gesehen hat. In ihrer formalen Gestaltung ähnelt die Büste der Darstellung von Heiligenfiguren. Nehmen wir diese Form

---

229 J. F. Fries, Reinhold, Fichte und Schelling, Leipzig 1824, S. 309f., Nachdruck in: Sämtliche Schriften, hg. v. G. König/L. Geldsetzer, Bd. 24, Aalen 1978, S. 361f. Fries spitzt den Gegensatz bereits auf den Unterschied zwischen der Suche nach der *Identität des Verschiedenen* und der Suche nach der *Verschiedenheit des Identischen* zu. Den Hinweis auf Fries und weitere Anregungen verdanke ich den „Tischgesprächen" im Kreise von Professor Gert König und Dr. Helmut Pulte an der Ruhr-Universität Bochum.

230 Eine photographische Abbildung ist der Erstveröffentlichung des folgenden Textes (als Jenaer Antrittsvorlesung) beigegeben: Ästhetischer „Witz" und logischer „Scharfsinn", Erlangen/Jena 1996 (= Jenaer Philosophische Vorträge und Studien, hg. v. W. Hogrebe, 15).

symbolisch, so bekommen die Details eine *übertragene* Bedeutung: Der Blick ist nicht nachdenklich, sondern entrückt, die schlichte Kleidung wird vom pragmatischen Arbeitskittel zum Ornat der Bedürfnislosigkeit, das Mikroskop wird vom technischen Gerät zum Signum, die Nische wird vom bloßen Aufstellungsort zum auratischen Raum, und Abbe selbst wird zum Schutzpatron.

Diese kurze Kunstbetrachtung läßt sich für den weiteren Gang der Überlegungen unterscheidend nutzbar machen. Die realistische Sicht beruht auf genau hinsehendem Scharfsinn, die symbolische Sicht auf analogischem Witz – ganz unabhängig von der Angemessenheit beider Sichtweisen.[231] Doch bleiben wir zunächst beim Scharfsinn.

Gottlob Frege, der wiederholt angeführte Repräsentant eines logischen Denkens in scharf begrenzten Begriffen, war ein besonderer Schützling Abbes.[232] Die Bedeutung seiner Begriffsschrift, des ersten Systems der modernen Aussagen- und Prädikatenlogik, wußte Frege dadurch zu unterstreichen, daß er sie mit Blick auf die „Schärfe der Unterscheidung" mit dem Mikroskop verglich. Dieser Vergleich verdient es, ausführlich zitiert zu werden, weil er dazu beitragen kann, gewisse Vorurteile gegen den logischen Scharfsinn auszuräumen:

> Das Verhältnis meiner Begriffsschrift zu der Sprache des Lebens glaube ich am deutlichsten machen zu können, wenn ich es mit dem des Mikroskops zum Auge vergleiche. Das Letztere hat durch den Umfang seiner Anwendbarkeit, durch die Beweglichkeit, mit der es sich den verschiedensten Umständen anzuschmiegen weiß, eine große Überlegenheit vor dem Mikroskop. Als optischer Apparat betrachtet, zeigt es freilich viele Unvollkommenheiten, die nur in Folge seiner innigen Verbindung mit dem geistigen Leben gewöhnlich unbeachtet bleiben. Sobald aber wissenschaftliche Zwecke große Anforderungen an die Schärfe der Unterscheidung stellen, zeigt sich das Auge als ungenügend. Das Mikroskop hingegen ist gerade solchen Zwecken auf das vollkommenste angepaßt, aber eben dadurch für alle andern unbrauchbar.[233]

Wir sehen, daß Frege die Logik nicht als *universales* Instrument, sondern als Instrument für ganz bestimmte *wissenschaftliche* Zwecke angesehen hat. Es gibt aber auch andere Zwecke, und der jeweilige Zweck bestimmt, was als wesentlich anzusehen ist:

> Was aber wesentlich ist, hängt von dem Zwecke ab. Dem auf das Schöne in der Sprache gerichteten Sinne kann gerade das wichtig erscheinen, was dem Logiker gleichgültig ist.[234]

---

231 Gestützt wird die symbolische Deutung durch Skizzen Hildebrands zu einer detaillierteren Gestaltung der Nische, in denen die Analogie zur Aufstellung von Heiligenfiguren stärker hervortritt. Vgl. die Reproduktion in S. Esche-Braunfels, Adolf von Hildebrand (1847-1921), Berlin 1993, S. 343. Vgl. ergänzend die Ausführungen von F.-J. Verspohl zur Entstehung der Abbe-Büste: Universitätszeitung Alma Mater Jenensis, Jg. 6, Nr. 17/18 v. 27. Juni 1995, S. 14f.

232 Abbe führte seinen früheren Studenten Frege (nach dessen Promotion in Göttingen) nicht nur zur Habilitation, sondern verschaffte ihm auch eine aus der Zeiss-Stiftung finanzierte Professur.

233 G. Frege, Begriffsschrift, S. V.

234 G. Frege, Der Gedanke, S. 64.

Übertragen bedeutet dies, daß der logische Scharfsinn *nicht* andere Sichtweisen der Welt ausschließen soll. Welchen Zweck hatte Frege im Sinn? Ihm ging es darum, im Rahmen seines philosophischen Programms des Logizismus, die Sätze der Arithmetik auf rein logischer Grundlage zu beweisen. Hier mußte ihm daran gelegen sein, die einzelnen Beweisschritte deutlich unterschieden aufzuführen. Die Zweidimensionalität der Begriffsschrift ist besonders geeignet, die „Übersichtlichkeit der Darstellung" im Sinne der *Deutlichkeit* zu garantieren.[235] Zu nennen ist die klammerfreie Gliederung der Bedingungsgefüge und die optische „Subjungierung" der Bedingungen eines Satzes unter den Satz selbst, so daß die Anwendung des *modus ponens* als „Abtrennungsregel" geradezu in die Augen springt, indem die Bedingungen sichtbar abgetrennt werden. Als Instrument des logischen Scharfsinns ist Freges Begriffsschrift bis heute unübertroffen geblieben. Soweit ein erster Blick auf die Tradition des Scharfsinns. Wie steht es mit der Tradition des Witzes?

Die Jenaer Tradition der optischen Instrumente im Blick behaltend läßt sich auch hier ein passender Vergleich anführen: „Wenn Scharfsinn ein Vergrößrungs-Glas ist, so ist der Witz ein Verkleinerungs-Glas", bemerkt G. C. Lichtenberg, und er fügt als erkenntnistheoretische Pointe hinzu:

> Glaubt ihr denn, daß sich bloß Entdeckungen mit Vergrößerungs-Gläsern machen ließen? Ich glaube mit Verkleinerungs-Gläsern, oder wenigstens durch ähnliche Instrumente in der Intellektual-Welt sind wohl mehr Entdeckungen gemacht worden.[236]

Wie kann das angehen? Das Sprichwort[237] erinnert daran, daß man bisweilen „den Wald vor lauter Bäumen" nicht sieht; will sagen: wir können das Ganze in den Einzelheiten aus dem Blick verlieren. Durch die Verkleinerung gewinnen wir eine größere Distanz und damit Übersicht. Es verschwimmen zwar die Abgrenzungen und Unterscheidungen im einzelnen, dafür entdecken wir aber möglicherweise – im Überblick über das Ganze – Zusammenhänge, für die wir in unserer Fixierung auf die Unterschiede bislang blind gewesen sind. Es deutet sich hier eine Versöhnung an: Das Verhältnis von Scharfsinn und Witz läuft – wie dasjenige von optischer Vergrößerung und Verkleinerung – auf unterschiedliche „Einstellungen" hinaus. Und gerade der (wiederholte) Wechsel zwischen diesen Einstellungen möchte erkenntnistheoretisch gesehen fruchtbar sein.

---

[235] G. Frege, Über die wissenschaftliche Berechtigung einer Begriffsschrift, S. 55. Vgl. (im zweiten Kapitel) den Abschnitt „Darstellungsform und Weltauffassung".

[236] G. C. Lichtenberg, Sudelbücher (Heft D 469); in: Schriften und Briefe, hg. v. W. Promies, Bd. 1, 2. Aufl. München 1973, S. 301.

[237] Es geht zurück auf C. M. Wieland, Musarion; in: Sämmtliche Werke, Bd. 9, Leipzig 1795, Nachdruck Hamburg 1984, S. 52.

Witz, Genie und Scherz

Um den Gedanken der gegenseitigen Ergänzung von Witz und Scharfsinn weiter ausbauen zu können, sind zuvor einige Bemerkungen zur Begriffs- und Terminologiegeschichte nachzutragen. Das heutige Verständnis von „Witz" (im Sinne der vormals so genannten „Scherzrede") hat sich erst im 19. Jahrhundert herausgebildet, nachdem das dem lateinischen „ingenium" nachgebildete Lehnwort „Genie" an die Stelle der ursprünglichen Übersetzung „Witz" getreten war. Hatte man ursprünglich Witz, so hatte man nun Genie, ohne deshalb schon ein Genie zu sein. Der Deutsche hatte, wenn er es denn hatte, Genie in demselben Sinne wie der Franzose Esprit hatte. Er hatte Geist als das Vermögen, „geistvoll" zu sein. Und schon damals war es so, wie noch heute, daß das deutsche Genie als zu *schwer*-fällig und der französische Esprit als zu *leicht*-lebig befunden wurde, natürlich jeweils überkreuz.[238] Nachdem im Deutschen mit „Witz" und „Genie" zwei Ausdrücke bereitstanden, wurden sie auch differenzierend genutzt, um den bloßen Witz vom wahren Genie zu unterscheiden. Nur der Dilettant glaube, so meinten Goethe und Schiller, „mit dem Witz an die Poesie zu reichen".[239] Mit der wertenden Unterscheidung des Genies (als desjenigen, der Genie hat) vom bloßen „Witzling" sind bereits die Voraussetzungen für den heutigen Gebrauch von „Witz" geschaffen.

Die Verbindung zu dem älteren Gebauch von „Witz" im Sinne des Erkenntnisvermögens bleibt dadurch erhalten, daß die komische Wirkung von Witzen darauf zurückgeführt wird, daß Heterogenes in eine unerwartete und eben dadurch zum Lachen reizende Beziehung gerückt wird.[240] In diesem Sinne hat in dem akademischen Lokal „Zur Rosen" der Jenaer Philosoph Kuno Fischer im Jahre 1871 zwei Vorträge über den Witz gehalten und diesen als „spielendes Urteil" bestimmt, das den „komischen *Kontrast*" erzeugt, indem es „überraschende *Verbindungen*" schlägt[241], also das Unvereinbare vereint. Dies ist unser Thema, die Dialektik von Verschiedenheit und Übereinstimmung, von Differenz und Identität. Fischer hat sie für den komischen Witz auf den Begriff gebracht:

> Was noch nie vereint war, ist mit einemmale verbunden, und in demselben Augenblick, wo uns dieser Widerspruch noch frappiert, überrascht uns schon die sinnvolle Erleuch-

---

[238] Noch jüngst hat M. Serres dem wissenschaftlichen Streben nach exakter Begrenzung eine „Heilung in Frankreich" angeboten, im „Salon" als Ort „von Übergängen": Die fünf Sinne. Eine Philosophie der Gemenge und Gemische, Frankfurt a. M. 1993, S. 451. Charakteristischerweise verbindet sich dieses Angebot mit einer Kritik der Analyse und des klaren und deutlichen Denkens zugunsten der Synthese und der konfusen, auf „Mischung" bedachten sinnlichen Wahrnehmung – am Beispiel der Kochkunst (S. 224ff.).

[239] In den gemeinsam entworfenen Übersichten: Über den Dilettantismus (Eintragung Jena, den 24. Mai 1799); in: Goethes Werke (Sophien-Ausgabe), 1. Abt., Bd. 47, Weimar 1896, S. 314.

[240] Vgl. W. Preisendanz, Über den Witz, Konstanzer Universitätsreden 13, Konstanz 1970.

[241] K. Fischer, Über die Entstehung und die Entwicklungsformen des Witzes, Heidelberg 1871, S. 31 u. 33 (Hervorhebungen G. G.).

> tung. Es ist ein Punkt, in welchem jene einander fremden und widerstreitenden Vorstellungen unmittelbar zusammentreffen und sich in einem Urteile vereinigen. Hier hat der Witz seine Kraft und Wirkung. Es ist der Augenblick seiner Vollziehung. Dieser Punkt des Zusammentreffens ist der Treffer im Witz, die Spitze desselben, die *Pointe*.[242]

Mit seinen Überlegungen hat Fischer eine Tradition von Untersuchungen angeregt, die bis zu den Analysen von S. Freud über den „Witz und seine Beziehung zum Unbewußten“[243] und darüber hinaus führt. Auch im Witz (verstanden als Textsorte im Sinne der „einfachen Formen“)[244] ist also noch der Witz als Erkenntnisvermögen am Werk. Witze (im Plural) werden durch Witz (im Singular) erzeugt. Ob dieser Zusammenhang für alle Witze gilt, sei dahingestellt. Es geht hier nicht um eine Bestimmung der Textgattung. In jedem Falle leitet sich der heutige Gebrauch des Ausdrucks begriffsgeschichtlich aus der erkenntnistheoretischen Tradition ab.

An dem Übergang vom ernsthaften zum scherzhaften Witz ist die Jenaer Tradition wesentlich beteiligt. Er verdankt sich nicht zuletzt der zugespitzten spielerischen Form, in der die Frühromantiker ihren Witz eingesetzt haben. Insbesondere Friedrich Schlegel hat sich nicht nur als Theoretiker, sondern auch als Virtuose des Witzes hervorgetan und mit seinem Hang zur Überbietung den witzigen Einfall bis zum mutwilligen Wortspiel so weit getrieben, daß es sogar seinen Freunden bisweilen zu viel wurde. Solcher Übermut hat allerdings Methode und ein ernstgemeintes wissenschaftstheoretisches Motiv. Dieses läßt sich dahingehend bestimmen, daß das ausgewogene Verhältnis von Witz und Scharfsinn, wie es die bereits genannten Aufklärungsphilosophen vertreten haben, zugunsten des Witzes verschoben worden ist. Und damit deutet sich eine Umwertung des Verhältnisses von Logik und Ästhetik an. Hatte Baumgarten noch dafür kämpfen müssen, daß die Ästhetik als die „nachgeborene Schwester“ der Logik von der Mutter Philosophie als eigenständig und gleichberechtigt anerkannt wurde, so wollten die Liebhaber der jüngeren Schwester diese über die ältere Schwester erheben – und das Gleichgewicht zugunsten von Kunst und Poesie verschieben. Wenn Schlegel sagt „Alles ist Witz und überall ist Witz“[245], so ist damit das in die Sprache der Erkenntnisvermögen übersetzte Jenaer Programm der „Universalpoesie“ angesprochen: „Alle Kunst soll Wissenschaft, und alle Wissenschaft soll Kunst werden; Poesie und Philosophie sollen vereinigt sein.“[246] Diese Uni-

---

[242] Fischer, a. a. O., S. 34.

[243] S. Freud, Gesammelte Werke, hg. v. A. Freud u. a., Bd. 6, 3. Aufl. Frankfurt a. M. 1961, S. 7 heißt es u. a. mit Bezug auf K. Fischer: „Von jeher liebte man es, den Witz als die Fertigkeit zu definieren, Ähnlichkeiten zwischen Unähnlichem, also versteckte Ähnlichkeiten zu finden.“

[244] Vgl. A. Jolles, Einfache Formen, Leipzig 1929.

[245] Kritische Friedrich-Schlegel-Ausgabe, Bd. 16, hg. v. H. Eichner, Paderborn u. a. 1981, S. 153 (Fragmente zur Literatur und Poesie, Nr. 787).

[246] Kritische Friedrich-Schlegel-Ausgabe, Bd. 2, hg. v. H. Eichner, Paderborn u. a. 1967, S. 161 (Lyceums-Fragmente, Nr. 115).

versalpoesie ist nichts anderes als eine Einheitswissenschaft von der anderen Seite, nämlich von der Poesie aus gedacht, abgestellt auf Sinnlichkeit, Phantasie und Gefühl. Der Anspruch der Universalpoesie scheint mir insofern „totaler“ zu sein als derjenige der Fregeschen Logik. Die ästhetische Weltauffassung wird der wissenschaftlichen nicht an die Seite gestellt, sondern die wissenschaftliche Weltauffassung wird der ästhetischen einverleibt.

Mit dieser Zuspitzung geht einher, daß der Witz unmerklich von einem Finder[247] im Sinne der *objekt*bezogenen Kunst des Findens (*ars inveniendi*) zu einem *Er*finder im Sinne der *subjekt*bezogenen Einbildungskraft (*imaginatio*) wird, ohne durch den Verstand im Sinne der *ars iudicandi* kritisch beurteilt zu werden. Die Ähnlichkeiten werden nicht gefunden, sondern erzeugt. „Der Witz ist schöpferisch – er *macht* Ähnlichkeiten“, heißt es bei Novalis, dem jüngeren Freunde F. Schlegels im Kreise der Jenaer Romantiker.[248] Dieses schöpferische Moment hat auch Jean Paul in seiner „Vorschule der Ästhetik“ in der bekannten witzigen Bestimmung ausgesprochen: der Witz sei „der verkleidete Priester, der jedes Paar kopuliert [d. h. verkuppelt, G. G.]“.[249] Und Friedrich Theodor Vischer hat noch eine Pointe mit der Bemerkung draufgesattelt, daß er diejenigen Paare traue, deren Verbindung „die Verwandten [...] nicht dulden wollen“.[250] Die Verwandten, das sind die benachbarten Begriffe in dem „methodischen wahren Zusammenhang“ des logischen Gefüges von Neben-, Über- und Unterordnungen; und es sind diese Ordnungen, die in witzigen Verbindungen des Unverbundenen übergangen werden. Wo solcher Witz sich ernster nimmt als ein Wortspiel, liegt ihm der metaphysische Gedanke zugrunde, daß letztlich alles mit allem zusammenhängt. In psychologischer Transformation überlebt dieser Gedanke (mit der bekannten „Besetzung“) in der Theorie der unbewußten Verbindungen bei S. Freud. Es ist insofern überhaupt nicht zu verwundern, daß der Witz in der Freudschen Theorie eine so herausragende Rolle spielen konnte.

---

247 So besonders bei G. C. Lichtenberg, Sudelbücher (Heft J 1620); in: Schriften und Briefe, Bd. 2, 2. Aufl. München 1975, S. 297: „Der Witz ist der *Finder* [...] und der Verstand der Beobachter.“

248 Novalis, Schriften, hg. v. P. Kluckhohn/R. Samuel, Bd. 3, 2. Aufl. Stuttgart u. a. 1968, S. 410 (Das Allgemeine Brouillon, Nr. 732). Zum Anspruch des romantischen Witzes, die Rolle der *ars inveniendi* zu übernehmen, vgl. die materialreiche Arbeit von J. Neubauer, Symbolismus und symbolische Logik. Die Idee der Ars combinatoria in der Entwicklung der modernen Dichtung, München 1978.

249 Jean Paul, Werke, hg. v. N. Miller, Bd. 5, 4. Aufl. München 1980, S. 173. Vgl. das Bekenntnis zur Fähigkeit, die Welt durchgehend analogisch aufzufassen; in: Jean Paul, Ideen-Gewimmel. Texte & Aufzeichnungen aus dem unveröffentlichten Nachlaß, hg. v. T. Wirtz/K. Wölfel, Frankfurt a. M. 1996, S. 82 (Nr. 428): „Die Kraft zu kombinieren und Aehnlichkeit zu finden wächst bei mir so, daß ich zuletzt gar keine Unähnlichkeit mehr kenne, sondern wie ein Gott alles ähnlich sehe.“

250 F. T. Vischer, Ästhetik oder Wissenschaft des Schönen, Bd. 1, Reutlingen/Leipzig 1846, S. 422. Vgl. K. Fischer, a. a. O., S. 35.

Witz und Metapher

Der scherzhafte Witz als „spielerischer“ Verstoß gegen die begriffliche Ordnung stellt für den Logiker überhaupt kein Problem dar. Dieser Witz hat im Reiche der Logik Narrenfreiheit. Er untergräbt nicht die wissenschaftliche Weltauffassung, selbst dann nicht, wenn kategoriale Ordnungen übersprungen werden. Wie die Ausführungen zur Nonsens-Poesie gezeigt haben, ist solcher Witz erkenntnistheoretisch aufschlußreich und vermag geradezu eine Kategorienlehre *via negationis* zu liefern. An den Verstößen erkennen wir die geltenden Regeln. Vergessen wir nicht, daß der Literat Lewis Carroll von Beruf Logiker war!

Was ist aber, wenn der Witz nicht Scherz, sondern Ernst ist. Wo ist dies der Fall? Wir sind umgeben von solchen Fällen. Nicht nur Witze zehren vom Witz, auch Metaphern. Der Witz ist das Erkenntnisvermögen der Metaphern. In diesem Falle verkuppelt unser Priester sogar solche Begriffspaare, die bereits in festen semantischen Beziehungen stehen. Gelungene Metaphern sind, wie Nelson Goodman treffend bemerkt hat, kalkulierte Kategorienfehler, die auf „eine glückliche und neue Kraft schenkende, wenn auch bigamieverdächtige Wiederverheiratung“ von Begriffen hinauslaufen.[251]

Können Metaphern aber überhaupt Erkenntnis vermitteln? Logiker und Wissenschaftstheoretiker neigen bisweilen immer noch dazu, diese Frage zu verneinen. Sie sind leicht daran erkennbar, daß sie Kommentare abgeben wie: „Das ist *bloß* eine Metapher.“ Eine Auseinandersetzung mit dieser Auffassung würde hier zu weit führen. Nur ein Gegenbeispiel sei für hartgesottene Szientisten angemerkt: Freges Begründung der modernen Logik beruht wesentlich auf der Idee einer Übertragung der Argument/Funktion-Struktur auf Sprache und Denken und deren Erläuterung durch die chemische Metapher der Sättigung eines Ungesättigten. Trotz seiner Forderung der scharfen Begrenzung der Begriffe für den internen wissenschaftlichen Diskurs hat Frege auch sonst im externen kategorialen Diskurs gezielt auf Metaphern und Vergleiche zurückgegriffen.

Diejenigen, die in der Anerkennung von Metaphern eine Gefährdung des Erkenntnisbegriffs sehen und Metaphern deshalb ausgegrenzt wissen wollen, sind aus guten Gründen im Rückzug begriffen. Dafür haben Autoren im eigenen Lager gesorgt: Analytische Philosophen wie N. Goodman, die Kunst und Wissenschaft als gleichberechtigte Modi der Welterschließung anerkannt haben. Gefährlicher ist derzeit die andere Seite, die sich im Ausgang von der rhetorischen Tradition anschickt, das logische (oder logozentrische) Denken zu „dekonstruieren“. Methodisch gesehen liegt hier eine Überbietung der romantischen Tradition des Witzes

[251] N. Goodman, Sprachen der Kunst, Übers. v. J. Schlaeger, Frankfurt a. M. 1973, S. 82. Inzwischen ist eine Neuausgabe (in durchgehend verbesserter Übers. v. B. Philippi, Frankfurt a. M. 1995) erschienen. Im vorliegenden Fall scheint mir allerdings die metaphorische Charakterisierung der Metapher in der früheren Übersetzung (vgl. Übers. Philippi, S. 77) besser getroffen zu sein.

vor. Die Entwicklung stellt sich wie folgt dar: Aus dem ernsthaften Witz der Aufklärung (im Sinne einer Heuristik des Erkennens) wird der scherzhafte Witz der Romantik (mit tieferer Bedeutung). In der Psychoanalyse Freuds wird der Scherz partiell als (unbewußter) Ernst gedeutet. Damit kehrt sich das Verhältnis um. Der Ernst tarnt sich als Scherz: Der uneigentliche Scherz verweist auf den „verdrängten" eigentlichen Ernst. Und nun verschwindet sogar der Unterschied von „eigentlichem" Ernst und „uneigentlichem" Scherz: Alles ist Ironie und überall ist Ironie.

Als wichtigster Verbindungsmann in dieser Entwicklung zur Dekonstruktion ist wieder einmal F. Nietzsche zu benennen. Die allgemeine Frage nach dem Verhältnis von Identität und Nichtidentität ist angesprochen, wenn er „Zum Verständnis der Logik" ausführt:

> *[D]er Wille zur Gleichheit ist der Wille zur Macht* – der Glaube, daß etwas so und so sei (das Wesen des *Urteils*), ist die Folge eines Willens, es *soll* so viel als möglich gleich sein. [...] Endlich: gesetzt, alles ist Werden, so ist *Erkenntnis nur möglich auf Grund des Glaubens an Sein.*[252]

Als Gegenbegriff zu „Werden" ist „Sein" hier natürlich im Sinne eines beharrenden, *identischen* Seins gemeint. Der Logiker Frege bestätigt diese Voraussetzung – freilich in gegensinniger Absicht, indem er ihren transzendentalen Charakter hervorhebt:

> Wenn in dem beständigen Flusse aller Dinge nichts Festes, Ewiges beharrte, würde die Erkennbarkeit der Welt aufhören und Alles in Verwirrung stürzen.[253]

Der „Wille zur Gleichheit", das ist nicht zu leugnen, ist die Grundlage der logischen Begriffsbildung. Ein „Wille zur Macht" wäre er aber nur, wenn er andere Perspektiven nicht dulden würde. Da es nach Nietzsche für Gleichheiten keinen Anlaß in der Wirklichkeit gibt, sofern alles „Werden" ist, werde die Wirklichkeit durch Begriffe von Anfang an „verfälscht". Entgegen der üblichen Unterscheidung von Begriffen und Metaphern behauptet Nietzsche, daß alle Begriffsbildungen metaphorisch sind. Eine Metapher ist danach nicht erst die Rede vom „Stuhlbein", also die Übertragung eines Begriffs der belebten Welt, wie „Bein", auf einen Gegenstand der unbelebten Welt, wie „Stuhl", Metaphern sind bereits die ursprünglichen, noch unverbundenen Begriffe „Stuhl" und „Bein". Die schlichte Prädikation, daß dies ein Stuhl ist und dies *auch*, also die Übertragung eines Zeichens von einem Gegenstand auf einen anderen, wird selbst im übertragenen Sinne genommen und deshalb mit einer Metapher gleichgesetzt. Nietzsche überträgt hier die übertragene Bedeutung von „übertragen" und liefert damit ein rhetorisches Kabinettstückchen, auf das die Leute bis heute hereingefallen sind.[254]

---

[252] F. Nietzsche, Aus dem Nachlaß der Achtzigerjahre; in: Werke, hg. v. K. Schlechta, Bd. 3, München 1966, S. 500f.

[253] G. Frege, Die Grundlagen der Arithmetik, S. VII.

[254] Vgl. Nietzsche, Über Wahrheit und Lüge im außermoralischen Sinn, a. a. O., S. 312f.

Unter der Vorgabe, daß ohnehin alles Metapher ist („Alles ist Metapher" ist nichts anderes als die semantische Lesart von Schlegels erkenntnistheoretischer Formulierung „Alles ist Witz"), ist es erlaubt, metaphorisch in die Vollen zu gehen und sozusagen im freien Spiel des Witzes alles mit allem in Beziehung zu setzen. Gleichzeitig wird, wenn jemandem dies zu viel wird und er auf exakte Unterscheidungen drängt, von Differenzen gesprochen. Nicht etwa, um Begriffe *voneinander* abzugrenzen, sondern um *innerhalb* der Grenzen der einzelnen Begriffe Differenzen aufzuspüren, die den Anspruch auf Allgemeinheit, d. h. die subsumtive, die Einzeldinge vereinigende und dadurch „unterwerfende", klassifikatorische Kraft der Begriffe in Frage stellen.

F. Nietzsche beschreibt die Situation so, daß das „Gebälk und Bretterwerk der Begriffe" lediglich dem „bedürftigen Menschen" dazu diene, sich durchs Leben zu retten. Für den „freigewordenen Intellekt" aber, das ist der Intellekt, der sich im Sinne Schopenhauers aus dem Dienst als „Sklave" des Willens zum Leben befreit hat und dadurch bereits eine kontemplativ-ästhetische Einstellung zur Welt eingenommen hat, für diesen Intellekt sei die logische Ordnung der Begriffe nur „ein Spielzeug". Er zerschlägt sie, wirft die Begriffe durcheinander und setzt sie „ironisch" wieder zusammen, „das Fremdeste paarend und das Nächste trennend".[255] Damit ist – auch ohne daß die Termini genannt würden – das Verhältnis von Witz und Scharfsinn, wie es die Aufklärung gesehen hat, auf den Kopf gestellt. Die gegensinnigen Verfahren des hemmungslosen Analogisierens im Allgemeinen und des angestrengten Differenzierens im Besonderen verbinden sich zu einer analogisch-ästhetischen Weltauffassung, in der es keine festen Grenzen gibt, sondern nur Übergänge. Alles fließt, und auf den Wellen des ewigen Flusses der Signifikanten gleitet – oder surft – der Dekonstruktivist in freier Assoziation seiner Gedanken dahin. Dem Logiker ist es nicht zu verdenken, daß er auf diesem Fluß, mit den Begriffen, auch seine logischen Felle davonschwimmen sieht.

„Ästhetisch" darf eine solche Weltauffassung heißen, weil die *Metapher* ihren Kern ausmacht: *Alles* wird in Metaphern gefaßt. Und Metaphern bilden seit jeher einen zentralen Bereich der Ästhetik – wegen ihrer Bedeutung für die Poesie. Auch wenn die Schriftsteller in neuerer Zeit immer mal wieder erklärt haben, weg zu wollen von den „Vergleichen und ähnlichen Alleskleber n" (Günter Grass).[256] Entscheidend ist aber nicht, in Gleichnissen zu „reden", sondern, was man sagt, als Gleichnis zu *meinen*.

---

[255] Nietzsche, a. a. O., S. 321.

[256] Vgl. G. Willems, Die Metapher – „Kern und Wesen aller Poesie" oder „Schminke und Parfüm"? Zur Problematisierung der bildlichen Rede in der modernen Literatur. Deutsche Vierteljahrsschrift für Literaturwissenschaft und Geistesgeschichte 62 (1988), S. 549-569, hier S. 551.

Wissenschaftliche und ästhetische Weltauffassung

Versuchen wir nach diesen Vorgaben, das Verhältnis von logisch-wissenschaftlicher und analogisch-ästhetischer Weltauffassung zu bestimmen. Der unterschiedliche Gebrauch der Erkenntnisvermögen „Witz“ und „Scharfsinn“ liefert uns die Grundlage, und zwar in zueinander „dualen“ Formulierungen.

In der logisch-wissenschaftlichen Weltauffassung richtet sich der Witz aufs *Einzelne*, um an den verschiedenen Einzeldingen Ähnlichkeiten auszumachen. Er wirkt hier im Sinne einer vereinigenden Begriffsbildung (Generalisierung). Der Scharfsinn richtet sich dagegen aufs *Allgemeine*, um in ähnlichen Begriffen unterscheidende Merkmale auszumachen. Er wirkt hier im Sinne einer trennenden (abgrenzenden) Begriffsbildung.

In der analogisch-ästhetischen Weltauffassung richtet sich der Witz aufs *Allgemeine*, um zwischen ganz verschiedenen Begriffen (und Bereichen) Ähnlichkeiten zu stiften. Er wirkt hier im Sinne einer vereinigenden Metaphernbildung und verhindert die trennende (abgrenzende) Begriffsbildung. Der Scharfsinn richtet sich dagegen aufs *Einzelne*, um an ähnlichen Einzeldingen Verschiedenheiten auszumachen. Er wirkt hier im Sinne einer trennenden (abgrenzenden) Individualisierung und verhindert die vereinigende Begriffsbildung (Generalisierung).

Zusammenfassend läßt sich also sagen, daß die ästhetische Weltauffassung durch Witz im Allgemeinen und Scharfsinn im Einzelnen und die wissenschaftliche Weltauffassung durch Witz im Einzelnen und Scharfsinn im Allgemeinen bestimmt ist. Entsprechend könnten wir dann nicht nur von ästhetischem Witz und logischem Scharfsinn, sondern auch von ästhetischem Scharfsinn und logischem Witz sprechen. Dies dürfte der Grund sein, warum die Terminologie in der Tradition nicht immer einheitlich ist. Als Strategie für eine hermeneutische Explikation scheint es mir vielversprechend zu sein, jeweils zu fragen, ob der Verwendungskontext der Ausdrücke „Witz“ und „Scharfsinn“ in Richtung Allgemeinheit oder Einzelheit weist.[257]

Eine gewisse Skepsis gegenüber bestimmten Erscheinungsformen der ästhetischen Weltauffassung scheint mir angebracht zu sein. Damit das Verhältnis ausgewogen bleibt, sollen nun die Grenzen der logischen und das Recht der ästhetischen Weltauffassung beleuchtet werden.[258]

---

[257] Bereits Jean Paul bemerkt (a. a. O., S. 170, vgl. auch S. 171), daß dem Witz und dem Scharfsinn die Tätigkeit des Vergleichens gemeinsam sei, ja, daß beide „nur *eine* vergleichende Kraft“ seien, deren Verschiedenheit „mehr durch die Richtung“ bestimmt sei.

[258] W. Welsch (Ästhetisches Denken, 3. Aufl. Stuttgart 1993, S. 44) meint, „daß die Schranke zwischen dem Ästhetischen und dem Logischen heute hinfällig wird“. Dieser These könnte man zustimmen, wenn sie nicht unter Berufung auf Nietzsches Fiktionalismus (S. 57) erkauft würde. Vgl. W. Welsch, Das Ästhetische – eine Schlüsselkategorie unserer Zeit?; in: Ders. (Hg.), Die Aktualität des Ästhetischen, München 1993, S. 13-47, hier S. 36f.

Die vorausgegangenen Überlegungen legen es nahe, den Unterschied beider Weltauffassungen auch daran festzumachen, wie sie das Verhältnis von Besonderem und Allgemeinem bestimmen und insbesondere daran, wie sie mit dem Besonderen umgehen, das uns sprachlich in der Form von Eigennamen begegnet. Für den Ästhetiker Baumgarten sind Eigennamen besonders poetisch. Der tiefere Grund ist, daß sie für Individuen stehen.[259]

In der Logik besteht die Tendenz, das Besondere in das Einzelne und das Allgemeine aufzuspalten. Dies wird insbesondere in der Weltauffassung des Logischen Atomismus deutlich, wie sie Bertrand Russell (und in gewissen Grenzen L. Wittgenstein im „Tractatus") vertreten haben. Ein zentrales Element dieser Weltauffassung ist die von Russell entwickelte Kennzeichnungstheorie, die paradigmatisch für das Programm einer idealsprachlichen logischen Analyse steht. (Die Philosophie der normalen Sprache steht dem Besonderen und damit Ästhetik und Rhetorik näher.) Im Rahmen dieser Theorie werden alle „natürlichen" Eigennamen, die für komplexe Besondere (d. h. für Individuen im Sinne der Leibnizschen Monaden) stehen, als sozusagen verkappte Kennzeichnungen gedeutet. Entsprechend werden Eigennamen durch Kennzeichnungen ersetzt, wie z. B. „Sokrates" durch „der Lehrer Platons" und „Pegasus" durch „das aus dem Haupte der Medusa entsprungene Dichterroß".[260] Da beide Kennzeichnungen wiederum einen Eigennamen enthalten („Platon" und „Medusa") ist die Analyse fortzusetzen, bis man im Bereich des Einzelnen (Singulären) bei einfachen, nicht mehr weiter analysierbaren *logischen* Eigennamen angelangt ist. Auf diese Weise wird die Kategorie des Besonderen auf die Kategorie des logisch einfachen Gegenstandes reduziert. Da durch diese Analyse alle beschreibenden Momente in den prädikativen Teil der Aussage „verschoben" werden sollen, verbleibt als sprachliches Zeichen für logische Gegenstände letztlich nur der indexikalische Ausdruck „dies". Der Ausdruck „dies" wird zum eigentlichen Namen.[261]

Der Logiker W. V. O. Quine hat Russells Idee zu Ende gedacht, indem er es gar nicht erst auf eine Analyse bis in die einfachen Bestandteile ankommen ließ (die in der Praxis auch nicht durchführbar ist), sondern die Ausdünnung des Besonderen zugunsten des Allgemeinen durch einen „Trick" unmittelbarer vollzogen hat. Eigennamen werden durch künstliche Prädikate ersetzt („Pegasus" etwa durch „Pegasierend" usw.), und singuläre Aussagen werden in Existenzaussagen überführt: „Pegasus ist ein Dichterroß" wird zu „Es gibt ein und nur ein x, welches pegasie-

---

[259] A. G. Baumgarten, Philosophische Betrachtungen über einige Bedingungen des Gedichtes, lat.-dt., hg. v. H. Paetzold, Hamburg 1983, S. 69, § LXXXIX.

[260] Das Problem ist nicht die Idee der Ersetzung selbst, sondern die Festlegung auf eine ganz bestimmte Kennzeichnung. Diese Schwierigkeit wird durch die so genannte „Bündeltheorie" vermieden.

[261] B. Russell, The Philosophy of Logical Atomism (1918), Abschn. 2, dt. Übers. in: Russell, Die Philosophie des Logischen Atomismus, hg. v. J. Sinnreich, München 1976, S. 200. Vgl. dazu die Kritik L. Wittgensteins, Philosophische Untersuchungen, §§ 38f. u. 45.

rend ist, und x ist ein Dichterroß".[262] Alle bedeutungsvollen, weltbeschreibenden Zeichen sind prädikativer, also allgemeiner Art. Individuen treten im logischen Formalismus nur als Werte von Variablen in Erscheinung.[263] So scheint sich zu bestätigen: Die Logik will weg vom Besonderen, hin zum Allgemeinen.

Der Literatur geht es gerade umgekehrt, sie will weg von allgemeinen Begriffen, hin zum besonderen Individuum. Im letzten der Kallias-Briefe (datiert Jena, den 28. Februar 1793) betont Friedrich Schiller, daß das Medium des Dichters „Worte" seien, „also abstrakte Zeichen für Arten und Gattungen, niemals für Individuen",[264] Worte, die auf „ganz heterogene Fälle" zugleich anwendbar seien, und er beklagt, daß der Dichter kein anderes Mittel habe, „um das Besondere darzustellen, als die künstliche *Zusammensetzung des Allgemeinen*".[265]

Wir sehen hier, daß Schiller bereits den Sachverhalt der begrifflichen Gleichmacherei erfaßt hat (im vollständigen Zitat wird dies noch deutlicher), ihn aber – anders als Nietzsche – nicht überfrachtet, sondern ihn als das einordnet, was er ist, als Problem der ästhetischen Darstellung. Schiller und Frege sind kompatibel, Nietzsche und Frege nicht.

Wenn wir als Hauptsatz der logischen Weltauffassung die definitionstheoretische Lesart des Satzes „Omnis determinatio est negatio" anführen, daß jede Begriffsbestimmung Negation ist (nämlich das gezielte Absehen vom Besonderen), so stellt sich aus der Sicht der ästhetischen Weltauffassung diese Negation als Ver-

---

262 Als Aussage über die Welt ist diese Aussage im übrigen falsch, weil es ein x mit diesen Eigenschaften nicht gibt. Entsprechend sind insbesondere (bejahende) Aussagen der Dichtung falsch. Dies ist aus der Sicht der ästhetischen Weltauffassung ein im höchsten Maße unbefriedigendes Ergebnis.

263 Vgl. Quine, On What There Is; in: ders., From a Logical Point of View, 2. Aufl. Cambridge, Mass. 1961. Eine modifizierte Beschreibung des Verfahrens der „Elimination der singulären Termini" gibt Quine in: Grundzüge der Logik, Frankfurt a. M. 1974, § 37. Hier verzichtet er auf die Einführung künstlicher Prädikate. Die Eigennamen selbst werden prädikativ aufgefaßt. Vgl. dazu Quine, Word and Object, Cambridge, Mass. 1967, S. 179. Quine geht es um die prinzipielle Möglichkeit der Elimination, nicht darum, sie in allen Fällen durchzuführen.

264 F. Schiller, Sämtliche Werke, hg. v. G. Fricke/H. G. Göpfert, Bd. 5, München 1959, S. 431.

265 Schillers Beschreibung (a. a. O., S. 432) stimmt, wenn man von dem Moment der Klage absieht, mit derjenigen Baumgartens überein. Der „Zusammensetzung des Allgemeinen" entspricht bei diesem die „Determination" aus Merkmalen im Sinne der „extensiven Klarheit". Vgl. Baumgarten, Philosophische Betrachtungen über einige Bedingungen des Gedichtes, S. 17f., §§ XVI-XIX. Die Textstelle bei Schiller sei wegen ihrer Bedeutung ausführlich angegeben:
„Der Dichter hat überall kein anderes Mittel, um das Besondere darzustellen, als die künstliche *Zusammensetzung des Allgemeinen.* ‚Der eben jetzt vor mir stehende Leuchter fällt um' ist ein solcher individueller Fall, durch Verbindung lauter allgemeiner Zeichen ausgedrückt.
Die *Natur* des Mediums, dessen der Dichter sich bedient, besteht also ‚in einer Tendenz zum *Allgemeinen*', und liegt daher mit der Bezeichnung des Individuellen (welches die Aufgabe ist) im Streit. Die Sprache stellt alles vor den *Verstand*, und der Dichter soll alles vor die *Einbildungskraft* bringen (darstellen); die Dichtkunst will *Anschauungen*, die Sprache gibt nur *Begriffe*.
Die Sprache beraubt also den Gegenstand, dessen Darstellung ihr anvertraut wird, seiner Sinnlichkeit und Individualität und drückt ihm eine Eigenschaft von ihr selbst (Allgemeinheit) auf, die ihm fremd ist."

lust dar.[266] Ihr Hauptsatz lautet „Individuum est ineffabile", das Individuum ist unaussprechlich, nämlich durch Begriffe nicht zu erfassen. Die beiden Standpunkte kommen in der gegensätzlichen Wertung des sinnlichen Anteils der Sprache bei Schiller und Frege zum Ausdruck. Übereinstimmend klagen sie über die „Fesseln der Sprache".[267] Für den Ästhetiker Schiller bestehen die Fesseln in der zu großen Allgemeinheit der Sprache, die die anschaulich *prägnante* poetische Darstellung behindert. Für den Logiker Frege dagegen bestehen die Fesseln genau umgekehrt in den Resten von Anschaulichkeit der Sprache, deren Konnotationen oder „Färbungen" die begrifflich *präzise* logische Darstellung erschweren.

In dieser Gegenüberstellung dürfte deutlich werden, daß es keinen Sinn macht, beide Auffassungen gegeneinander auszuspielen – den logischen Scharfsinn gegen den ästhetischen Witz und den Begriff gegen die Metapher. Es kommt auf den jeweiligen Zweck der Darstellung an. Zu warnen ist vor Übertreibungen in beiden Richtungen.[268] Auf die Dauer gilt, was Kant von dem Verhältnis von Begriff und Anschauung gesagt hat: Scharfsinn ohne Witz ist leer, Witz ohne Scharfsinn ist blind.

Mit der historischen Rückbindung systematisch gemeinter Überlegungen an die Unterscheidung von „Scharfsinn" und „Witz" sollte nicht einer Wiederbelebung der umstrittenen Theorie der Erkenntnis*vermögen* das Wort geredet werden, sondern ins Bewußtsein zurückgerufen werden, daß die Tradition ganz selbstverständlich davon ausgegangen ist, daß dem Menschen, der *nur* logisch oder *nur* analogisch zu denken „vermag", etwas fehlt. Führt die Übertreibung des logischen Denkens zu leeren Distinktionen, so endet die Übertreibung des analogischen Denkens in blinder Ideenflucht, im Chaos freier Assoziationen, ja, im Irr-Sinn.

Ein ausgewogenes Verhältnis von wissenschaftlicher und ästhetischer Weltauffassung ist daher nicht nur aus erkenntnistheoretischen, sondern auch aus anthropologischen Gründen zu fordern. In diesem Sinne greift Kant in seiner „Anthropologie in pragmatischer Hinsicht" die Unterscheidungen seiner rationalistischen Vorgänger auf. Er verschiebt die Terminologie ein wenig, weil er stärker die konkrete Tätigkeit als deren Ziel im Blick hat. Daher tritt bei ihm das Bemerken von „kleinsten Ähnlichkeiten oder Unähnlichkeiten" im Verbund auf.[269] Psychologisch

---

[266] So heißt es bereits bei Baumgarten provokativ in Richtung logischer Weltauffassung: „Quid enim est abstractio, si iactura non est?" (Denn was ist Abstraktion anderes als Verlust?), zit. nach: Theoretische Ästhetik, lat.-dt., hg. v. H. R. Schweizer, Hamburg 1983, § 560. Bei der Determination ist (wie beim Witz und Scharfsinn) darauf zu achten, ob sie auf das Besondere geht (als Bestimmung des Individuums, wie bei Baumgarten) oder auf das Allgemeine (als Bestimmung des Begriffs, wie sie hier zu verstehen ist).

[267] Schiller, a. a. O., S. 433. – G. Frege, Nachgelassene Schriften, hg. v. H. Hermes/F. Kambartel/F. Kaulbach, 2. Aufl. Hamburg 1983, S. 155.

[268] Vgl. bereits Baumgarten, Metaphysica, § 576, wo dem „Spiele des Witzes" und den „scharfsinnigen Gedanken" als Übertreibungen „Betrug des Witzes" und „Spitzfindigkeiten, leere Grübeleien" gegenübergestellt werden.

[269] I. Kant, Anthropologie in pragmatischer Hinsicht, § 44.

gesehen vollzieht sich nämlich das eine nicht ohne das andere. Für das Vermögen, dieses Wechselspiel von Ähnlichkeit und Unähnlichkeit zu beherrschen, verwendet Kant abweichend von der Tradition den Ausdruck „Scharfsinnigkeit“. Das „Verähnlichungsvermögen“ selbst heißt aber auch bei ihm „Witz“,[270] und in der Sache bleibt der polare Gegensatz von logischer „Genauigkeit“ (im Sinne der Exaktheit oder Deutlichkeit) und ästhetischem „Reichtum“ (im Sinne der Komplexität oder Klarheit) bestehen.[271]

Unter dem Gesichtspunkt der alle Philosophie leitenden Frage „Was ist der Mensch?“ ist aus anthropologischen Gründen ein komplementäres Verhältnis von logischem und analogischem Denken zu fordern. Entsprechendes gilt für das Verhältnis von Wissenschaft und Kunst. Dieses stellt sich als polar-konträr dar, als eine Skala, auf der wir möglicherweise – analogisch denkend – in Übergängen von Familienähnlichkeiten von einem Pol zum anderen schreiten können; aber das bedeutet eben nicht, daß die Pole selbst zusammenfallen. Die Übergänge werden auch auf dieser höheren Stufe der Betrachtung nicht durch Gleichmacherei, sondern nur durch nuancierende Differenzierungen möglich.

---

270 Ebd., § 54.
271 Ebd., § 44.

Siebtes Kapitel

Fakten und Fiktionen

Es hat sich gezeigt, daß die Kontroverse zwischen Logik und Rhetorik, soweit sie durch den Widerstreit von logischem und analogischem Denken bestimmt ist, auf eine tieferliegende Differenz verweist, auf den Gegensatz von wissenschaftlicher und ästhetischer Weltauffassung. Folgt doch die Kunst – in der rhetorischen Tradition – eher dem analogisierenden Denken, die Wissenschaft – in der logischen Tradition – eher dem unterscheidenden Denken. Wiederum sind die Verhältnisse allerdings nicht als disjunkt anzusehen. Wie bereits E. Mach hervorgehoben hat, spielen Analogien, vor allem im Sinne von *strukturellen* Ähnlichkeiten, auch in den Wissenschaften eine große Rolle. Ohne den Ausdruck zu verwenden, ist es der Witz, den Mach an großen Wissenschaftlern hervorhebt, nämlich die Fähigkeit, „in weit Abliegendem noch Gemeinsames" zu entdecken.[272] Damit ist zunächst die Logik des Findens, der so genannte „Entdeckungszusammenhang" angesprochen. Bezieht man den kategorialen Rahmen der Theorien in die Betrachtung mit ein, so wird man nicht bestreiten können, daß Analogien in wissenschaftlichen Theorien auch eine *fundierende* Rolle zukommt.[273]

Somit erhalten wir auch von wissenschaftstheoretischer Seite die Bestätigung, daß sich das Verhältnis von logischem und analogischem Denken mit Hilfe der traditionellen Unterscheidung der Erkenntnisvermögen *Scharfsinn* und *Witz* explizieren läßt. Außerdem zeigt sich aber, daß analogisches Denken nicht einfach mit ästhetischer Weltauffassung zusammenfällt. Festhalten läßt sich nur, daß die unterschiedlichen Bewertungen der beiden Erkenntnisvermögen im allgemeinen den Bewertungen von wissenschaftlicher und ästhetischer Weltauffassung parallel verlaufen und deren Rangordnung bestimmen. Das Verhältnis der entsprechenden Weltauffassungen ist aber nicht allein durch den Gegensatz von Scharfsinn und Witz geprägt.

---

[272] Vgl. dazu die Ausführungen „Die Ähnlichkeit und die Analogie als Leitmotiv der Forschung" in E. Mach, Erkenntnis und Irrtum. Skizzen zur Psychologie der Forschung, 3. Aufl. Leipzig 1917, S. 220-231, hier S. 224. Ausdrücklich in diesem Sinne spricht noch H. v. Helmholtz (mit Bezug auf die Theorie der „Seelenvermögen") vom *heuristischen* Wert des Witzes für die Naturforschung: Vorträge und Reden, Bd. 2, 4. Aufl. Braunschweig 1896, S. 184f. u. S. 431.

[273] Vgl. im nachfolgenden Kapitel den Abschnitt „Zur Logik der Beispiele". Eine detaillierte Darstellung der Diskussion gibt L. Danneberg, Methodologien. Struktur, Aufbau und Evaluation, Berlin 1989, S. 45-55.

Mythos und Logos

Trotz der Zentrierung der bisherigen Untersuchungen auf den Antagonismus von Logik und Rhetorik darf nicht vergessen werden, daß es noch einen älteren Gegensatz gibt, den Gegensatz nämlich zwischen Mythos und Logos. Die Etablierung des Logos im Sinne des propositionalen Wahrheitsbegriffs ist bereits bei Platon nicht nur mit einer Kritik der sophistischen Rhetorik, sondern auch mit einer Absetzung von der Dichtung verbunden. Beide – Rhetorik und Poetik, bzw. Beredsamkeit und Dichtung – erheben Anspruch auf das Erbe des Mythos nach dessen Zerfall und rücken von daher in einen Gegensatz zur Logik. Obwohl Aristoteles versucht hat, die Polemiken in ruhigere Bahnen zu lenken, indem er eine wissenschaftliche Aufteilung in Logik, Rhetorik und Poetik vorgenommen hat, sind die Konflikte bis heute nicht beendet.

Der Mythos geht nicht in analogischem Denken auf, obwohl eine Verbindung bestimmter analogischer Erkenntnisformen wie Rätsel und Orakel zum Mythos besteht und dieser, schon in seiner sprachlichen Verfaßtheit, von analogischem Denken in Vergleichen und Metaphern lebt. Ansonsten ist der Mythos aber konkreter in Verbindung mit Kunst und Dichtung und deren Formen der Vergegenwärtigung von Welt zu sehen.

Die Frage, wie das Verhältnis von wissenschaftlicher und ästhetischer Weltauffassung zu denken ist, erhält damit eine neue Dimension. Bisher konnten sich die Analysen im wesentlichen auf der Ebene sprachlicher Bedeutungen bewegen. In diesem Rahmen wurde die Möglichkeit, propositionale, wahrheitswertfähige Bedeutungsinhalte erfassen zu können, gegen ältere und neuere Varianten des semantischen Skeptizismus verteidigt. Außerdem ließ sich die Erkenntnisfunktion sprachlicher Darstellungsformen belegen, die nicht mit einem propositionalen Erkenntnisbegriff verrechnet werden können. Das Auseinandertreten von Mythos und Logos vollzieht sich aber nicht nur auf der Ebene sprachlicher Verfaßtheit. Es tritt nicht nur in unterschiedlichen sprachlichen Darstellungsformen zutage, sondern außerdem in der Herausbildung der kategorialen Differenz von *Fakten* und *Fiktionen*. Auch dieses Thema ist erkenntnistheoretischer Herkunft und gehört insofern in den Rahmen einer Logik und Rhetorik der *Erkenntnis*. Die Frage muß entsprechend sein, inwieweit Fiktionen ein Erkenntniswert zugesprochen werden kann, ohne die Fakten anzutasten. Die Komplementarität von *Erkenntnis*formen bleibt also auch hier im Blick.

Kritik des Fiktionalismus

Die Unterscheidung von Fakten und Fiktionen nimmt den Begriff der Wirklichkeit in Anspruch. Dieser macht es notwendig, über die sprachliche Ebene hinauszugehen. Indirekt ist dieser Ebenenwechsel bereits mehrfach angesprochen worden, insbesondere in der Auseinandersetzung mit Nietzsches Vorwurf der „Fälschung" der Wirklichkeit durch das logische Denken und mit Mauthners Leugung der Möglichkeit von Wirklichkeitserkenntnis.

Für den Begriff der Wirklichkeit oder Realität gilt, was bei kategorialen Begriffen so häufig der Fall ist.[274] Man glaubt zu wissen, was gemeint ist, hat aber Mühe, dieses Wissen auf Nachfrage in eine Definition zu fassen. (Vgl. Augustinus' Bemerkung zum Begriff der Zeit.) Grundsätzlich zu unterscheiden ist zwischen der Frage nach dem *Wie* des *So*seins und der Frage nach dem *Daß* des *Da*seins. Semantisch heißt dies, daß eine Bestimmung der *Bedeutung* (des Fregeschen „Sinns") noch keine *Referenz* (die Fregesche „Bedeutung") sichert. Ein Realismus des Daseins erkennt an, daß eine Welt unabhängig vom erkennenden Subjekt *existiert* (wie immer diese Welt beschaffen sein mag). Diese Position wird in der Erkenntnistheorie üblicherweise *Realismus* genannt. Ein Realismus des Soseins behauptet dagegen (häufig auf der Grundlage eines Realismus des Daseins), daß die Welt unabhängig vom erkennenden Subjekt so *beschaffen* ist, wie sie erkannt wird.

Die Frage an den *literarischen* Realismus ist dann, ob er die Welt schlicht so darzustellen gedenkt, wie sie beschaffen ist. Hier gilt es festzuhalten, daß Wirklichkeitserkenntnis (in der Frage des Soseins) durchaus „perspektivisch" bestimmt sein kann. „Dargestellte Wirklichkeit" ist also nicht Wirklichkeit schlechthin. Entsprechend kommt Darstellungsformen daher auch eine wirklichkeitserschließende Kraft zu. „Mimesis" als „literarische Darstellung" meint nicht eine bloß *abbildende* Nachahmung einer an sich vorgegebenen Wirklichkeit, sondern *„Interpretation* des Wirklichen".[275] Mit Blick auf die Angemessenheit einer solchen Interpretation haben wir also keinen Grund, die Platonische Auffassung (im „Staat", 10. Buch) anzuerkennen, daß die Dichtung die Wirklichkeit bloß aus zweiter Hand nimmt.

Die Auffassung, daß Dichtung einen wesentlichen Beitrag zur Erkenntnis der Wirklichkeit leistet, ist gleichwohl nicht selbstverständlich. Sie wird derzeit von zwei gegensinnig verlaufenden Argumentationslinien in Frage gestellt. So wird von wissenschaftstheoretischer Seite der Erkenntniswert der Dichtung häufig geleugnet und die Erschließung der Wirklichkeit einzig den Wissenschaften überantwortet. Von literaturtheoretischer Seite wird diese Auffassung zu Recht als dogmatisch verworfen, allerdings bisweilen mit der Übertreibung, den Wirklichkeitssinn insgesamt zu schwächen. Der Anmaßung der Wissenschaft sucht man dadurch zu begegnen, daß die Unterscheidung von Wirklichkeit und Dichtung, von Fakten

---

[274] Genau genommen sind die Begriffe „Wirklichkeit" und „Realität" verschieden. „Wirklichkeit" verweist auf das Moment des Wirkens (lat. *actus*). „Realität" schließt ein solches Moment terminologisch nicht ein. Abgeleitet von lat. *„res"* verweist der Ausdruck auf „Sache" und meint daher „Sachhaltigkeit". Daher kann man zwar von der Wirklichkeit im Sinne der Wirksamkeit der Fiktion, nicht aber von deren Realität sprechen.

[275] Vgl. E. Auerbach, Mimesis. Dargestellte Wirklichkeit in der abendländischen Literatur, 5. Auflage Bern/München 1971, Anfang des „Nachworts", S. 515. Hervorhebung G. G.

und Fiktionen, eingezogen wird und einem Panfiktionalismus das Wort geredet wird. So arbeiten Szientismus und Fiktionalismus einander ungewollt in die Hände. Der Szientismus simplifiziert den Wirklichkeitsbegriff und der Fiktionalismus negiert ihn. Beides fügt sich zusammen zu einer unheiligen Allianz, in deren Verlauf der Gedanke einer *komplexen Wirklichkeit* auf der Strecke bleibt. In der Tat, unsere Wirklichkeit ist so komplex, daß zu ihrer Erkenntnis die exakten Begriffe der Wissenschaft nicht hinreichen, sie bleibt aber trotz dieser Komplexität von Fiktion unterscheidbar. Der Komplexität ist nicht dadurch Rechnung zu tragen, daß kategoriale Unterscheidungen eingeebnet werden, sondern dadurch, daß die ihnen entsprechenden Darstellungsformen als gleichberechtigt anerkannt werden.

Argumente für eine solche Sicht haben wir sowohl bei älteren kontinentalen als auch bei neueren analytischen Philosophen gefunden (Baumgarten, Goodman), so daß die Hoffnung nicht unbegründet erscheint, daß sich auf lange Sicht der überflüssige Konflikt zwischen diesen beiden Traditionen der Philosophie in ein auf Ergänzung bedachtes Verhältnis überführen läßt. Zur Zeit ist der Streit noch – mit unterschiedlichen Zielrichtungen – in beiden Richtungen auszutragen. Im folgenden wird es um eine Auseinandersetzung mit fiktionalistischen Tendenzen gehen.

Für die kategoriale Unterscheidung von Fakten und Fiktionen gilt, was bereits von dem kategorialen Begriff der Wirklichkeit gesagt wurde: Sie ist in gewissem Sinne selbstverständlich, aber nicht einfach zu erklären. Jedes Kind macht diese Unterscheidung, spätestens im Alter von vier Jahren. Als induktive Basis für diese generelle Behauptung, kann ich zumindest eigene Erfahrungen mit drei Kindern anführen. Zu fragen ist, warum erwachsenen Philosophen und Literaturwissenschaftlern eine Unterscheidung abhanden kommen konnte, die ihnen, davon bin ich überzeugt, als Kindern selbstverständlich gewesen ist. Hier möchte es ähnlich bestellt sein wie mit dem Skeptizismus überhaupt. Als Skeptizist fängt man nicht an, als Skeptizist hört man auf. Skeptizisten sind meistens Leute, die ihre Karriere als Dogmatisten begonnen haben. Nachdem ihnen berechtigte Zweifel an ihrem dogmatischen Standpunkt gekommen sind, schütten sie das Kind der Wahrheit mit dem Bade des Zweifels aus. Skeptiker sind enttäuschte Dogmatiker. Dies bewahrheitet sich auch im Falle des Fiktionalismus.

Historischer Ausgangspunkt für die gegenwärtigen Versuche, den Unterschied von Fakten und Fiktionen einzuebnen, ist einmal mehr Nietzsches einflußreiche Jugendschrift „Über Wahrheit und Lüge im außermoralischen Sinn“. Ihre Bedeutung im Kontext des Konflikts zwischen Logik und Rhetorik ist bereits gewürdigt worden. Die Frage ist, ob es eine Erkenntnis der Wirklichkeit unabhängig von den sprachlichen Mitteln ihrer Darstellung gibt, ob sich ein objektiver Erkenntnisinhalt abtrennen läßt von seiner subjektbedingten Form. Ausgehend von dem Wahrheitsbegriff der Logik kommt Nietzsche zu dem Ergebnis, daß bereits die Bildung von Begriffen, die den Anspruch auf Wahrheit allererst ermöglicht, eine *bestimmte*, eingeschränkte und daher *verfälschende* Darstellung der Wirklichkeit vornimmt.

Nietzsches Konsequenzen sind unannehmbar. Positiv gewendet könnte seine Lektion lauten: Logisches Denken ist nicht der einzige Zugang zur Wirklichkeit, neben der Erkenntnis in Urteilen (auf der Grundlage exakter Begriffe) gibt es andere Erkenntnisformen, z. B. in Kunst und Literatur. Damit wird das Verhältnis von Logik und Rhetorik zurechtgerückt. Es stellt sich heraus, daß ihre Repräsentanten in der Kontroverse ein und demselben Irrtum verfallen sind, nämlich einer Fixierung auf den Wahrheitsbegriff, die übersehen läßt, daß es weit mehr Formen der Erkenntnisvermittlung gibt als die Anerkennung von Aussagen als wahr.

Die *Fixierung* auf den Wahrheitsbegriff zu überwinden, darf aber nicht heißen, diesen Begriff überhaupt preiszugeben.[276] Von den Kritikern wird in irreführender Weise der Eindruck erweckt, als sei die Moderne im Zeichen eines korrespondenztheoretischen Wahrheitsbegriffs angetreten, ohne das Problem der Konstitution der Wirklichkeit durch das Medium ihrer Darstellung zu reflektieren. Der modernste der Modernen, Kant, hat nun aber die Vormoderne dadurch abgelöst, daß er die Frage nach den Bedingungen der Möglichkeit von Erkenntnis durch Rekurs auf eine Analyse der Formen der Erkenntnis beantwortet hat. Es ist also gerade diese geschmähte Moderne, der wir die Einsicht verdanken, daß der Inhalt der Erkenntnis nicht von seiner Form ablösbar ist. Der Postmodernismus ist insofern nichts anderes als eine Übertreibung moderner Einsichten. Springen doch in Nietzsches „Über Wahrheit und Lüge im außermoralischen Sinn" die Kantischen Elemente geradezu in die Augen. Worin der Fiktionalismus Kant überbietet, ist die Tendenz, Konstitution mit Fiktion zu verwechseln.

Objektivität wird dabei tendenziell mit *absoluter* Wahrheit gleichgesetzt. Ein Angriff gegen diesen Wahrheitsbegriff ist zwar als solcher berechtigt, aber ein unangemessenes Hilfsmanöver in der zur Diskussion stehenden Sache. Der Gegner, der hier getroffen werden soll, ist bereits fast ausgestorben (was freilich seine neuerliche Ausbreitung nicht ausschließt). Das entsprechende Verständnis von Wahrheit findet man zwar manchmal noch – unreflektiert – unter hartgesottenen Naturwissenschaftlern, aber kaum mehr unter philosophischen Theoretikern. Selbst objektivistische Wahrheitstheorien (und Konsens- oder Kohärenztheorien sowieso) beschränken sich nicht auf so simple Abbildtheorien, daß es

[276] Der Mythos der „ready-made world" ist zusammengebrochen, schreibt H. Putnam, aber, so fügt er hinzu, der Zusammenbruch eines *bestimmten* Bildes der Welt und derjenigen Auffassungen von Repräsentation und Wahrheit, die mit diesem Bild einhergehen, bedeutet keineswegs den Zusammenbruch der Begriffe der Repräsentation und Wahrheit selbst. H. Putnam, Renewing Philosophy, Cambridge, Mass. 1992, S. 123f. Putnam bezieht in seine Kritik nicht nur den Dekonstruktivismus Derridas, sondern mit einem gewissen Recht außerdem den „Irrealismus" N. Goodmans ein. Goodman läßt sich jedoch auch – gegen den irrealistischen Strich gebürstet – als Verbündeter in der Auseinandersetzung mit dem Panfiktionalismus gewinnen. Vgl. meine Ausführungen in: Zwischen Logik und Literatur, S. 192-201; ferner D. Thürnau, Gedichtete Versionen der Welt. Nelson Goodmans Semantik fiktionaler Literatur, Paderborn u. a. 1994, besonders S. 170-173. Einige Texte zur Diskussion von Goodmans Position sind zusammengestellt in: P. J. McCormick (Hg.), Starmaking. Realism, Anti-Realism, and Irrealism, Cambridge, Mass./London 1996.

lediglich darauf ankäme, eine Welt an sich – unabhängig von den Formen unserer Erkenntnis – darzustellen.

Das Ergebnis wissenschaftskritischer Überlegungen kann nicht der Zweifel an gelingender Darstellung (Repräsentation) überhaupt sein, sondern, ganz im Gegenteil, die Anerkennung einer *Vielfalt* zutreffender Repräsentationen. Nun scheint es gerade diese Vielfalt zu sein, die für manche zum Problem geworden ist, wegen des scheinbar mit ihr verbundenen Verlustes an Übersichtlichkeit. Als Unübersichtlichkeit kann diese Vielfalt aber nur denjenigen erscheinen, die der fixen Idee eines *einheitlichen* Systems der Repräsentation verfallen sind – oder verfallen waren.

Wittgensteins Übergang vom „Tractatus" zu den „Philosophischen Untersuchungen" läßt sich als ein solcher Übergang von der Einheit zur Vielfalt begreifen. Die Aufgabe ist nun, diese Vielfalt zu beschreiben, und zwar in „übersichtlicher Darstellung". Aber auch Wittgenstein, der von Autoren der Postmoderne (insbesondere von Lyotard) für ihre Sache reklamiert wird, wäre gewiß nicht auf die Idee gekommen, das Sprachspiel einer an Wahrheit orientierten Begründung in Frage zu stellen. Er hat nur hervorgehoben, daß es auch noch *andere* Sprachspiele gibt. So gesehen wird der Verlust der *einen* metaphysischen Wahrheit mehr als aufgehoben durch den Gewinn einer Pluralität von Perspektiven. Auf erkenntnistheoretischer Ebene ist hier zu bekräftigen, daß ein solcher Pluralismus nicht mit Relativismus verwechselt werden darf. Die unterschiedlichen Perspektiven heben sich nicht auf, sondern ergänzen einander. Wir haben es nicht mit einem indifferenten, sondern mit einem komplementären Pluralismus zu tun.

Eine Feststellung, die über die erkenntnistheoretischen Fragen hinausführt, drängt sich auf: Durch den Postmodernismus scheint sich ein immanenter Widerspruch zu ziehen. Als Lebenseinstellung beruht er auf einem Gefühl der *Ohnmacht* der Subjekte. Als Erkenntniskritik trägt er dagegen Züge der *Allmacht*: Alles ist Konstruktion. Müßte nicht aber die vermeintliche Ohnmacht der Akteure gerade zur Anerkennung einer widerständigen und insofern objektiven Instanz zwingen? Die Ohnmacht der Subjekte in der Geschichte belegt doch eher die Subjekt*unabhängigkeit* des historischen Geschehens. Je „blinder" der Weltwille (Schopenhauer), um so „objektiver", nämlich unvermeidbarer erscheinen seine „Werke".

Dichtung und Historie

Ein starkes Motiv, die traditionelle Unterscheidung von Fiktion und Wirklichkeit nivellieren zu wollen, dürfte sein, daß man von ihr eine Depotenzierung der Rolle der Dichtung befürchtet. Dieser Befürchtung scheint der Gang der Nachahmungsdebatte Nahrung zu geben. Die Dichtung hatte sich seit Platons Zeiten gegenüber Philosophie und Wissenschaft zu rechtfertigen, so wie die Rhetorik gegenüber der

Logik. Unterscheidungen wie diejenige zwischen „eigentlicher“ und „uneigentlicher Rede“ scheinen den Verdacht zu bestätigen, daß Fiktionen gegenüber Fakten einen defizienten Status haben. Nur so ist es zu erklären, daß insbesondere sprechakttheoretische Versuche, fiktionale Rede durch ihre Abweichungen von normaler Rede zu definieren, als Ausgrenzungsversuche mißverstanden worden sind. J. R. Searles Charakterisierung fiktionaler Rede als „parasitär“[277] mag diesem Mißverständnis Vorschub geleistet haben, wobei hinzukommt, daß Searle es bei einer negativen Bestimmung beläßt, ohne auf die positiven Möglichkeiten fiktionaler Literatur ausführlicher einzugehen. Diese Selbstbeschränkung eines Autors ist aber nicht dem sprechakttheoretischen Ansatz insgesamt anzulasten. Jedenfalls impliziert eine abweichungstheoretische Explikation fiktionaler Rede weder eine Ausgrenzung fiktionaler Rede noch eine hierarchische Ordnung, in der die apophantische Rede über die fiktionale gestellt würde. Die negative Charakterisierung besagt lediglich, von welchen Verpflichtungen fiktionale Rede freigestellt ist, damit sie in der Form von Dichtung, d. h. als fiktionale Literatur, ihre eigentliche Funktion komplementär zu anderen Erkenntnisformen erfüllen kann. Die Pointe der sprechakttheoretischen Analyse ist es gerade, im Vergleich etwa mit der Historie deutlich machen zu können, daß Dichtung trotz ihrer Fiktionalität einen Erkenntniswert haben kann.

Nun ist in neuerer Zeit die Unterscheidung von Historie und Dichtung auch von Seiten der Historiker in Frage gestellt worden.[278] Anlaß dafür dürfte u. a. die Doppeldeutigkeit des Ausdrucks „Fiktion“ gegeben haben. „Fingieren“ (von lat. *fingere*) bedeutet zunächst ein „Machen“, ein Zusammenstellen von sinnlichen Perzeptionen, die durch die Imagination (lat. *facultas imaginandi*) vergegenwärtigt werden, zu einem neuen Ganzen.[279] Selbstverständlich ist in diesem Sinne auch Historie „gemacht“, weil der Stoff ausgewählt werden muß und bereits dadurch eine besondere Darstellung erfährt. Dies gilt für jede Wissenschaft und letztlich sogar dann, wenn man bestimmte Erfahrungen „macht“, weil diese stets partikulär sind und nicht die ganze Wirklichkeit wiedergeben können. Eine Auswahl kann *zu* einseitig und in diesem Sinne wirklichkeitsverfälschend sein. Indem wir aber einen solchen Einwand formulieren, bestätigen wir, daß die Kategorie der Wirklichkeit

---

277 J. R. Searle, The Logical Status of Fictional Discourse; in: Searle, Expression and Meaning, Cambridge 1979, S. 58-75, S. 67. Dt. in: Searle, Ausdruck und Bedeutung. Frankfurt a. M. 1982, S. 89. Searle folgt hier J. L. Austin. Vgl. die Kritik an Austin bei J. Derrida, Signatur Ereignis Kontext; in: ders., Randgänge der Philosophie, Wien 1988, S. 291-314 u. 361-362 (Anmerkungen), hier S. 308ff.

278 Vgl. H. White, Auch Klio dichtet oder Die Fiktion des Faktischen. Studien zur Tropologie des historischen Diskurses, Stuttgart 1986, besonders Kap. 5: Die Fiktionen der Darstellung des Faktischen. Anders als der engl. Titel „Tropics of discourse“ scheint mir der dt. Titel in der griffigen Formulierung „Die Fiktion des Faktischen“ die Position Whites zu überziehen. White betont (zu recht) das Moment der *Darstellung* in der historiographischen Präsentation von Fakten, er leugnet aber nicht den Unterschied von Fakten und Fiktionen (vgl. die Eingangspassage von Kap. 5).

279 Vgl. z. B. A. G. Baumgarten, Metaphysica, 7. Aufl. Halle 1779, repr. Hildesheim 1969, §§ 557ff. u. 589f.

regulativ in Kraft bleibt, selbst dann, wenn es *im Einzelfall* schwierig oder faktisch sogar unmöglich sein sollte, zwischen Fakten und Fiktionen zu unterscheiden. Wesentlich ist einzig, daß Kriterien für diese Unterscheidung in Kraft sind, und nicht, daß sie in allen Fällen zu einer *Entscheidung* führen. Und selbstverständlich können auch die jeweiligen Kriterien selbst in die Diskussion geraten, auf Kriterien aber überhaupt zu verzichten, ist ein Ding der Unmöglichkeit. Transzendentalphilosophisch gesehen ist eine Unterscheidung von Fakten und Fiktionen eine Bedingung der Möglichkeit jeder Orientierung in der Welt.

Fälschlicherweise scheint denjenigen, die auf der Unterscheidung von Fakten und Fiktionen bestehen, ein metaphysischer Realismus unterstellt zu werden. Gegenüber metaphysischen Positionen ist diese Unterscheidung aber völlig neutral. Es geht in diesem Zusammenhang nicht um die Frage, was denn die wirkliche Wirklichkeit sei. Für unsere Unterscheidung benötigen wir keinen *externen* Bezug auf eine Welt *an sich*, es genügt der *interne* Bezug auf die Welt der Erfahrung. Und *innerhalb* dieser Welt hat noch niemand auf die Unterscheidung von Sein und Schein verzichten können.[280]

An dieser Stelle ist eine ganz analoge Rechtfertigung der wirklichkeitsbezeugenden Funktion der Referenz einzubringen. In der Frage nach der Referenz ist die Frage des Daseins (der Existenz) angesprochen. Sie ist bei der Unterscheidung von Fakten und Fiktionen der Frage des Soseins (der Essenz) vorgeschaltet. Nur wenn die Referenz auf Personen oder Sachen zuvor gesichert ist, kann die Frage, ob ein Sachverhalt besteht oder nicht besteht, überhaupt sinnvoll beantwortet werden. Entsprechend gibt die Suspendierung der Referenzbedingung ein wichtiges Kriterium für Fiktionalität ab. Auch hier geht es nicht um eine externe, sondern um eine interne Referenz innerhalb der Welt als Erscheinung.

Die Rede vom „Verschwinden der Wirklichkeit" ist demnach kategorialer Unsinn. Was tatsächlich verschwindet oder doch verschwinden sollte, ist die metaphysische Auffassung, daß wir die Wirklichkeit jenseits der Welt als Erscheinung erkennen können; aber dieses Verschwinden ist bereits vor langer Zeit von I. Kant eingeleitet worden. Was unseren modernen panfiktionalistischen Wirklichkeitsverschwindlern schlicht abhanden gekommen sein dürfte, ist die Unterscheidung von „Schein" und „Erscheinung".

Das Festhalten an der Unterscheidung von Fakten und Fiktionen darf also weder als wissenschaftstheoretischer Szientismus noch als metaphysischer Realismus gedeutet werden. „Das Gegebene" gibt es genausowenig wie die „nackten Tatsachen". Tatsachen sind in dem Sinne „gemacht", daß an ihrer Konstitution das erkennende Subjekt wesentlich beteiligt ist. Konstitutieren und Fingieren sind aber

[280] Die Unterscheidung von internen und externen Fragen geht auf R. Carnap zurück. Von H. Putnam wurde sie aufgegriffen zur Unterscheidung von internem und externem Realismus, die ihrerseits (wie Putnam selbst zugesteht) der Kantischen Unterscheidung von empirischem und transzendentalem Realismus entspricht.

verschiedene „Mach“-Arten. Ersteres unterliegt den weltimmanenten Bedingungen des Daseins und des Soseins, letzteres nicht. Dies macht den Unterschied von Historie und Dichtung aus.

Der Historiker kann Tatsachen abwägen, interpretieren, nivellieren und bezweifeln, an ihnen vorbeidrücken kann er sich nicht. Eine Quelle nicht berücksichtigt zu haben, bleibt in der Geschichtswissenschaft stets ein Argument und der mögliche Anlaß zu einer Falsifikation. Und dies gilt auch für den Literaturhistoriker, der – mit *Texten* als Tatsachen befaßt – sozusagen ein Historiker zweiter Stufe ist. Auch seine Ergebnisse sind insofern „gemacht“, als sie in einer bestimmten erkenntnisleitenden Perspektive zusammengestellt sind. Aber es gilt auch hier die Tatsachenorientierung; denn jede historische Interpretation hat sich *am Text* auszuweisen.

Abschließend ist festzuhalten, daß die Orientierung an Fakten die Wirklichkeitserkenntnis der Historie keineswegs über diejenige der Dichtung stellt. Der Lebenswirklichkeit kommt die Dichtung häufig näher als die Historie, weil es in ästhetisch zutreffenden Darstellungen nicht auf das Bestehen singulärer Tatsachen ankommt. Der Unterscheidung von Fakten und Fiktionen bedürfen wir insofern nicht nur um der Historie willen, sondern auch, um den Eigenwert der Dichtung recht zu begreifen. In dieser Unterscheidung kann nur derjenige eine Abwertung der Dichtung sehen, der die szientifische Beschränkung des Erkenntnisbegriffs auf Tatsachenwissen noch nicht überwunden hat.

Historie und Dichtung haben ihren gemeinsamen Ursprung im Mythos. Hier sind sie noch ungeschieden. Die Differenz ergibt sich durch die Unterscheidung von Fakten und Fiktionen. Der Mythos, dessen Fiktionalität erkannt oder zugestanden ist, wird zur Dichtung. Dichtung geht aber nicht in bloßer Fiktion auf. Der Mythos versteht sich als sinnstiftend,[281] während Fiktion zunächst einmal lediglich negativ als Nicht-Faktum bestimmt ist. Über ihre Darstellungsform bleibt Dichtung dem Mythos verbunden. Dichtung ist nicht nur *fiktionale* Literatur, sondern auch *literarische* Fiktion, es kommt ihr zusätzlich zur Fiktionalität eine *ästhetische* Dimension zu. Diese Dimension konstituiert den Sinn von Dichtung und ermöglicht es ihr, trotz Fiktionalität Erkenntnis zu vermitteln.

Die historische Entwicklung nachzeichnend läßt sich sagen: Der Zerfall des Mythos führt auf der einen Seite zur Wissenschaft der *Fakten ohne Sinngebung* und auf der anderen Seite zur Dichtung als *Sinngebung ohne Fakten*. Nachdem die Wissenschaft den Mythos seiner *materialen* Fakten beraubt hat, überlebt er in einer „entzauberten Welt“ als „mythisches Analogon“ (C. Lugowski) in der Form der Dichtung, die das bestehende Bedürfnis nach Sinngebung *formal* zu stillen sucht. Als Gefahr einer Festschreibung dieser Entwicklung droht, Dichtung eine

[281] Vgl. F. Koppe, Sprache und Bedürfnis. Zur sprachphilosophischen Grundlage der Geisteswissenschaften, Stuttgart-Bad Cannstatt 1977, Kap. 3.6.

bloße Surrogatfunktion zuzubilligen, insbesondere dann, wenn man sie als Kompensat wissenschaftlicher Rationalität zu begreifen sucht.[282] Ein solches Verständnis scheint mir der Dichtung zu wenig zuzutrauen. Angemessener dürfte die offensivere Auffassung sein, daß die Fakten der Wissenschaft und die Fiktionen der Dichtung einander als *gleichberechtigte* Modi der Welterschließung ergänzen, *komplementieren.* Entsprechend ist die erkenntnisvermittelnde Kraft der Dichtung zu verteidigen.

Die Frage bleibt allerdings, ob das anthropologische Bedürfnis, das im Mythos bzw. in den Darstellungsformen, die dessen Erbe angetreten haben, seinen Ausdruck findet, durch ästhetische *Erkenntnis* allein gestillt zu werden vermag. An dieser Stelle ist deshalb ausdrücklich zu betonen, daß es nicht darum gehen kann, die Funktionen der Kunst kognitivistisch zu *beschränken.* Die Akzente sind anders zu setzen: Es wird einer *emotivistischen* Beschränkung widersprochen, um die kognitive Funktion zu *sichern.* Das Anliegen ist eine Rehabilitierung rhetorischer Darstellungsformen in *erkenntnis*theoretischer Absicht. Die emotiven und affektiven Funktionen des Rhetorischen stehen dabei selbstverständlich außer Frage. In Frage steht lediglich, wie wir mit ihnen umzugehen haben. Abschließend soll auch dieses Problem angesprochen werden. Die Rhetorik der Beispiele gibt dazu den Anlaß.

[282] Vgl. meinen Beitrag: Mythos und Logos; in: M. Martinez (Hg.), Formaler Mythos. Beiträge zu einer Theorie ästhetischer Formen, Paderborn u. a. 1996, S. 49-61.

Achtes Kapitel

Logik und Rhetorik der Beispiele

In den vorausgegangenen Untersuchungen ist an historischem Material, aber in systematischer Absicht der Gedanke einer Komplementarität von logischem und analogischem Denken und – wenn auch nicht deckungsgleich – von wissenschaftlicher und ästhetischer Weltauffassung entwickelt worden. Analogisches Denken bildet den gemeinsamen Nenner von Metaphern und Vergleichen, aber auch von vielen Wortspielen, Rätseln und Witzen. Einschränkend hinzuzufügen ist, daß nicht der Anspruch erhoben worden ist, diese Formen vollständig beschrieben oder gar gattungstheoretisch erfaßt zu haben. Dazu weisen sie zu viele Unterschiede auf. Von einer einheitlichen Theorie sind wir daher weit entfernt. Sie ist aber auch nicht zu fordern. Die hier vertretene These hat nicht die logische Form einer Allaussage, sondern einer Existenzaussage. Daher genügt die Angabe von relevanten Beispielen. In Anwendung der Unterscheidung von logischem und analogischem Denken wird man außerdem sagen können, daß die Untersuchungen der analogischen Methode gefolgt sind, indem der gemeinsame Nenner über die Hervorhebung von Familienähnlichkeiten aufgewiesen worden ist. Es schließt sich die Untersuchung eines weiteren Beispiels an, nämlich die Untersuchung der Methode des Beispielgebens selbst. Auf sie erheben sowohl Logik als auch Rhetorik Anspruch.

Einleitender Überblick

Das Verhältnis von logischem und analogischem Denken, von wissenschaftlicher und ästhetischer Weltauffassung, haben wir (von Anfang an) immer wieder in Verbindung gesehen mit der unterschiedlichen Bewertung von Begriffsbildungen. Insbesondere Freges Forderung nach scharfer Begrenzung der Begriffe, wie sie durch explizite Definitionen erfolgt, stellt sich als eine Manifestation logischen Denkens dar. Begriffe sind notwendige Voraussetzungen für Verallgemeinerungen. Würde man Freges Auffassung folgen, nur scharf begrenzte Begriffe als eigentliche Begriffe anzuerkennen, so wäre mit dem Verzicht auf Grenzen ziehende Definitionen ein Verzicht auf allgemeine Erkenntnis verbunden. Wittgenstein hat demgegenüber den Erkenntniswert vager Begriffe geltend gemacht. Methodisch wirkt sich dies so aus, daß Begriffe nicht durch Definitionen, sondern durch Beispiele eingeführt werden. Ausdrücklich widersetzt sich Wittgenstein der Sokratisch-Platonischen Tradition der Wesensbestimmungen, in der man sich mit der Angabe von Beispielen für Allgemeines nicht begnügen will (vgl. etwa den Dialog „Euthyphron"). Seine Einwände treffen aber nicht nur essentialistische Ansätze, sondern alle erkenntnistheoretischen Auffassungen, die Beispielen lediglich eine heuristische Funktion zur Vorbereitung von definitorischen Begriffsbestimmungen zubilligen. Bei Wittgenstein steigen die Beispiele (unter Einschluß von Vergleichsbeispielen) zur eigentlich erkenntnisvermittelnden Instanz auf. Sie prägen Wittgensteins Verfahren der „übersichtlichen Darstellung" in einer solchen Weise, daß man geradezu von einer „Methode des Beispiels" sprechen kann.[283] Als Methode ist sie Ausdruck einer analogischen Weltauffassung. Die Verbindung ergibt sich dadurch, daß Beispiele als Besondere, d. h. als Einzelne mit Anspruch auf Allgemeinheit, über sich hinaus „auf andere Fälle" verweisen,[284] die ihrerseits aber nicht unter streng begrenzte Begriffe fallen, sondern untereinander in unbestimmten Beziehungen von „Familienähnlichkeiten" stehen. Die *begrenzte* Allgemeinheit der *Begriffe* wird durch die *offene* Allgemeinheit der *Beispiele* ersetzt. Vor dem Hintergrund traditioneller Auffassungen läßt sich Wittgensteins Umorientierung in der Auffassung des Allgemeinen als logische Rehabilitierung einer rhetorischen Darstellungsform beschreiben. Die Theorie der Beispiele fügt sich ein in die Thematik „Logik und Rhetorik der Erkenntnis".

Die rhetorische Funktion der Beispiele ist unbestritten. Das Anführen von Beispielen, d. h. der Rekurs auf Beispiele überhaupt und die besondere Auswahl der Beispiele gilt allgemein als wesentliches Verfahren der Darstellung von Erkenntnis. Dies geht schon daraus hervor, daß aufgrund einer solchen Auswahl von einer anschaulichen oder weniger anschaulichen Darstellung gesprochen wird. Gute Beispiele können die Aufnahme fördern, schlechte Beispiele sie verhindern. Soweit es hier auf die *Wirksamkeit* einer Darstellung ankommt, sind wir im Bereich der Rhetorik oder, je nach Situation, im Bereich der Pädagogik (Didaktik). Es geht um Fragen der gelingenden *Vermittlung* von Erkenntnis, konstitutiv für Erkenntnis ist die Wahl der Beispiele freilich soweit noch nicht.

Aus philosophischer Sicht interessieren Darstellungsformen besonders unter dem Gesichtspunkt ihrer Erkenntnisfunktion. Dies gilt auch für die Verwendung von Beispielen. In der philosophischen Tradition ist das Beispiel daher nicht nur Thema der Rhetorik, sondern auch der Logik (bzw. der Dialektik). Die Zuordnung

---

283 L. A. Marcuschi, Die Methode des Beispiels. Untersuchungen über die methodische Funktion des Beispiels in der Philosophie, insbesondere bei Ludwig Wittgenstein, Erlangen 1976. Vgl. bereits D. Pears, Wittgenstein, München 1971, S. 104, 188; ferner besonders: M. Kroß, Klarheit als Selbstzweck. Wittgenstein über Philosophie, Religion, Ethik und Gewißheit, Berlin 1993, Kap. 2. 2. In Kap. 2. 3 setzt sich Kroß ergänzend mit anderen Theorien der Beispielverwendung auseinander; vgl. auch G. Terton, Über das Verhältnis von Beispiel und Begriff bei Frege und Wittgenstein; in: I. Max/W. Stelzner (Hg.), Logik und Mathematik. Frege-Kolloquium Jena 1993, Berlin/New York 1995, S. 193-200.

284 F. Kambartel, Erfahrung und Struktur. Bausteine zu einer Kritik des Empirismus und Formalismus, Frankfurt a. M. 1968, S. 217.

erfolgt danach, ob die anschaulich-konkretisierende Funktion (in der Rede) oder die induktiv-garantierende Funktion (für die Erkenntnisgewinnung) im Mittelpunkt der Betrachtung steht.[285] Das Verfahren der Induktion stellt sich danach als das logisch-dialektische Pendant zum rhetorischen Beispielgeben dar.

Trotz ihrer kaum zu überschätzenden Bedeutung ist die Theorie der Beispiele noch relativ wenig im Zusammenhang bearbeitet worden.[286] Auch an dieser Stelle erfolgt eine Beschränkung auf ausgewählte Aspekte. Zunächst seien einige Verständnisse von „Beispiel" aufgeführt, die keine Berücksichtigung finden werden, obwohl sie sachlich in den gleichen Zusammenhang gehören:

(1) das praktische Exempel im Sinne des *Vorbilds* („schlechte Beispiele verderben gute Sitten"),
(2) die mit (1) häufig im Zusammenhang stehenden literarischen Formen der *Beispieldichtung*, der Parabel und der Fabel,[287]
(3) historische Beispiele und Beispielerzählungen mit Anspruch auf Faktizität, im Unterschied zu den unter (2) genannten fiktionalen Textgattungen,[288]
(4) *Modell*, *Muster* und *Paradigma* im Sinne von Lichtenberg, Wittgenstein und Kuhn.[289]

Der Zusammenhang wird durch das übergreifende Moment der Analogiebildung gestiftet. Diese Auffassung findet ihre Bestätigung darin, daß die Rede vom Beispiel in eigentümlicher Weise zwischen dem Blick auf das Einzelne und dem Blick auf das Allgemeine changiert. (Gleiches gilt für „Modell"). Einerseits ist das *Urbild* im Sinne des *Exemplarischen* gemeint, andererseits das *Abbild* im Sinne des *Exemplars*. Die Verbindung zwischen beiden Gesichtspunkten leistet das *Besondere* als Grundkategorie des analogischen Denkens.

---

285 Vgl. zu dieser wichtigen Unterscheidung Aristoteles, Rhetorik, I 2 und II 20. Übersetzung von F. G. Sieveke, 4. Aufl. München1993, S. 14f., 18f., 133-136. In diesem Zusammenhang ist auch auf den Unterschied von sprachlicher und deiktischer Vergegenwärtigung (Nennen und Zeigen) der Beispiele hinzuweisen.

286 Die wichtigste Ausnahme ist die grundlegende Studie von G. Buck, Lernen und Erfahrung – Epagogik. Zum Begriff der didaktischen Induktion, hg. v. E. Vollrath, 3. Aufl. Darmstadt 1989. Bei Buck wird auch (im dritten Teil) der Zusammenhang mit der Analogie herausgearbeitet. Als neuere Arbeiten vgl. J. D. Lyons, Exemplum. The Rhetoric of Example in Early Modern France and Italy, Princeton 1989; ferner C. Caffi/K. Hölker (Hg.), Examples, Bologna 1995 (= Versus. Quaderni di studi semiotici 70/71). Wachsendes Interesse findet die Thematik naturgemäß auch bei Autoren, die der Dekonstruktion nahestehen oder angehören. Vgl. A. Gelley (Hg.), Unruly Examples. On the Rhetoric of Exemplarity, Stanford 1995.

287 Zur Binnendifferenzierung von Parabel, Beispielgeschichte und Fabel vgl. R. Zymner, Uneigentlichkeit. Studien zu Semantik und Geschichte der Parabel, Paderborn u. a. 1991, S. 135-152. Zymner bestimmt den exemplarischen Charakter der Parabel (im Unterschied zur Beispielgeschichte) dadurch, daß sie auf kein „*bestimmtes* Allgemeines" festgelegt ist.

288 Vgl. bereits Aristoteles' Zusammenstellung von historischem Beispiel, Parabel und Fabel: Rhetorik, II 20, Übers. Sieveke, S. 134ff.

289 Zu „Paradigma" vgl. den begriffsgeschichtlichen Artikel „Paradigma" (von T. Rentsch); in: Historisches Wörterbuch der Philosophie, Bd. 7, Sp. 74-81.

Im folgenden wird zunächst eine kurze Skizze der Logik der Beispiele unter dem Gesichtspunkt ihres Erkenntniswertes gegeben. Dabei wird (im Ausgang von Kants Begriff der Darstellung) erneut das Verhältnis von Logik und Rhetorik zur Sprache kommen. Eine Analyse der rhetorischen Funktion der Beispiele schließt sich an. Sie nimmt ihren Ausgang von einigen empirischen Beobachtungen zur Auswahl von Beispiel*sätzen* in Texten der sprachanalytischen Philosophie, Linguistik und Logik, erstreckt sich aber hauptsächlich auf politisch motivierte Beispielsätze. Es eröffnen sich reiche Anwendungsfelder für berechtigte rhetorische „Lektüren", die nach dem Verhältnis von logischer *Begründung* und rhetorischer *Überredung* fragen lassen.

Zur Logik der Beispiele

Indem die Lehre vom Beispiel Eingang in die Didaktik gefunden hat, ist auch die Pädagogik dem Erbe der Rhetorik verpflichtet. Angesprochen sind aber nicht nur Fragen der Vermittlung des Lehrstoffs, sondern auch der Methodologie des Unterrichts. Hier finden sich bereits deutliche Hinweise auf die erkenntnistheoretische Relevanz der Beispiele. Beispiele werden zu Garanten der Anschaulichkeit erhoben. Unter Rekurs auf Kants Auffassung des Verhältnisses von Begriff und Anschauung wird dabei über eine erkenntnispsychologische Forderung hinausgegangen zu einer – anthropologisch begründeten – Bestimmung einer notwendigen Bedingung menschlicher Erkenntnis. Hieran läßt sich anknüpfen, um die logische Bedeutung der Beispiele zu verdeutlichen.

Der systematische Ort der Logik der Beispiele ist das Verhältnis von Allgemeinem und Besonderem. Entsprechend unterscheidet bereits Aristoteles (Rhetorik II 20) den Gebrauch von Beispielen danach, ob das Beispiel (1) als Besonderes dem Allgemeinen *vorausgeht* oder (2) ihm *nachfolgt.*

Im ersten Fall dient das Beispiel in Verbindung mit weiteren in einer Reihe von Beispielen (und Gegenbeispielen) der *Hinführung zum Allgemeinen*, sei es (a) zum Zwecke der Einführung von Begriffen (in Form von Hinweisdefinitionen oder exemplarischen Bestimmungen), sei es (b) als Basis einer induktiven Verallgemeinerung. Wir haben es in (1a) und (1b) sozusagen mit einem Gebrauch der Beispiele „von unten" zu tun, im Unterschied zu einem Gebrauch „von oben", wenn das Beispiel dem Allgemeinen nachfolgt, wie in (2).

Im zweiten Fall dient das Beispiel der *Veranschaulichung des Begriffs*, und zwar (a) als Beleg oder (b) als Erläuterung. Die Belegfunktion (2a) besteht logisch gesehen in dem Nachweis der Existenz. Durch Angabe einer Instanz wird belegt, daß es mindestens eine Realisierung dessen gibt, was in Rede steht, daß es sich also nicht um bloße Fiktionen handelt. Belege dienen nicht der Verständigung, sondern setzen eine solche bereits voraus. Darin unterscheiden sie sich von Erläuterungen.

Die Belegfunktion der Beispiele gewinnt bei Kant geradezu den Status eines Sinnkriteriums für Begriffsausdrücke. Diese Aufwertung ist darauf zurückzuführen, daß Kant das hierarchisch angelegte Verhältnis von „oberer" logisch-begrifflicher und „unterer" sinnlich-anschaulicher Erkenntnis, wie es in der Leibniz-Wolff-Tradition vorherrschte, durch ein Verhältnis ersetzt hat, nach dem die zwei „Stämme" der menschlichen Erkenntnis wechselseitig aufeinander angewiesen sind. Danach sind Anschauungen ohne Begriffe blind, aber eben auch Begriffe ohne Anschauung leer.[290]

Insgesamt betrachtet kann die Logik der Beispiele im wesentlichen auf drei Funktionen zurückgeführt werden, die stichwortartig zu bestimmen sind als *Induktionsbasis*, *Begriffseinführung* und *Begriffsrealisierung*. Sachlich lassen sich diese Funktionen den Gebieten induktive Logik, Definitionstheorie und transzendentale Logik (d. h. Erkenntnistheorie) zuweisen.

Verbleiben die Erläuterungen (2b). Sie bilden einen Sonderfall „zwischen" Logik und Rhetorik. Mit ihnen scheinen wir von der Logik zur Rhetorik der Beispiele überzugehen. Dies ist der Fall, sofern wir es mit *didaktischen* Erläuterungen von Begriffen oder abstrakten Gedankengängen zu tun haben. Erläuterungen können aber außer einer didaktischen auch eine *kategoriale* Rolle spielen. Philosophisch ist die kategoriale Rolle die bedeutsamste. Sie führt uns zu der Frage nach der angemessenen Darstellungsform der Philosophie. Angesprochen ist sie, wenn auch verdeckt und ohne weiter ausgeführt zu werden, von Kant in der „Kritik der Urteilskraft" (§ 59). Die Sprengkraft dieser Frage scheint Kant zumindest geahnt zu haben, ergibt sie sich doch zwangsläufig aus der Anwendung seines Erkenntnisbegriffs, der allgemeinen Forderung nach Realisierung der Begriffe in der Anschauung.

Empirische Begriffe werden, wie schon erwähnt, dadurch realisiert, daß ein Exemplar vorgewiesen wird, das unter den Begriff fällt. Apriorische Begriffe der Mathematik werden dadurch realisiert, daß sie in der reinen Anschauung konstruiert werden (Kritik der reinen Vernunft B 741). Doch wie steht es mit den zentralen Begriffen der Philosophie, nämlich den von Kant so genannten „reinen Verstandesbegriffen" (oder „Kategorien") und „reinen Vernunftbegriffen" (oder „Ideen")? Kategorien werden durch ihre „transzendentalen Schemata" realisiert und dabei in ihrem Gebrauch auf mögliche Erfahrung „restringiert" (Kritik der reinen Vernunft B 176ff., 185ff.). Ideen können (im Rahmen der theoretischen Erkenntnis) nicht realisiert werden. Sie lassen sich allerdings durch veranschaulichende Analogien verständlich machen.

Kant unterscheidet von der „direkten Darstellung" durch Schemata (im Falle der Kategorien) eine „indirekte Darstellung" durch Symbole (im Falle der Ideen). Für beide Arten der Darstellung oder „Versinnlichung" verwendet er den Terminus

---

[290] I. Kant, Kritik der reinen Vernunft B 75: „Gedanken ohne Inhalt sind leer, Anschauungen ohne Begriffe sind blind." Vgl. ferner a. a. O., B 298ff. und Kritik der Urteilskraft, § 57, Anm I.

„Hypotypose".[291] Symbolische Hypotyposen pflegen mit Ausdrücken der Form „ein P ist (zum Beispiel) so wie ein Q" angekündigt zu werden. Soweit davon die Rede ist, daß Q ein Beispiel für P ist, ist es dieses jedenfalls nicht als Exemplar oder Fall eines Allgemeinen, sondern als *Vergleichs*-Beispiel, das das Allgemeine P veranschaulicht. Hypotyposen sind nicht bloße „Bezeichnungen der Begriffe durch begleitende sinnliche Zeichen". Im Unterschied etwa zu Frege, für den sinnliche „Färbungen" lediglich Begleitvorstellungen ohne Erkenntniswert sind, betont Kant die kognitiven Leistungen von Hypotyposen. Während die Schemata sogar als *erkenntnis*konstitutiv für den erfahrungsbezogenen Gebrauch der Kategorien anzusehen sind, erweisen sich die Symbole immerhin als konstitutiv für das *Verstehen* der Ideen. Eine gegenständliche Erkenntnisleistung bleibt den Ideen allerdings versagt.

Mit Blick auf die Notwendigkeiten sprachlicher Vergegenwärtigung sieht sich Kant genötigt, nicht nur für Ideen, sondern auch für kategoriale Begriffe (als Beispiele nennt er „Grund" und „Substanz") das Faktum symbolischer Darstellungen anzuerkennen:

> Unsere Sprache ist voll von dergleichen indirekten Darstellungen nach einer Analogie, wodurch der Ausdruck nicht das eigentliche Schema für den Begriff, sondern bloß ein Symbol für die Reflexion enthält. (Kritik der Urteilskraft, § 59)

Damit zeichnet sich bereits bei Kant die Einsicht ab, daß wir im Felde kategorialer Erläuterungen, und dies ist das Feld der Philosophie, aus erkenntnistheoretischen Gründen auf Analogien und Metaphern gar nicht verzichten können. Wir dürfen nicht erwarten, unsere „uneigentliche" analogische Rede jemals durch eine „eigentliche" *ersetzen* zu können. Erwarten können wir allerdings, daß Analogien und Metaphern, die sich bewährt haben, allmählich selbstverständlich werden. „Tote" Metaphern (oder „Katachresen") sind selbstverständlich gewordene Metaphern, sie bleiben aber Metaphern. Und gerade das Selbstverständliche birgt Gefahren. Deshalb besteht der philosophische Diskurs wesentlich aus kategorialen Erläuterungen, in denen mit (neuen) Metaphern gegen (alte) Metaphern gestritten wird. Die Auffassung, daß Vergleichen und Metaphern nur ein heuristischer (rhetorischer oder didaktischer) Wert zukommt, kann für die Philosophie jedenfalls nicht aufrechterhalten werden. Das bedeutet freilich nicht, daß die Unterschiede zwischen Dichtung und Philosophie verschwinden. Metaphern können sehr unterschiedliche Funktionen erfüllen: ästhetische, aber auch argumentative.

---

[291] Kritik der Urteilskraft, § 59. Vgl. hier und im folgenden G. Buck, Lernen und Erfahrung, S. 194ff. Buck gibt (S. 120 u. S. 196) den wichtigen Hinweis, daß der Terminus „Hypotypose" auf die antike Rhetorik (Cicero, Quintilian) zurückgeht, wo er die Figur des Vergegenwärtigens im Sinne eines Vor-Augen-Stellens bezeichnet. Vgl. Quintilian, Ausbildung des Redners, Buch IX, Kap. 2, 40.

Zur Rhetorik der Beispiele

Von besonderem Interesse für eine Analyse des Verhältnisses von Logik und Rhetorik ist eine Situation, in der sich der Logiker (als Autor oder Logiklehrer) befindet, wenn er anderen formale Logik zu vermitteln hat. In dieser Situation treffen Logik und Rhetorik nicht als Kontrahenten aufeinander, sondern der Logiker muß sich selbst die rhetorisch-didaktische Frage nach der angemessenen Vermittlung seines Anliegens oder Stoffes stellen. Hierbei ist die rhetorische Rolle der Beispiele nicht zu unterschätzen. Wenn man etwa Logikkurse für ein allgemeines Publikum abhält, erst recht, wenn es sich um einen Pflichtkurs für Philosophiestudenten im Haupt- und Nebenfach handelt, deren überwiegender Teil mit formalen Analysen nicht viel im Sinne hat, so sollte man es tunlichst vermeiden, mathematische Beispiele zu verwenden. Sie nähren nur das ohnehin bestehende Vorurteil, die Logik gehöre, weil sie *formal* ist, in die Mathematik.

Eine Besonderheit ist dadurch gegeben, daß die Beispiele in der Regel sprachlicher Natur sind, nämlich Beispiel*sätze*. Soweit der Logiker es mit logischen *Formen* zu tun hat, ist seine Wahl der Beispiele nur dadurch eingeschränkt, daß die Beispielsätze tatsächlich die Form haben, für die sie als Beispiele gewählt worden sind. Diese Frage ist aber logischer und nicht rhetorischer Art. Trotz der fehlenden Beschränkung hat man, wie diejenigen bestätigen werden, die in diesem Geschäft tätig sind, immer wieder Schwierigkeiten, ein Beispiel auszuwählen. Nicht deshalb, weil sich kein geeignetes Beispiel findet, sondern gerade umgekehrt: Man hat „die Qual der Wahl", weil die Auswahlmöglichkeiten unbegrenzt sind und es keinen *überwiegenden* Grund gibt, sich für ein *bestimmtes* Beispiel (und das heißt hier: für einen konkreten Satz) zu entscheiden. Wir sind noch schlechter dran als der Buridansche Esel, der nur zwischen *zwei* gleichwertigen Heuhaufen eine Auswahl zu treffen hatte.

Jedenfalls scheint es in einer Situation, in der man auf ein so reiches Beispielmaterial zurückgreifen kann, sozusagen „egal" zu sein, welches Beispiel man auswählt. Logisch gesehen trifft dies zu, rhetorisch gesehen ist die Situation komplizierter; denn logisch gleichberechtigte Beispiele brauchen nicht auch rhetorisch gleichwertig zu sein. Die Frage ist deshalb berechtigt, von welchen *zusätzlichen* Gesichtspunkten wir uns bei der konkreten Wahl – bewußt oder unbewußt – leiten lassen. Trotz oder gerade wegen der unbegrenzten Möglichkeiten möchten die jeweiligen Entscheidungen – außerlogisch betrachtet – aufschlußreich sein. In solcher Perspektive wird das Einzelne zu einem bedeutungsvollen, „signifikanten" Besonderen, das uns danach fragen läßt, wofür es ein Indiz ist oder auf welches Allgemeine es verweist. So könnten sich an der Auswahl der Beispiele bestimmte Sprachstile und an diesen entsprechende Denkstile ablesen lassen.[292]

---

[292] Für eine weitergehend Analyse läßt sich hier N. Goodmans Begriff der „Exemplifikation" fruchtbar machen: Sprachen der Kunst, Frankfurt a. M. 1995, S. 59ff. Ein bestimmter Beispielsatz kann nicht

Es geht also darum, mit eher literaturwissenschaftlichen Methoden eine Darstellungsform logischer Texte zu untersuchen, die wegen ihrer Selbstverständlichkeit bislang zu wenig Beachtung gefunden hat. In welche Richtung die Untersuchungen gehen können, dafür möchte ich im folgenden einige Anregungen geben. Wie weit eine solche rhetorische „Lektüre" reicht, müssen weitere Einzel- und Vergleichsanalysen zeigen. In manchen Fällen werden sich sogar Rückschlüsse auf das Verständnis der Logik selbst gewinnen lassen. Zur „Dekonstruktion" so genannten „logozentrischen Denkens" führt eine solche Betrachtung keineswegs. Die Frage nach der Geltung bleibt in Kraft. Sie wird durch eine rhetorische Analyse der Darstellungsformen nicht untergraben, sondern ergänzt.

In der Logik ist meistens – trotz der unbegrenzten Möglichkeiten – bei der Auswahl von Beispielen nicht gerade die stilistische Maxime „variatio delectat" vorherrschend. Da sind noch immer alle Menschen sterblich und Sokrates sowieso. Der Morgenstern ist der Abendstern, die Katze liegt auf der Matratze (von morgens bis abends), und mit dem gegenwärtigen König von Frankreich, der auf ewig kahlköpfig bleibt, sind wir so bekannt, daß wir – ganz gegen Russells Absicht – fast geneigt sind, an die Existenz fiktiver Gegenstände zu glauben.

Solche Standardbeispiele erlauben es, sich auf das Wesentliche zu besinnen, in unserem Falle auf die logische Form. Diesem Ziel dient die Reduzierung der Beispiele auf bloße Repräsentanten der logisch-syntaktischen Form. Eine ironische Depotenzierung, ja Trivialisierung des semantischen Eigenwerts der Beispiele gehört daher zu den Stileigentümlichkeiten logischer Sprachanalyse. Beispielsätze haben hier nicht die Funktion, ein logisches Schema induktiv zu entwickeln, sondern ein bereits vorgegebenes Schema auszufüllen. Namen etwa fungieren wie schematische Buchstaben. Sie sind Platzhalter für beliebige andere Namen, werden also selbst nicht referentiell gebraucht. In der traditionellen Logik muß (und kann) deshalb statt „Sokrates" auch „Cajus" herhalten, um das singuläre Urteil „Cajus ist sterblich" zu bilden.[293] Dieser immerhin noch personale Subjektbegriff kann dadurch unterlaufen werden, daß man (s)einen Hund zum Subjekt des Satzes (Urteils) macht. Zum Beispiel-Hund in der analytischen Philosophie avancierte ein gewisser Fido. Seine Berühmtheit verdankt er dem ‚Fido'-Fido-Prinzip, auf das G. Ryle die Namentheorie der Bedeutung (ironisierend) zurückführt.[294]

In solcher Weise „auf den Hund" kann nur ein Brite kommen. Im Spiele dürfte dabei nicht nur „understatement" sein, sondern auch, wenn ich so sagen darf, die Stellung des Hundes in der britischen Gesellschaft.[295] Wenn G. Patzig den Um-

---

nur ein logisches oder grammatisches Schema exemplifizieren, sondern – auf höherer Stufe – auch Belesenheit, Witz, Ironie, politische Auffassungen usw., je nachdem, *wofür* er als Beispiel steht oder genommen wird.

293 So in Kants Logik (Jäsche), § 21, Anm 1.

294 G. Ryle, The Theory of Meaning; in: C. A. Mace (Hg.), British Philosophy in the Mid-Century, Urbana 1957, S. 239-264.

295 Anzunehmen, daß bei der Wahl des speziellen Hundenamens „Fido" auch dessen semantische Konnotationen wie „Treue" und „Gehorsam" eine Rolle gespielt haben, dürfte wohl endgültig auf eine

stand, daß verschiedene Tatsachen sich auf dasselbe Ereignis beziehen können, an den folgenden „primitiven Beispielen“ erläutert, so folgt er darin angelsächsischer Tradition:

(1) Fido hat heute morgen einen Mann gebissen.
(2) Fido hat den Briefträger gebissen.
(3) Fido hat den Briefträger ins Hosenbein gebissen.
(4) Der Briefträger ist von Fido ins Hosenbein gebissen worden.
(5) Heute morgen ist ein Mann von Fido gebissen worden.
(6) Fido hat leider den Briefträger gebissen.
(7) Fido hat den Briefträger gebissen, und das ist bedauerlich.[296]

In einer rechtfertigenden Anmerkung bestätigt Patzig die Auffassung, daß der Auswahl von Beispielsätzen ein Stilprinzip zugrunde liegen kann:

> Vielleicht stößt sich mancher Leser an der Banalität dieser Beispielsätze. In der deutschen philosophischen Literatur – im Unterschied zur angelsächsischen – ist es noch üblich, der Bedeutung philosophischer Gedankengänge auch durch die Wahl der Beispiele Rechnung zu tragen.

Unter Hinweis auf Platons Bemerkung (im „Sophistes“), daß die Grundsätze der Jagd ebenso am Handeln des Feldherrn wie an der Tätigkeit des Kammerjägers deutlich gemacht werden könnten, sieht Patzig hier „aufgeblasenes“ Denken am Werk. Anders gesagt: analytisches Philosophieren sucht gegenüber kontinentalem bereits in der Auswahl der Beispielsätze ein Zeichen zu setzen. In ihnen kommt das Pathos der Einfachheit und Durchsichtigkeit zum Ausdruck, der Anspruch auf Nachvollziehbarkeit für jedermann. Die gezielte Abweichung von einer rhetorisch überladenen Bildungssprache ist Teil der analytischen Überzeugungsstrategie. Antirhetorik bildet ihre eigene Rhetorik aus. Auch daran erkennbar, daß Standardbeispiele zu Mustern werden. Dabei könnten die Schemata, die es zu erläutern gilt, ebensogut anders ausgefüllt werden. Es nicht zu tun, ist eine Sache der Gewohnheit, aber nicht bloße Faulheit, sondern wohl eher der (vielleicht unbewußte) Versuch, eine einvernehmliche Tradition zur Erzeugung von Vertrautheit zu nutzen. Logisch gesehen ist dies irrelevant, rhetorisch nicht.[297]

Überanstrengung der rhetorischen Lektüre hinauslaufen. Vgl. J. Derrida, La carte postale de Socrate à Freud et au-delà, Paris 1980, S. 260f., ferner mit Bezug auf Derrida: D. Esch, „Think of a kitchen table“: Hume, Woolf, and the Translation of Example; in: D. G. Marshall (Hg.), Literature as Philosophy/Philosophy as Literature, Iowa City 1987, S. 262-276, hier S. 273f. Mit Blick auf die Namentheorie der Bedeutung ergäbe sich allerdings eine feine Pointe: die Ironisierung der (magischen) Vorstellung, die Dinge würden denjenigen, die ihnen die Namen geben, „gefügig“ sein. Die wichtige analytische Unterscheidung von *Gebrauch* und *Erwähnung* wird in Derridas Lektüre von Ryles Beispielwahl – wie nicht anders zu erwarten – gezielt eingeebnet (vgl. a. a. O., S. 108f.). Übersehen hat Derrida anscheinend, daß Ryle mit seiner Formulierung die Namentheorie der Bedeutung nicht etablieren, sondern (ganz im Gegenteil) als zu simpel karikieren wollte.

[296] G. Patzig, Sprache und Logik, Göttingen 1970, S. 60.

[297] Standardbeispiele können auch irreführend sein, weil sie eine bestimmte logische Form festschreiben. Wittgenstein diagnostiziert als eine Hauptursache philosophischer Krankheiten „eine einseitige

Vertrautheit ist etwas anderes als Vertraulichkeit. Während die zuvor genannten Beispiele von Beispielsätzen sich dadurch auszeichnen, daß derjenige, der sie verwendet, als Autor zurücktritt, findet sich insbesondere unter Linguisten und linguistisch gesonnenen Sprachphilosophen auch die umgekehrte Tendenz, daß man in seinen Beispielsätzen die Familie, Freunde und Kollegen auftreten läßt. Diese Tendenz ist in Deutschland seit den „antiautoritären" siebziger Jahren zu beobachten.[298] Man hielt nicht mehr „Vorträge", sondern präsentierte „Papers", flankiert von „handouts" mit endlosen Reihen von Beispielsätzen, durch deren „witzig" erscheinende Auswahl der Unterhaltungswert der Veranstaltungen erhöht (oder erträglich gemacht) werden sollte. Vertraute Standardbeispiele wurden durch vertrauliche Situationsbeispiele ersetzt. Der exoterische Geltungsanspruch der *Theorien* blieb unberührt, aber deren Abstraktheit wurde durch eine Esoterik der Beispiele zu kompensieren versucht. (Personen wurden, dem studentischen „Duz"-Kommand folgend, durch ihre Vornamen benannt.) So schuf man ein Klima des Eingeweihtseins. Abhandlungen und Bücher dieser Tradition lesen sich für den Insider wie Schlüsselromane.[299]

Von seiten traditioneller Philologen wurde diese Darstellungsform (nicht ohne jede Berechtigung) als Zeichen von Kumpanei gewertet. Wenn man notgedrungen zusammentraf (z. B. in Berufungskommissionen und bei Habilitationsvorträgen der Philosophischen Fakultät), kam es regelmäßig zu Konflikten. Was die Philologen aufbrachte, war neben der präsupponierten Vertraulichkeit auch die „Bedeutung" der Beispielsätze, die man gewohnt war, der Literatur zu entnehmen.[300] Das

---

Diät: man nährt sein Denken mit nur einer Art von Beispielen." (Philosophische Untersuchungen, § 593). Als eine solche Einseitigkeit wurde z. B. die Vorrangstellung der Aussagesätze angesehen, die aus der Orientierung der Logik am Wahrheitsbegriff erwachsen ist. Indem Wittgenstein, J. L. Austin und andere sprachanalytische Philosophen untersuchten, was man alles mit Worten machen könne, kamen andersartige Beispiele von Satzformen in den Blick, deren Analyse seit Aristoteles der Rhetorik zugewiesen worden war. Auf neuer Stufe setzt sich hier die traditionelle Kontroverse zwischen Logik und Rhetorik fort. Dabei wurde klassisches rhetorisches Terrain zunehmend von Autoren der so genannten Philosophie der normalen Sprache besetzt.

[298] Die Feststellung gilt für die BRD. Als signifikant kann die Gleichzeitigkeit von Beispielwahl und Autoritätskritik angesehen werden, sofern sich für die DDR eine parallele Entwicklung nicht nachweisen läßt. Die Schematik der Beispiele dürfte durch die Generative Grammatik in der Chomsky-Tradition geprägt worden sein, weniger aber die besondere Ausfüllung der Schemata. In dieser Hinsicht scheint mir die angelsächsische Linguistik in ihrer Rhetorik der Beispielsätze weniger intim und auch weniger politisch verfahren zu sein.

[299] Als Beispiel erlaube ich mir anzuführen A. von Stechow/W. Sternefeld, Bausteine syntaktischen Wissens. Ein Lehrbuch der generativen Grammatik, Opladen 1988. Für den nicht eingeweihten Leser hier einige Auflösungen. Die Referenzialisierungen ergeben sich durch Vervollständigung der Namen: Randi und Tristan [von Stechow], Ede [Thomas Zimmermann], Senta [Plötz], Max [Cresswell]. Die Beispielsätze liefern nicht nur Auskünfte über Beziehungen zwischen den Personen, sondern auch über deren Eß- und Trinkgewohnheiten, Bergsteigerqualitäten usw. Interessierte werden in den „Linguistischen Berichten", der programmatischen Zeitschrift der „Linguistik der 70-er Jahre", weiteres Material finden.

[300] Ich erinnere mich an eine Fakultätssitzung (an einer süddeutschen Universität), in der eine Habilitation eines Linguisten anstand. Wieder einmal „maulte" ein Literaturwissenschaftler über die Bei-

gestörte Verhältnis zwischen Linguisten, die nun nicht mehr „Sprachwissenschaftler" heißen wollten, und Philologen, die man „Literaten" schimpfte, entsprach hier demjenigen von „Analytikern" und „Kontinentalen" in der Philosophie. Demgemäß bildeten sich die Koalitionen.

Mit Blick auf die Entwicklung innerhalb der analytischen Philosophie ist darauf hinzuweisen, daß bereits Frege in seinen Beispielsätzen nicht nur Freunde und Bekannte, wie Leo Sachse und Gustav Lauben, sondern auch seinen Adoptivsohn Alfred „auftreten" läßt. Im übrigen genügen die meisten seiner Beispielsätze durchaus „gehobeneren" Bildungsansprüchen.

Zur politischen Rhetorik der Beispiele

Weitreichender als die esoterisch-rhetorische ist die exoterisch-rhetorische Funktion der Beispiele, die darin besteht, politische und andere Überzeugungen zum Ausdruck zu bringen – oder so zu tun, als ob sie zum Ausdruck gebracht würden. Die angedeutete Einschränkung ist zu machen, weil die Anführung eines Satzes als Beispielsatz eine *Erwähnung* (engl. „mention") dieses Satzes ist und kein *Gebrauch* (engl. „use"). Daher darf man insbesondere nicht unterstellen, daß ein Verfasser, der einen Aussagesatz als Beispiel anführt, dessen Inhalt auch meint oder gar behauptet. Allerdings geschieht es häufig, daß er den Inhalt zu verstehen gibt. Zu verstehen geben kann man etwas absichtlich (intentional), aber auch unabsichtlich (symptomatisch). Die Auswahl der Beispiele kann „verräterisch" sein. Manche erkennen wir daher nicht nur „an ihren Früchten", sondern auch an ihren Beispielen. Als Pendant zu S. Freuds bekannter Schrift über den „Witz" ließe sich eine Untersuchung „Über das Beispiel und seine Beziehung zum Unbewußten" anstellen. Es ist allerdings kaum anzunehmen, daß ein Beispielsatz wie der folgende „aus Versehen" zum besten gegeben wird: „Kohl und die langen Winterabende deprimieren mich."[301]

Die politische Rhetorik der Beispiele erstreckt sich selbstverständlich auch auf den *Gebrauch* von Beispielen. So lassen sich etwa bestimmte Staaten als Beispiele und Gegenbeipiele für Demokratien anführen oder vergleichend heranziehen. Eine solche (subsumierende oder erläuternde) Verwendung ist stets daraufhin zu befragen, ob das Beispiel oder der Vergleich in der Sache angemessen ist. Damit haben wir es hier nicht zu tun, sondern mit der politischen Rhetorik, die auf der Grundlage bloßer *Erwähnung* von Beispiel*sätzen* funktioniert.

Belege finden sich bereits bei Frege. Als (inzwischen klassisches) Beispiel für einen „ungeraden" (obliquen) oder, wie man heute sagen würde, „intensionalen" Kontext führt er den Satz an:

---

spielsätze. Der Linguist, diesen Standardeinwand erwartend, hatte aber pfiffigerweise seine Auswahl so getroffen, daß verdeckt Beispielsätze aus der Höhenkammliteratur eingestreut waren!

301 A. von Stechow/W. Sternefeld, Bausteine syntaktischen Wissens, S. 77.

> Bebel wähnt, daß durch die Rückgabe Elsaß-Lothringens Frankreichs Rachegelüste beschwichtigt werden können.[302]

Dieses Beispiel wird man nicht als *bloßes* Beispiel durchgehen lassen. Über seine zutreffende logisch-semantische Analyse hinaus gibt Frege (aus deutsch-nationaler Sicht) indirekt zu verstehen, daß der Sozialdemokrat August Bebel, indem er „wähnt", *fälschlich* glaubt, daß durch die Rückgabe Elsaß-Lothringens Frankreichs Rachegelüste beschwichtigt werden können.[303] Die sprachanalytische *Erwähnung* entpuppt sich als Tarnung eines rhetorischen *Gebrauchs*. Ähnlich liegt der Fall, wenn Frege als Beispiel für den „demagogischen Mißbrauch" von „scheinbaren Eigennamen, die keine Bedeutung haben" oder „wenigstens keine allgemein angenommene Bedeutung", den Ausdruck „Der Wille des Volkes" anführt.[304] Hierin werden wir keine vorauseilende Skepsis gegen völkische Gesinnung zu sehen haben, sondern ganz im Gegenteil eine Abwehr demokratischer Forderungen. Ein direktes Zusammentreffen von logischer Analyse und politischer Überzeugung liefert das folgende Beispiel: „Man kann auch durch logische Addition Begriffe bilden. Hierzu haben wir ein Beispiel, wenn wir den Begriff ‚todeswürdiges Verbrechen' bestimmen als Mord oder Mordversuch entweder gegen den Kaiser oder gegen den eignen Landesherrn oder gegen einen deutschen Fürsten in dessen Lande."[305] In Freges eigener Terminologie gesprochen: In allen diesen Fällen gibt der Logiker mit Hilfe der „Färbung" der Beispiele rhetorische „Winke" in politischer Absicht.

Die politische Rhetorik der Beispielsätze ist im Falle Freges noch relativ verdeckt und wohl deshalb auch nicht bemerkt worden. Offen zutage tritt sie dagegen – freilich in entgegengesetzter Absicht – in einigen Standardwerken der DDR-Vergangenheit. Unser Augenmerk gilt hier der Beispielwahl in der formalen Logik.

Aristoteles hebt in seiner „Rhetorik" neben der Angabe von Beispielen das Enthymem als rhetorische Argumentationsform hervor. Ein Enthymem ist ein Schluß, bei dem eine Prämisse, die mit Blick auf das angesprochene Publikum als selbstverständlich unterstellt werden darf, „unterdrückt" bleibt und nicht eigens ausgesprochen oder aufgeführt wird. Ausgerechnet für dieses rhetorische Schlußverfahren findet sich ein sinniges, rhetorisch-ideologisches Beispiel in dem bekannten marxistisch-leninistischen „Wörterbuch der Philosophie":

> ‚Der Sozialismus wird in jedem der heute noch kapitalistischen Länder siegen. Also wird er auch in Westdeutschland siegen.' Die zu einem vollständigen Schluß gehörende zweite Prämisse ‚Westdeutschland ist ein heute noch kapitalistisches Land' wird stillschweigend als bekannt vorausgesetzt.[306]

---

[302] Frege, Über Sinn und Bedeutung, S. 47f.

[303] Zu Freges politischen Überzeugungen vgl. Gottlob Freges politisches Tagebuch, hg. v. G. Gabriel und W. Kienzler. Deutsche Zeitschrift für Philosophie 42 (1994), S. 1057-1098.

[304] Über Sinn und Bedeutung, S. 41. Frege zählt auch die heute so genannten „Kennzeichnungen" zu den „Eigennamen".

[305] Nachgelassene Schriften, S. 37.

[306] G. Klaus/M. Buhr (Hg.), Philosophisches Wörterbuch, 2 Bde., 6. Auflage Berlin 1969, Bd. 1, S. 296.

Fraglos haben wir es hier mit einem rein logisch gesehen zutreffenden Beispiel zu tun, weil die entscheidende und, wie wir spätestens seit 1989 wissen, zu starke Prämisse explizit angegeben ist. Kann die Wahl der Beispiele auch kein Argument ersetzen, so kann sie doch beeinflussen. Im vorliegenden Fall gibt sie zumindest die tatsächliche oder vorgetäuschte Ideologie des Verfassers zu verstehen.

Sachlich hängt an dem Beispiel wiederum gar nichts, ließe es sich doch ohne weiteres durch ein (klassischen Mustern folgendes) weniger verfängliches Beispiel ersetzen wie z. B.: „Alle Menschen sind sterblich. Also ist auch Sokrates sterblich." (Mit „Sokrates ist ein Mensch" als stillschweigend vorausgesetzter zweiter Prämisse.)

In dem (im übrigen empfehlenswerten) „Wörterbuch der Logik" von N. I. Kondakow sind die Beispiele neutraler. Neben unverfänglichen (vorwiegend an den Naturwissenschaften orientierten) Beispielen finden sich zwar auch zahlreiche gefärbte Beispiele. Diese sind allerdings eher der sozialistischen „Alltagswelt" entnommen, ohne zu deren ideologischem Überbau zu gehören. In dem Artikel „Syllogismus" ist das traditionelle Sokrates-Beispiel im systematischen Teil zunächst ersetzt durch den Schluß:

alle Bürger der DDR haben ein Recht auf Arbeit
Schulze ist Bürger der DDR

Schulze hat ein Recht auf Arbeit.

Später findet es aber aus historischen Gründen ebenfalls Erwähnung.[307]

Die Relevanz der formalen Logik für das Denken im Arbeiter- und Bauernstaat garantieren zwei Beispiele, von denen das erste den Arbeitern, das zweite den Bauern gerecht zu werden sucht. Der Schluß

einige Arbeiter dieses Betriebes sind Neuerer
Meyer ist Arbeiter dieses Betriebes

Meyer ist ein Neuerer

dient als Beispiel für einen formal *nicht* gültigen Syllogismus. Die Wahrheit der Konklusion ergäbe sich hier nur dann zwingend, wenn die erste Prämisse nicht partikulär, sondern generell wäre: „alle Arbeiter dieses Betriebes sind Neuerer" (Wörterbuch der Logik, S. 472). Dieses anzunehmen, scheint auch im Sozialismus Ausdruck eines zu optimistischen Menschenbildes gewesen zu sein. Eine vorteilhafte Erwähnung erfahren die Bauern der Landwirtschaftlichen Produktionsgenossenschaften (LPG) in dem folgenden Beispiel für ein einschließend-distribuierendes Urteil: „die LPG erreichte hohe Erträge durch gute Bodenbearbeitung oder durch gute Saatzucht oder durch richtiges Düngen" (Wörterbuch der Logik, S. 504).

[307] N. I. Kondakow, Wörterbuch der Logik, dt. Ausgabe hg. v. E. Albrecht und G. Asser, Leipzig 1978, S. 464, 467.

Fragt man nach den Motiven für eine solche Beispielwahl, so kann nicht in allen Fällen der Versuch einer indirekten Beeinflussung des Lesers unterstellt werden. Infrage kommt auch das Bemühen, die Sache der formalen Logik gegenüber möglichen ideologischen Einwänden dadurch zu salvieren, daß man die Zensur durch passende Beispiele für sich einnimmt. Rhetorischer Art (im Sinne der Adressatenorientierung) ist das Verfahren in beiden Fällen, grundlegend verschieden sind aber (als Leser oder als Zensor) die Adressaten der Überredung. Ob wir es auf Seiten der Autoren mit Überzeugung, Anpassung, List oder gar Ironie zu tun haben, ist im einzelnen oft schwer zu entscheiden. Die Funktion der Beispiele ist dabei derjenigen der Zitate ideologischer Klassiker vergleichbar. Ein direkter Zusammenhang zeigt sich z. B. bei Kondakow, der die formale Logik gegen die Kritik von „dialektischer" Seite dadurch abzuschirmen sucht, daß er passende Zitate von Engels und Lenin beibringt. Besonders aufschlußreich ist der Artikel „logische Gesetze" (Wörterbuch der Logik, S. 317-320), in dem die formale Lesart des Satzes der Identität und des Satzes vom (ausgeschlossenen) Widerspruch unter Berufung auf Lenin gerechtfertigt wird (vgl. ergänzend die Artikel „Logik" und „Logik, dialektische").

Die Wahl der Beispiele als Thema der Wissenschaftsgeschichte

Untersuchungen zur Geschichte der Wissenschaften finden in den Textkorpora der Beispiele eine Fülle an aufschlußreichem Material. Besonders gut verdeutlichen läßt sich die Berechtigung der rhetorischen Perspektive an der Behandlung der formalen Logik in den sogenannten sozialistischen Ländern. Dieses Thema ist deshalb so ergiebig, weil die formale Logik in der Hegel-Marx-Tradition einen schweren Stand hatte.[308] Mit Blick auf die Entwicklung in der DDR erlaube ich mir die folgenden Bemerkungen, die freilich einer genaueren Überprüfung anhand weiterer Quellen bedürften.

Für den interessierten, aber außenstehenden Beobachter stellt sich die Sachlage so dar, daß sich die formale Logik als *mathematische* Logik unangefochten als Teildisziplin der Mathematik etablieren konnte.[309] Es fehlt hier denn auch jede leiseste Andeutung eines Anspruchs der Logik, die Gesetze des Denkens oder des Seins „widerzuspiegeln". Das Beispielmaterial bleibt entsprechend auf die Mathematik beschränkt.

Unter Rechtfertigungsdruck geriet die formale Logik aber dort, wo sie mit philosophischem Anspruch auftrat. Hier entstand der Verdacht des Idealismus und Po-

[308] Vgl. hierzu als einzigartiges Dokument A. Baumgarten/E. Bloch/W. Harich/K. Schröter (Hg.), Protokoll der philosophischen Konferenz über Fragen der Logik am 17. und 18. November 1951 in Jena (= I. Beiheft zur Deutschen Zeitschrift für Philosophie), Berlin 1953.

[309] Vgl. das Lehrbuch von G. Asser 1965, Einführung in die mathematische Logik. Teil I. Aussagenkalkül, 2. Aufl. Leipzig 1965 (1. Aufl. 1959).

sitivimus. Zu dessen Abwehr beigetragen hat vor allem Georg Klaus, der herausragende Propagandist der formalen Logik in der DDR seit den fünfziger Jahren. Der Umstand, daß Klaus aufgrund seiner Biographie politisch sozusagen über jeden Verdacht erhaben war, dürfte in dieser Auseinandersetzung hilfreich gewesen sein. Die zu leistende Überzeugungsarbeit ist noch im Vorwort (von 1963) zu seinem bekannten Lehrbuch „Moderne Logik" angedeutet:

> In den vergangenen Jahren war die Meinung, die sich breite Kreise der wissenschaftlichen Öffentlichkeit (das gilt natürlich nicht für Fachleute im engeren Sinne!) von der modernen Logik gebildet hatten, vielfach durch die Polemik über den philosophischen und speziell erkenntnistheoretischen Wert dieser Disziplin unter den marxistischen Philosophen bestimmt worden.[310]

Da Klaus darauf bestand, daß die formale Logik „nicht nur eine mathematische, sondern auch eine philosophische Disziplin" sei, konnte er nicht umhin, die Beschäftigung mit der formalen Logik durch deren Einordnung in das „System der marxistisch-leninistischen Philosophie" zu rechtfertigen (Moderne Logik, S. 1ff.). Manche seiner Beispiele sind nicht nur wie in dem (später erschienenen) „Wörterbuch der Logik" sozialistisch gefärbt, sondern geradezu Beiträge zum Klassenkampf (Moderne Logik, S. 165, 230f.) mit bisweilen deutsch-deutschem Zuschnitt. Zur Erläuterung der Verwendung des „ist" im Sinne der Identität wird in feiner Unterscheidung auf den Beispielsatz zurückgegriffen „Das *demokratische* Berlin ist die Hauptstadt der DDR." (Moderne Logik, S. 321. Hervorhebung G. G.).[311] Trotz des Zugeständnisses „Ausbeuter und Ausgebeutete, Fortschrittliche und Reaktionäre denken nach denselben Regeln der Logik" lastet Klaus dem reaktionären „Bonner Regime" den folgenden „pseudologischen Schluß" an, der „mißliebige Personen" des Kommunismus verdächtigen solle:

> Alle Kommunisten treten für den Frieden ein,
> Der X tritt ebenfalls für den Frieden ein,
> Also ist der X ein Kommunist. (Moderne Logik, S. 19)

Der aktuelle Hintergrund dürfte die seinerzeitige Diskussion um die DFU (Deutsche Friedensunion) gewesen sein, die im Westen als „kommunistisch unterwandert" galt. Rückblickend scheint mir der angeführte Analogieschluß auf der Grundlage der Unterstellung einer „geistigen Nähe" zwischen den Mitgliedern der DFU in der Tat geführt worden zu sein. Viel häufiger hat man allerdings in der DDR – mit weit ernsteren Folgen – nach demselben Schema von einer kritischen Einstellung analog auf Klassenfeindschaft geschlossen.

Klaus war sich über die rhetorische Funktion seiner Beispielwahl im klaren, hatte er doch mit dem Buch „Die Macht des Wortes" seiner Logik eine *Pragmatik*

[310] G. Klaus, Moderne Logik. Abriß der formalen Logik (1. Aufl. 1964), 6. Aufl. Berlin 1972, S. XI.

[311] Vgl. in entsprechender Weise auch einige der Beispiele in dem weit verbreiteten Lehrbuch des Klaus-Schülers W. Segeth, Elementare Logik, 6. Aufl. Berlin 1971, z. B. S. 42.

an die Seite gestellt, in der unter dem Thema der „Wirksamkeit" sprachlicher Darstellung die Anliegen der traditionellen Rhetorik behandelt werden und festgestellt wird: „[Es] lassen sich aus der Art und Weise der sprachlichen Darlegungen gewisse Rückschlüsse auf die parteiliche Denkhaltung ziehen."[312] In diesem Sinne wird man seinen Beispielen die Funktion zusprechen dürfen, die Parteilichkeit des Autors unter Beweis zu stellen und im Sinne dieser Parteilichkeit auf den Leser zu wirken.

Wie schon erwähnt worden ist, bleibt das „Wörterbuch der Logik" in seinen Beispielen zurückhaltender.[313] Entspannung deutet sich an im Übergang vom „kalten Krieg" zur „friedlichen Koexistenz" und setzt sich durch. Dies zeigt ein Vergleich der Vorworte der Herausgeber zu den beiden deutschen Ausgaben. In der ersten Auflage (1978) treibt die politische Rechtfertigungsrhetorik noch gewisse Blüten, bis hin zur Behauptung der Anwendbarkeit der Logik „im politisch-ideologischen Kampf" (S. 6). Im Vorwort zur zweiten Auflage (1983) ist diese Rhetorik auf lapidare Andeutungen zusammengeschrumpft:

> Das Werk beruht auf der Erkenntnis der Formen und Gesetze des Denkens, der Praxis als dem Kriterium der Wahrheit der gedanklichen Abbildungen, der Rolle der Ideen in der Tätigkeit des Menschen, der die ihn umgebende Welt und sich selbst umgestaltet sowie auf der Stellung der Logik im System der Wissenschaften.

Mit der Verbindung von Praxis-Kriterium der Wahrheit und Widerspiegelungstheorie bleibt ein Grundzug der marxistisch-leninistischen Erkenntnistheorie zwar angedeutet, vom Marxismus-Leninismus selbst ist aber im Vorwort nicht mehr die Rede.

Auch die Stellung der formalen Logik wird nun neu bestimmt. Im Vorwort zur ersten Auflage sehen sich die Herausgeber noch zu der Feststellung genötigt:

> Im *Wörterbuch der Logik* wird mit Entschiedenheit der Standpunkt vertreten, daß formale und dialektische Logik einander nicht nur nicht ausschließen und einander nicht widersprechen, sondern im Gegenteil, ausgehend von den Interessen des modernen heuristischen Denkens, in völliger innerer Einheit auftreten und als solche wirken müssen.

Das Verhältnis wird so bestimmt, daß die dialektische Logik die grundlegende *philosophische* Disziplin der formalen Logik bildet. Darüber hinaus wird der formalen Logik aber bereits der Status einer *speziellen* Disziplin zugestanden, die sich „aus der Philosophie herausgesondert hat" (S. 5). Im Vorwort zur zweiten Auflage kommt der Ausdruck „Philosophie" nicht mehr vor, und auf das Verhältnis von

---

[312] G. Klaus, Die Macht des Wortes. Ein erkenntnistheoretisch-pragmatisches Traktat (1. Aufl. 1964), 4. Aufl. Berlin 1968, S. 116.

[313] Die deutsche Übersetzung (1. Aufl. 1978, 2. Aufl. 1983) folgt bis auf einige Kürzungen im wesentlichen dem russischen Original (2. Aufl. 1975). Die Beispiele sind analog übertragen worden. Für einen Textvergleich habe ich Werner Stelzner zu danken.

formaler und *dialektischer* Logik wird gar nicht eingegangen. Statt dessen wird unter Hervorhebung der modernen mathematischen Logik einzig die methodologische Rolle der Logik und deren technische Anwendbarkeit herausgestellt.

Mit dieser Akzentsetzung ist die zitierte Auffassung von Klaus verlassen, daß die formale Logik „auch eine philosophische Disziplin" sei. Dieser Schritt scheint für die weitere Entwicklung in der DDR bestimmend geworden zu sein. Zwar trat in der Person von H. Wessel einer der maßgeblichen Logiker weiterhin für eine enge Verbindung von Logik und Philosophie ein[314] und kommentierte den Titel seines Lehrbuchs „Logik" mit den Worten: „Wäre es kein Pleonasmus, hätten wir dem Buch den Titel ‚Philosophische Logik' gegeben."[315] Ansonsten suchte man aber den Ausdruck „*philosophische* Logik" systematisch zu vermeiden.[316] Der Zusammenhang mit der Philosophie wurde nicht durch eine philosophische Begründung der Logik hergestellt, in der man sich auf eine Auseinandersetzung mit der Dialektik hätte einlassen müssen, sondern umgekehrt über das Angebot einer *Anwendung* logischer Analysen *unter anderem* auf philosophische Argumentationen und Probleme.[317] Angestrebt wurde eine *allgemeine* Erweiterung der Anwendungsfelder der Logik (über Mathematik und Philosophie hinaus) unter Einschluß von Informatik und Linguistik. Dieses Interesse führte zu einer zunehmenden Berücksichtigung nicht-klassischer Logiken. Obwohl hierbei auch parakonsistente logische Systeme in den Blick kamen, vermied man es, den naheliegenden Vergleich mit der dialektischen Logik zu riskieren. Diese Berührungsangst wird aus dem berechtigten Wunsche verständlich, den erreichten Status einer ideologiefreien Methodologie nicht zu gefährden. Durch strikte Einhaltung des Prinzips der Nichteinmischung (in die Belange der Philosophie des Marxismus-Leninismus) sicherte sich so die formale Logik ihre Nische – in institutioneller Unabhängigkeit sowohl von der Mathematik als auch von der Philosophie. Die Unabhängigkeit von der Philosophie des Marxismus-Leninismus drückte sich zunehmend auch in den Beispielsätzen aus, die sich schließlich nicht mehr von denjenigen in westlichen Veröffentlichungen unterschieden. Dies gilt auch für Autoren, die (zumindest offiziell) einen Ausgleich von Logik und Dialektik für möglich hielten.[318] Hinzuzufügen bleibt: Obwohl die Abkoppelung der Logik von der Philosophie angesichts der politischen Gegebenheiten rückblickend verständlich erscheint, aus *philosophischer* Sicht ist sie prinzipiell zu bedauern und sollte angesichts der veränderten Bedingungen neu überdacht werden.

---

314 H. Wessel, Logik und Philosophie, Berlin 1976.

315 H. Wessel, Logik (1. Aufl. 1983), 3. Aufl. Berlin 1989, S. 11.

316 Vgl. L. Kreiser/S. Gottwald/W. Stelzner (Hg.), Nichtklassische Logik. Eine Einführung, Berlin 1988, S. XI.

317 Vgl. S. Gottwald, Mehrwertige Logik. Eine Einführung in Theorie und Anwendung, Berlin 1989.

318 H. Wessel, Logik, S. 35f. Vgl. ausführlich C. F. Gethmann, Formale Logik und Dialektik. Die Logik-Diskussion in der DDR 1951 bis 1958; in: C. Burrichter (Hg.), Ein kurzer Frühling der Philosophie, Paderborn u. a. 1984, S. 75-155; ferner G. Schenk, Zur Logikentwicklung in der DDR. Modern Logic 5 (1995), S. 248-269.

Die Gefahr der Beispiele in den Zeiten „politischer Korrektheit“

In einer Lehrveranstaltung zur Einführung in die Logik wurde der Beispielsatz verwendet „Alle Jungen lieben irgendein Mädchen“. Daraufhin protestierte eine Studentin und meinte, es würde die lesbische Liebe ausgeschlossen. Sie korrigierte sich aber sofort mit den Worten „Ach nein, es wird nur die *männliche* homosexuelle Liebe ausgeschlossen!“ – und war dann ganz beruhigt. Der Veranstalter versuchte daraufhin (unter Hinweis auf den Unterschied von Gebrauch und Erwähnung) deutlich zu machen, daß es nicht darum ginge, eine Form der Liebe auszuschließen, sondern lediglich ein Beispiel für eine Verbindung von All- und Existenzquantor anzuführen. Der Beispielsatz wurde und wird weiterhin verwendet.

Mehr Beachtung verdienen andere Fälle. Auf die Gefahr von Mißverständnissen bei Beispielsätzen für partikuläre Urteile hat schon Frege hingewiesen. Er verdeutlicht dies an dem Beispiel: „Einige Neger sind Menschen.“[319] Dieser Satz läßt sich inzwischen nur noch als Beispiel eines anderen *zitieren*, aber nicht mehr als eigenes Beispiel *verwenden*. Obwohl das Wort „Neger“ (im Unterschied zu „Nigger“) ursprünglich keine pejorative Nebenbedeutung hatte, wird es von einer „politisch korrekten“ Öffentlichkeit so aufgefaßt.[320] So ist man zu einem Beispielwechsel gezwungen. Ersetzen wir deshalb Freges Beispielsatz durch den aus heutiger Sicht neutraleren „Einige Afrikaner sind Menschen“, um das eigentliche Problem zu verdeutlichen.

Die logische Analyse von „einige“ stimmt bekanntlich mit unserem Alltagsgebrauch nicht ganz überein. Folgen wir diesem, so wird „Einige S sind P“ häufig einschränkend als „*Nur* einige S sind P“ verstanden, in dem Sinne nämlich, daß *nicht alle* S die Eigenschaft haben, ein P zu sein. Logisch schließt dagegen ein partikuläres Urteil die Wahrheit des entsprechenden generellen nicht aus. Daher läßt unser Beispielsatz natürlich die Möglichkeit zu, daß *alle* Afrikaner Menschen sind. Die Aussage impliziert also nicht (etwa rassistisch), daß *einige* Afrikaner *keine* Menschen sind. Der Übergang von „einige“ zu „einige nicht“ ist schon in der traditionellen Logik – als Übergang von SiP zu SoP – nicht zulässig. In der modernen Logik wird das partikuläre Urteil als Existentialurteil aufgefaßt. Danach besagt „Einige Afrikaner sind Menschen“, daß es *mindestens ein* Individuum gibt, welches ein Afrikaner und ein Mensch ist, und läßt „den Rest“ offen. Der Umstand, daß die obige Einschränkung nicht explizit ausgeschlossen wird, kann in bestimmten Situationen aber zu wenig sein. Es ist daher rhetorisch gefährlich, in der Umgangssprache das Verständnis der Logik vorauszusetzen. Das gesprochene Wort birgt hier noch mehr Gefahren als das geschriebene. „Einige Afrikaner sind Men-

[319] G. Frege, Nachgelassene Schriften, S. 68.

[320] Andererseits ist „Nigger“ inzwischen – zumindest in der Selbstzuschreibung – zu einem Anerkennungsprädikat umgedreht worden. Eine positive Wertung konnte es deshalb annehmen, weil es eine negative Wertung des *Gegners* einschließt. An den Wörtern selbst liegt es also nicht.

schen“ mit der Betonung auf „Einige“ ausgesprochen wird wohl jeder als „Einige (aber nicht alle) Afrikaner sind Menschen“ verstehen.

Ungeachtet der logischen Verhältnisse sind wir demnach in der Wahl von Beispielsätzen aus rhetorischen Gründen nicht völlig frei. In rhetorischer Absicht kann man nämlich den logischen Unterschied von Gebrauch und Erwähnung unterlaufen und unter Vorspiegelung einer bloßen Erwähnung eines Satzes von seinem Inhalt einen suggestiven Gebrauch machen. Allerdings geht es nicht an, jeder Erwähnung einen Gebrauch zu unterstellen. Genausowenig wie es erlaubt ist, einem Autor die Meinung oder das Verhalten einer seiner Figuren zu unterstellen – obwohl Autoren bisweilen einer Figur etwas „in den Mund legen“, was sie sich selbst nicht trauen, direkt (offen) auszusprechen.

Tatsache ist, daß es schwierig sein kann, einen bloß erwähnenden von einem verdeckt affirmativen Gebrauch zu unterscheiden. Wie riskant es ist, sich in diesem Felde zu bewegen, erst recht, wenn die Zuhörer voreingenommen sind, dafür gibt die Rede des früheren Bundestagspräsidenten Jenninger aus Anlaß des 50-jährigen Gedenkens an die sogenannte „Reichskristallnacht“ ein beängstigendes Beispiel. Jenninger hatte in seiner Rede vor dem Deutschen Bundestag antisemitische Aussagen als Beispiele für Vorurteile der Zeit vergegenwärtigend erwähnt. An der mündlichen Umsetzung der im Manuskript in distanzierende Anführungszeichen gesetzten Vorurteile ist er rhetorisch gescheitert. Man hat ihm unterstellt, er habe die Aussagen selber meinend gebraucht. Walter Jens hat in diesem Zusammenhang von einer „mißlungenen Rollenprosa“ gesprochen. Die Kultur der indirekten Mitteilung wird zunehmend weniger beherrscht. Das Gebot der „politischen Korrektheit“ und die mit ihm verbundene Unterstellungshermeneutik wird ihr weiter abträglich sein.

Das Thema „Rhetorik der Beispiele“ auch nur annähernd erschöpfend behandelt zu haben, kann nicht beansprucht werden. Einschränkungen wurden in zweifacher Hinsicht vorgenommen. Erstens standen nicht Beispiel*sachen*, sonden Beispiel*sätze* im Mittelpunkt der Untersuchung. Allerdings dürften gerade Disziplinen, deren Thema die Sprache und deren grammatische und logische Strukturen ist, in rhetorischer Perspektive besonders aufschlußreich sein. Zweitens hatten wir es nur mit einigen Beispielen von Beispielen zu tun. Die betrachteten Beispielsätze selbst waren zwar nicht erfundene, sondern faktische. Es wurde aber eine Auswahl zu einem ganz bestimmten Zweck vorgenommen, nämlich die rhetorische Verwendung der Beispiele *exemplarisch* zu klären. Damit wurde sozusagen ein argumentativer Gebrauch von anderer Leute Erwähnung gemacht. Insofern hat sich die Auswahl als angemessen und aufschlußreich zu erweisen. Für eine induktive Verallgemeinerung ist die Basis noch zu schmal. Eine Fortsetzung der Bestandsaufnahme dürfte aber die bisherigen Ergebnisse bestätigen und weitere Perspektiven eröffnen.

Was hier zur politisch-ideologischen Funktion der Beispielwahl ausgeführt worden ist, ist z. B. vergleichbar mit der Situation (im 16. Jahrhundert), daß Verbreitung und Verbot von Lehrbüchern der Logik von der Wahl theologischer Beispielsätze abhängig war, und zwar entsprechend getrennt nach katholischen und protestantischen Gebieten.[321] Vor allem ist an Untersuchungen zu der Frage zu denken, wieweit sich an der Beispielwahl die Rolle ablesen läßt, die man der Logik in der Geschichte ihrer Entwicklung zuzubilligen gedachte. So werden sich etwa Versuche, die Logik im Sinne einer allgemeinen Argumentationslehre zu rerhetorisieren oder sie als „Erfindungskunst" (*ars inveniendi*) zu verteidigen, auch in der Beispielwahl niederschlagen. Logiker selbst hatten hierfür einen Blick. Frege etwa benutzt es als Argument gegen das aus seiner Sicht bloß formelhafte Verständnis der Logik bei G. Boole, daß dessen Aufgabenbeispiele teilweise „zu dem Zwecke ersonnen" zu sein scheinen, „um mittels seiner Formeln gelöst zu werden", ohne einen wirklichen Erkenntniswert garantieren zu können.[322] Hier öffnet sich ein weites Feld für vergleichende Studien zur Rhetorik der Logik.

---

321 Vgl. W. Risse, Die Logik der Neuzeit, Bd. 1, Stuttgart-Bad Cannstatt 1964, S. 13. Die theologisch motivierte Beispielwahl wirkt noch bis in die „Logik von Port-Royal" nach.

322 G. Frege, Über den Zweck der Begriffsschrift, S. 1. Vgl. E. Husserls Zustimmung: G. Frege, Wissenschaftlicher Briefwechsel, S. 99.

Abschließende Bemerkungen

Im Ausgang von der gegenwärtigen Rückkehr der Rhetorik ist in den vorausgegangenen Untersuchungen der Versuch unternommen worden, den bis in die Gegenwart andauernden traditionellen Konflikt zwischen Logik und Rhetorik in ein komplementäres Verhältnis zu überführen. Methodisch ermöglicht wurde dies dadurch, daß die etablierten Gattungsunterschiede zwischen Philosophie, Literatur und Wissenschaft in Analysen zu deren Darstellungsformen in Frage gestellt wurden. Das Ziel solcher Grenzüberschreitungen sollte keine Relativierung oder gar Negierung von Erkenntnisansprüchen sein, sondern ganz im Gegenteil eine Bereicherung um Erkenntnisformen.

Als fruchtbar erwies es sich, den Bestand der traditionellen Rhetorik auch dort im Auge zu behalten, wo von Rhetorik nicht mehr oder nur abwehrend gesprochen wurde. Entscheidend sind nicht die Titel, sondern die Themen. Mit Blick auf die Themen läßt sich das Ergebnis als erkenntnistheoretische Rehabilitierung der Rhetorik bestimmen, bei gleichzeitiger Anerkennung des Erkenntniswertes der Logik. Die Rehabilitierung blieb nicht darauf beschränkt, rhetorischen Elementen eine *heuristische* Funktion für die Erkenntnisgewinnung oder die Erkenntnisvermittlung zuzubilligen, es fanden sich auch erkenntnis*konstitutive* Leistungen.

Allerdings lassen sich einige Aspekte des Konflikts zwischen Rhetorik und Logik dadurch beseitigen, daß eine aufgabenteilige Zuordnung vorgenommen wird: die Rhetorik übernimmt die Aufgabe der *ars inveniendi* und die Logik die Aufgabe der *ars iudicandi*. Diese Zuordnung ist zum Teil auch auf den Gegensatz von analogischem und logischem Denken übertragbar. Das Vermögen des analogischen Denkens, der Witz, wird als „Finder" auch von seiten der wissenschaftlichen *inventio* reklamiert. Der Standpunkt einer Aufgabenverteilung gemäß der Unterscheidung zwischen Entdeckungs- und Begründungszusammenhang war aber spätestens dort aufzugeben, wo der Gegensatz von analogischem Witz und logischem Scharfsinn sich als Ausdruck unterschiedlicher Weltauffassungen offenbarte. Auch wenn der Konflikt zwischen Rhetorik und Logik sich nicht auf diesen Unterschied in den Weltauffassungen reduzieren ließ, zumindest das erkenntnistheoretische Motiv konnte hier dingfest gemacht werden.

Die Untersuchungen blieben nicht auf Diagnosen beschränkt. Parallel verlaufend wurde versucht, die jeweiligen Gegensätze als notwendige Komplemente nachzuweisen. Komplementarität schließt Pluralität ein. Dennoch geht sie aufs Ganze, aber nicht auf Ganzheitlichkeit im Sinne irgendeines Monismus. Das Ganze ergibt sich nicht als geschlossene Einheit, sondern durch wechselseitige Ergänzung des jeweils Verschiedenen. Die Situation, die es zu überwinden gilt, hat ihren Ursprung nicht nur in der Herausbildung getrennter Denktraditionen und

Weltauffassungen, sondern leider auch in den eingeschränkten Interessen der Menschen. Heinrich von Kleist hat dies treffend auf den Punkt gebracht:

> Man könnte die Menschen in zwei Klassen abteilen; in solche, die sich auf eine Metapher und [...] in solche, die sich auf eine Formel verstehn. Deren, die sich auf beides verstehn, sind zu wenige, sie machen keine Klasse aus. (Sämtliche Werke und Briefe, Bd. 3, S. 555).

Ein Stück weit verwirklicht fanden wir das komplementaristische Programm in der Theorie der Erkenntnisvermögen, wie sie in der Philosophie der Aufklärung entwickelt worden ist. Dabei deuteten sich weitergehende, praktisch-philosophische Konsequenzen an. Die erkenntnistheoretische Frage nach dem Verhältnis von logischem und rhetorischem Denken führte zur anthropologischen Frage nach dem angemessenen Verhältnis des Menschen zur Welt – im Widerstreit von logisch-wissenschaftlicher und analogisch-ästhetischer Weltauffassung. Zur Diskussion stand mit dem Begriff der Erkenntnis auch der Begriff der Rationalität. Unsere Untersuchungen sollten gezeigt haben, daß dieser Begriff trotz gelegentlicher szientifischer Verkürzungen reich genug ist, um auch in postmodernen Zeiten an ihn anknüpfen zu können. Der Moderne in ihrem Anschluß an das Erbe der Aufklärung einen dogmatischen Vernunftbegriff vorzuwerfen, ist nicht nur historisch ungerecht, sondern verstellt auch die Möglichkeit, bei der Ausarbeitung eines differenzierten Vernunftbegriffs auf bereits geleistete Einsichten zurückgreifen zu können.

Personenregister

Namen von Herausgebern sind nur dann aufgenommen worden, wenn es sich um Herausgeber von thematischen Sammelbänden handelt.

Explicatio

Analytische Studien zur Literatur und Literaturwissenschaft

Herausgegeben von *Harald Fricke* und *Gottfried Gabriel*

Band 4:
Benedikt Vogel
Fiktionskulisse
Poetik und Geschichte des Kabaretts
1993. 273 Seiten, kart., ISBN 3-506-73004-5

Erstmalig wird in diesem Buch eine Poetik der vergleichsweise jungen Gattung des Kabaretts erarbeitet. Nach Forschungsbericht, Definition und Wortgeschichte des Begriffs „Kabarett“ wird die in dem Begriff „Fiktionskulisse“ kondensierte Theorie des Kabaretts entfaltet, nach der für diese Gattung eine, etwa im Verhältnis zum Schauspiel, „verminderte Fiktionalität“ konstitutiv ist. Die mit dem Begriff „Fiktionskulisse“ zusammengefaßten Textmerkmale werden anhand einer Vielzahl von Textbeispielen aus der gesamten deutschsprachigen Kabarettgeschichte veranschaulicht und analysiert.
Im zweiten Teil des Buches werden - ebenfalls erstmalig - neun ganze Kabarettprogramme detailliert untersucht, darunter „Buntes Theater (Ueberbrettl)“ (1901), das „Cabaret Cornichon“ (1934), der „Scheibenwischer“ (1986) und die „Academixer“ (1989). Die historischen Analysen basieren größtenteils auf bislang nicht publizierten und schwer zugänglichen Texten in deutschen und Schweizer Archiven.

Band 5:
Donatus Thürnau
Gedichtete Versionen der Welt
Nelson Goodmans Semantik fiktionaler Literatur
1994. 190 Seiten, kart., ISBN 3-506-73005-3

Die Rede von Fiktionalität erfreut sich gegenwärtig einer wiedererwachten Beliebtheit. Die an Philosophie und Literatur Interessierten sehen sich jedoch einem verwirrenden Begriffsfeld gegenüber. Sie finden Aufsätze und Monographien, Kolloquien oder Seminare über ‚Fiktionen‘, ‚fiktionale Diskurse‘, ‚fiktionale Welten‘, , fiktive Gegenstände‘, ‚fiktionale Charaktere‘, ‚Fiktionalität‘, ‚fiktionale Rede‘, ‚Akte des Fingierens‘, ‚Fiktivierung‘, ‚Fiktionssignale‘, ‚das Imaginäre‘ oder ‚das Fiktive‘. Eines finden sie jedoch nicht: Eine ausgearbeitete semantische Untersuchung von Texten, die sich dadurch auszeichnen, daß sie - einmal ganz schlicht gesagt - literarisch und ihre Inhalte erfunden sind. Diese Lücke möchte der Autor des vorliegenden Buches schließen, indem er zunächst in einer kritischen Durchsicht Unzulänglichkeiten und Desiderate der führenden Ansätze in der Fiktionstheorie aufzeigt und anschließend den Wirklichkeitsbezug wie auch das Erkenntnispotential fiktionaler Literatur expliziert.

Schöningh